我的父親郭禮伯

二版

郭貽熹◎著

白象文化

父親任師長1935年(南昌)

父親黃埔軍校入伍照片資料1924年

郭　禮　伯

十九，江西南康縣城內郭家塘．
通訊處，本縣城內隆祥油行．

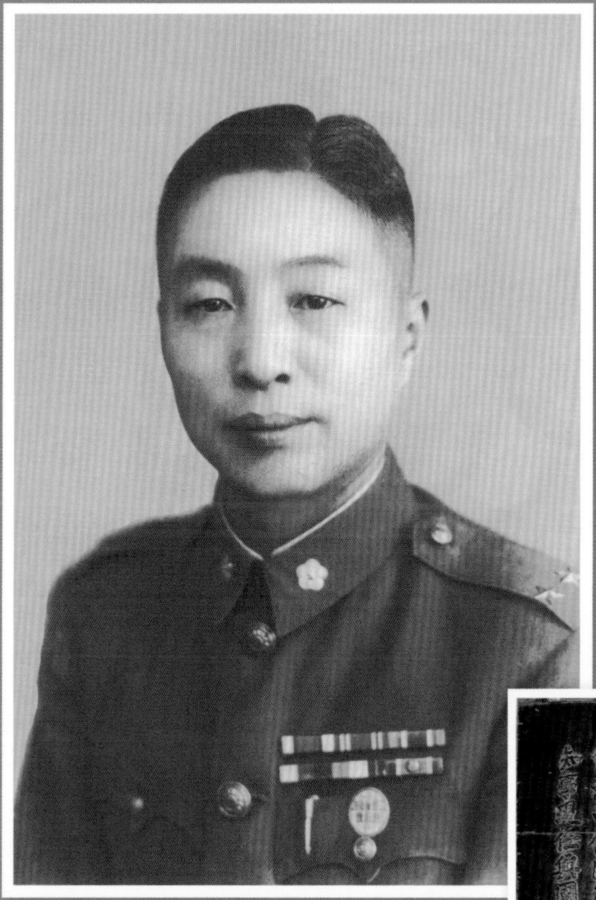

父親任16軍官總隊長1947年(昆明)

「蘭封戰役」匾額(河南)

父母親1947年（上海）

父親任民政局長1960年（桃園）

父親1977年（桃園）

郭禮伯獲頒重要勳章

忠勤勳章
797號
頒發日期 1950.2.8

抗戰勝利勳章

頒發日期 1945.10.10

光華甲種一等獎章
336號，渝字5568號
頒發日期 1941.7

勳章表（1941年——1971年）（桃園）

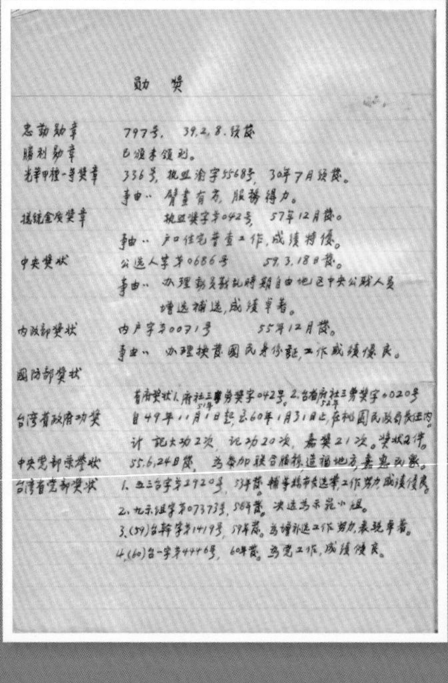

勋奖

忠勤勋章　797号，39.2.8.頒發
勝利勋章　已頒未領到。
光華甲種一等奖章　336号，批鈕渝字5568号，30年7月頒發。
事由：贊畫有方，服務得力。
據統金質奖章　批鈕奖字第042号，57年12月發。
事由：户口住宅普查工作，成績特優。
中央奖状　公選人事第0686号　59.3.18日發。
事由：办理動員戡亂時期自由地區中央公職人員增選補選，成績卓著。
内政部奖状　内户字第0071号　55年12月發。
事由：办理换發國民身份証，工作成績優良。
國防部奖状
省府奖状 1.府社三勞奖字042号。2.台省府社三勞奖字0020号（51年）（52年）
台灣省政府功奖　自49年11月1日起至60年1月31日止，在桃園民政局长任内，計記大功2次，記功20次，嘉奖21次。奖状2件。
中央黨部榮譽状　55.6.24日發，為參加聯合服務造福地方，嘉惠社會。
台灣省黨部奖状　1.五三台字第2920号，53年發。輔導縣市長選舉工作努力，成績優良。
2.九示組字第07373号，56年發。決選為示範小組。
3.(59)台幹字第1419号，59年發。為增補選工作努力，表現卓著。
4.(60)台一字第4446号，60年發。為黨工作，成績優良。

郭禮伯獲頒重要勳章

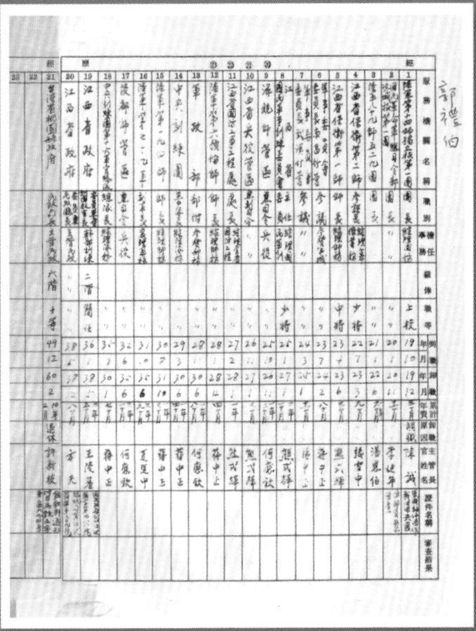

父親自塡履歷表
（1930年——1971年）（桃園）

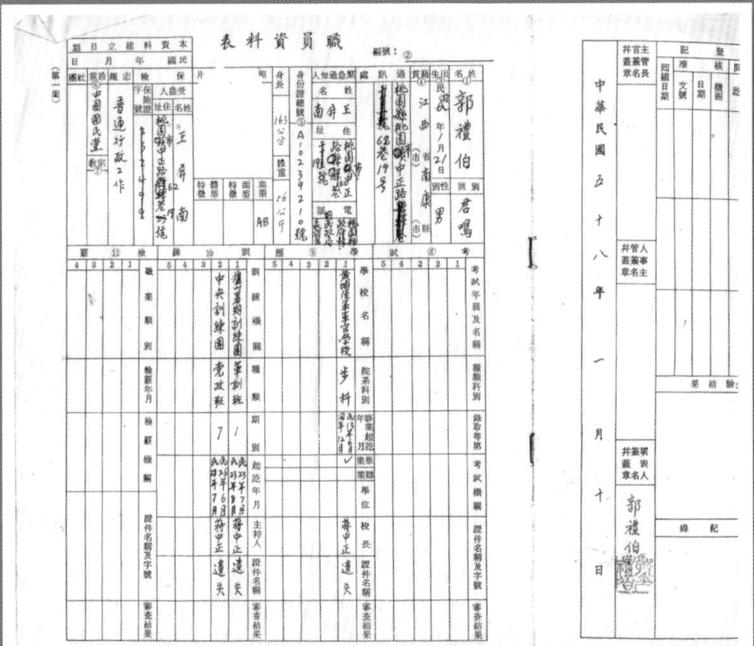

父親自塡職員資料表1969年（桃園）

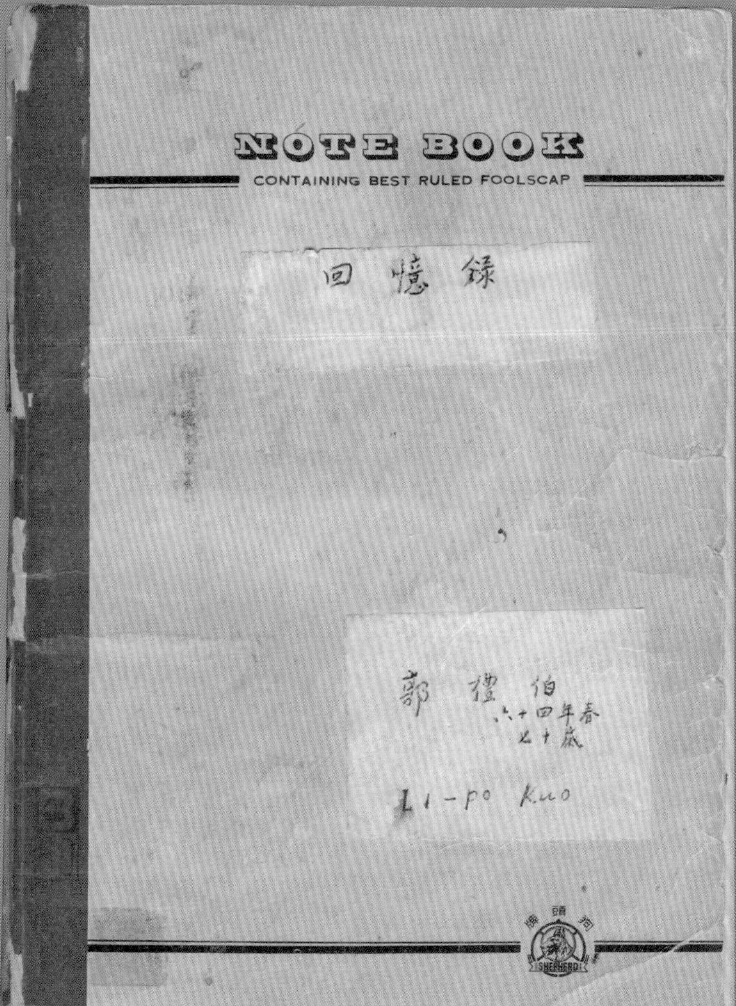

父親手稿回憶錄封面1975年（桃園）

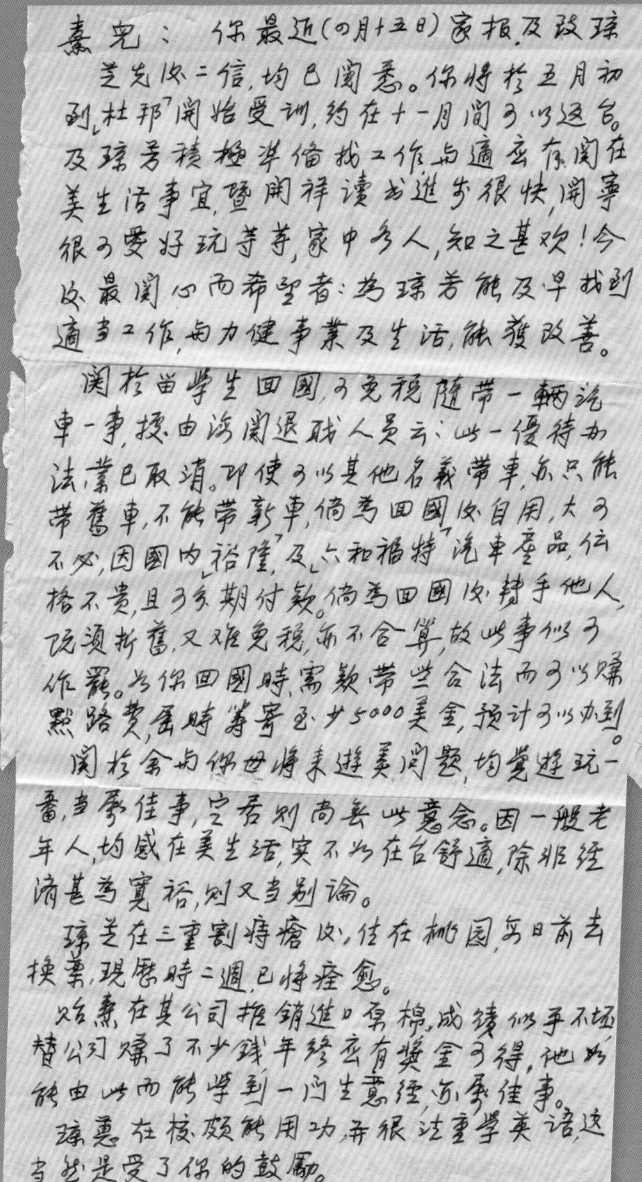
秦兒： 你最近（四月十五日）家稟及政琼
芝先後二信，均已閱悉。你將於五月初
到「杜邦」開始受訓，約在十一月間可以返台。
及琼芳積極準備找工作與適應有關在
美生活事宜，暨開祥讀書進步很快，開寧
很可愛好玩等等，家中多人，知之甚歡！今
後最關心而希望者：為琼芳能及早找到
適當工作，與力健事業及生活能獲改善。
關於留學生回國可免稅隨帶一輛汽
車一事，據由海關退職人員云：此一優待辦
法業已取消。即使可以其他名義帶車，亦只能
帶舊車，不能帶新車，倘為回國後自用，大可
不必，因國內「裕隆」及「六和福特」汽車產品，價
格不貴，且可分期付款。倘為回國後轉手他人，
既須折舊，又難免稅，亦不合算，故此事似可
作罷。為你回國時需款帶些合法而可以賺
點路費，屆時籌寄至少5000美金，預計可以辦到。
關於余與你母將來遊美問題，均覺遊玩一
番，當屬佳事，定居則尚無此意念。因一般老
年人，均感在美生活，實不如在台舒適，除非經
濟甚為寬裕，則又當別論。
琼芝在三重割痔瘡後，住在桃園，每日前去
換藥，現歷時二週，已將痊癒。
炤熹在其公司推銷進口原棉，成績似乎不壞，
替公司賺了不少錢，年終應有獎金可得，他如
能由此而能學到一門生意經，亦屬佳事。
琼惠在校頗能用功，並很注重學英語，這
當然是受了你的鼓勵。

父親寄美國家書（1）1977年（桃園）

余胃病自服中藥後，已少脹痛，惟此乃頑固病患，根除自屬不易，故仍在經常服中藥藥丸，以維護胃腸，并須注意飲食，免受損害。

你母身体健康，且家中已僱工幫做粗工，(每日上午來一二小時，洗碗，洗衣，掃地抹灰，工資每月1500元）但家事集於一身，仍甚忙碌。順祝

安好

力健，瑋芳，均此未另　父字　四月廿五日

To open cut here　請由此處開拆

Dr. Sun Yat-sen Memorial Hall, Taipei.　台北　國父紀念館

Directorate General of Posts, Republic of China, 1976　交通部郵政總局發行　中華民國六十五年

Sender's name, address & postal zone number　寄件人姓名住址及郵遞區號

中華民國 台灣省 桃園市
中正路62巷19號
郭禮伯寄　330

AÉROGRAMME 國際航空郵簡 PAR AVION

Mr. Thomas Kuo
5535 COLUMBIA PIKE APT.722
ARLINGTON, VA 22204
U.S.A.

父親寄美國家書（2）1977年(桃園)

母親七十歲大壽1994年(洛杉磯)

親愛的家人2004年(舊金山)

親愛的家人2004年（洛杉磯）

親愛的家人2005年（洛杉磯）

女兒凱維結婚2005年（夏威夷）

親愛的家人2005年（南康）

作者訪黃埔軍校1987年(廣州)

章亞若素描照2010年（上海）海騰繪

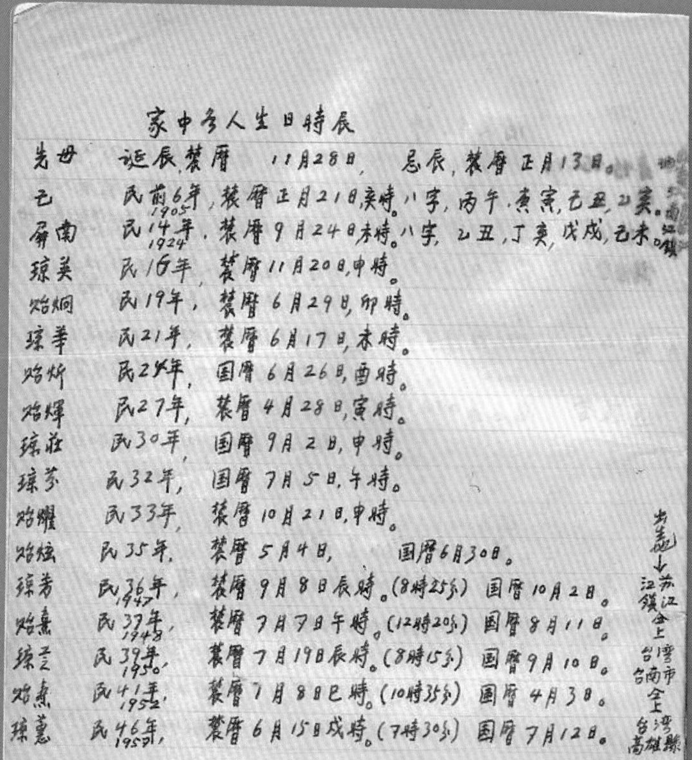

家中各人生日時辰

先母　誕辰，農曆　11月28日，　忌辰，農曆正月13日。

己　民前6年（1905），農曆正月21日亥時。八字，丙午，庚寅，己丑，乙亥。

屏南　民14年（1924），農曆9月24日未時。八字，乙丑，丁亥，戊戌，己未。

瓊英　民16年，農曆11月20日，申時。

焰烔　民19年，農曆6月29日，卯時。

瓊華　民21年，農曆6月17日，未時。

焰炘　民24年，國曆6月26日，酉時。

焰煇　民27年，農曆4月28日，寅時。

瓊莊　民30年，國曆9月2日，申時。

瓊芬　民32年，國曆7月5日，午時。

焰燿　民33年，農曆10月21日，申時。

焰炫　民35年，農曆5月4日，　國曆6月30日。

瓊芳　民36年（1947），農曆9月8日辰時。（8時25分）國曆10月2日。

焰熹　民37年（1948），農曆7月7日午時。（12時20分）國曆8月11日。

瓊芸　民39年（1950），農曆7月19日辰時。（8時15分）國曆9月10日。

焰熹　民41年（1952），農曆1月8日巳時。（10時35分）國曆4月3日。

瓊蕙　民46年（1957），農曆6月15日戌時。（7時30分）國曆7月12日。

出生地：江蘇鎮江，仝上，台灣台南市，仝上，台灣高雄縣

給瓊華填移民表格查資料（出生地另各人附記）

出生日期：
礼伯 1905年1月21日
屏南 1924年9月24日
瓊芳 1947年9月8日
焰熹 1948年7月7日
瓊芸 1950年9月1日
焰熹 1952年2月3日
瓊蕙 1957年7月12日

工作單位位置，及開始日期：
中台化工公司董事 1970年8月開始
家庭主婦
台北利合航務公司秘書 1969年7月開始
美國紐澤西州西東大學研究院化學系學生 1974年9月開始
美國加州聯合銀行職員 1979年6月10日起
在陸軍部隊服兵役
國立政治大學統計系學生 1947年7月起

家人生辰表1975年（桃園）

再版作者感言

自《我的父親郭禮伯》二〇一〇年九月出版至今已經十二年了，世界與郭家發生了許多大事，值得回顧一下。最大的一件事就是我們最敬愛的母親，不幸於二〇二二年七月九日，在美國洛杉磯天使公寓家中，因感染新冠疾病平靜去世，享年九十八歲。母親是先父在臺去世的第二年（一九七九）移民美國，四十多年來，享受到兒女及孫輩的天倫之樂、到過世界及美國各地旅遊、熱心參與社區活動、幫助新來移民適應老人公寓生活，幾乎每日與好友打麻將、參加歌唱或去佛堂唸經吃素祈福，日子過得健康快樂充實幸福，高壽而終，無所遺憾！五姐瓊芳及四哥貽耀不幸於二〇一五、二〇二〇年分別病逝於洛杉磯及江西南康老家，各享年六十八及七十六。他們倆的子女均成家立業，兒孫滿堂，也過著幸福美滿的生活。過去的十年，我增添了孫兒、孫女及外孫各一位，分別在美國和臺灣上小學一、二、三年級，我們經常和他們視訊聊天問近況，他們會在手機裡唱歌、跳舞、畫畫、說故事、做鬼臉等逗我們開心，樂趣無窮，是現代版的天倫之樂。

臺灣資深媒體人也是作家黃清龍先生，於二〇二〇年去美國史丹佛大學圖書館閱讀兩蔣日記，意外地發現經國先生在一九五四年十月三十日日記中，寫道蔣孝嚴、章孝慈不是他生的雙胞胎，而是他在贛南舊屬王繼春與章亞若的孩子。這個發現成了驚爆的新聞，兩年多來，黃先生多方查訪研究，也用電話採訪我的意見後，最近出了一本書《門裡還是門外》，引起巨大的反響，因爲蔣萬安要競選臺北市長，更引起媒體界的報導和熱議。我的書《我的父親郭禮伯》及個人照片，也受到討論和比對以求眞相大白，解答這個世紀身分謎團：章亞若一九四二年在桂林生下的一對雙胞胎的父親究竟是誰？他們倆原隨母姓章，孝嚴已在二十年前改姓蔣，但是現在他們是否應該去驗DNA，搞清楚他們到底是姓蔣、王還是郭？這樣才對得起自己的父母，後代及關心他們的社會大眾。

新冠病毒已經肆虐全球近三年了，死了數百萬人，很多地區已經解封，採取與病毒共存當它是感冒或流感，而專注於恢復經濟及人們的正常生活。但有些地區如中國大陸仍然在封控隔離，讓經濟及生活受到很大的衝擊，尤其是旅遊業幾乎停擺，希望這個危害世界的病毒早日過去，讓大家的生活回到疫情前的狀態！雪上加霜的俄烏戰爭已經進行了八個月了，軍民死傷數十萬，流離失所無家可歸的平民達數百萬，眞是人間地獄、人類的浩劫，戰況不但沒有降低，反而可能會有核戰的危險，眞是不幸令人擔憂。希望各方節制以和爲貴，停止戰爭談判妥協以求雙贏。同樣的，我衷心盼望兩岸也能拋棄衝突，求同存異，共創臺海的和平，以造福兩岸人民的美好生活。

郭貽熹

二〇二二年十月五日

自序

我的父親生於清朝末年，出身於一個江西南部偏遠窮困的農村，他三歲喪父，母親改嫁，由伯母撫養到十五歲。因為無法繼續讀書求學，決定離家出走，去討生活，闖天下，因而改變了他一生的命運。

為了響應孫中山大總統討伐軍閥的號召，父親加入了贛軍的行列，成為一個地方武力的入伍新兵。三年的當兵打仗經驗，使他成為一位稱職的年輕初級軍官。又因為長官的愛護和推薦，自願幫他補習代數、幾何、三角和英文等課業，使他能夠順利考入當時全國有志青年夢寐以求，都想進入的黃埔軍校，追隨孫中山的救國救民偉大革命事業。父親畢業於第一期第三隊步兵科，當時他只有十九歲。

有了這份資歷，加上後來十年間出生入死，冒險犯難的軍旅生涯，先後參加了東征、北伐多次戰役，經歷了軍、警、兵工、緝私等各種不同職務的考驗，憑著一次次戰功和表現，由一個少尉排長升到中將師長，年紀只有二十九歲。這十年是他成年後的第一個人生奮鬥階段，可以說是：少年得志，功成名就。

接下來的十年，是他的第二個人生階段。父親見證並參與了國共再度的競爭和合作。

尤其是親身參與了八年艱苦對日抗戰，率領國軍部隊打了多場揚名中外的戰役，包括長沙第二、第三次會戰、浙贛會戰等，殲滅日軍無數，替死難的中國軍民，出了一口氣，也為抗日戰爭最後勝利的到來，作出了他的貢獻。這個十年，他南北奔波，力戰敵軍，因為戰功，升了副軍長，當選了制憲國民大會代表，也成為上海受降大員之一，終於嘗到苦盡甘來的勝利滋味。

在成年後的頭一個二十年當中，父親結了三次婚，包括頭一次娶童養媳的傳統婚姻，加上另外兩段轟轟烈烈的紅粉知己戀情。從一個十六歲隻身離家出走的窮小子，到功在黨國的將軍，擁有田園廣置，十個子女的大家庭，前後人生和地位的轉變，可以說是天壤之別。父親的事業也由軍界轉向文職和地方政治發展，他希望將自己的經驗為家鄉的建設和發展付出一份力量。但是事與願違，國共的分裂和內戰，打破了他的人生規劃，也改變了他未來的命運。為了避開戰亂，全家人分成三路逃難：一部分去了香港，另一部分去了臺灣，其他的則留在江西老家，等待命運的安排。因為這樣的決定，將全家二十多口人後來的命運和遭遇徹底改變。

留在江西老家的老母及年幼子女，在後來多次運動和艱苦中煎熬，度日如年。流走港臺的家人，在父親失業及窮困無助的漫長歲月裏載浮載沉，日子也不好過。多年後，大家憑著各人艱苦卓絕，不屈不撓的毅力，克服了萬難，家庭成員又一個接一個地站了起來。

許多子女們相互扶持幫忙，半工半讀，先後都完成了大學教育，踏入社會，成家立業。有的出國留學，移民美加，也在異國落地生根，開花結果。

父親親手栽培的郭家下一代，又在大自然的孕育下，茁壯成長，繁衍不息。如今，郭家五代過百的人口，分佈於中美加各地，從事的行業包括有貿易、化工、醫學、藝術、金融、電腦、行政、教育、房產、法律等，無所不及。每個郭家人似乎都懷有父親那正直守份、善惡分明、堅忍不拔和奮發向上的遺傳因子。奇怪但有趣的是，幾乎沒有一個人繼承父親的軍事和政治事業。如果父親在天之靈有知，他老人家一定會以他那獨特的微笑，向我們後代子孫表達他的欣慰和驕傲，而且更會爲自己對國家社會和後代子孫所作出的貢獻，深感無愧！

這也是爲什麼筆者在父親去世了三十多年後的今天，決定根據他老人家的日記、回憶錄、信件和他口述的資料，以及筆者和他朝夕相處、循循教誨的親身經驗來寫成這本書。目的是要緬懷他一生奮鬥不息的精神，學習他留給我們許多做人處世的寶貴經驗。也希望記載下父親和他黃埔軍校的師長、同學和戰友們，在過去近百年的中國近代史裏所扮演的一些不可磨滅的關鍵角色。當然父親畢竟不是完人，也有他的弱點和缺失之處，正好可以給我們郭家人一個檢討反省的寶貴機會。

郭貽熹

美國加州洛杉磯二〇一〇年七月一日

壽宴引發寫書動機

一九六五年二月二十一日（農曆正月二十）傍晚，北臺灣的天氣特別冷，溫度大約是攝氏二到三度，屋內點燃著木炭盆烤火取暖。從我們家日據時代建造，榻榻米式的木造官舍屋看出去，對面鄰居家屋頂的瓦上，鋪了一層銀白色的薄霜。客廳和隔壁臥室燈火通明，隔著紙糊牆那稀里嘩啦的三桌麻將聲特別響亮。

花白頭髮的父親，戴著老花眼鏡，正聚精會神地盯著他手中的麻將牌。從他微紅的臉色，和有說有笑的神情，就知道他喝了酒，特別高興，因為今天是他六十大壽的暖壽宴。大門口停了兩輛黑色發亮的轎車，那是從臺北特別前來桃園參加父親壽宴的兩位貴賓的座車。一位是沈發藻（1），另一位是劉子清（2），他們倆是父親黃埔軍校多年的老同學，老朋友，都是江西同鄉。母親正在廚房裏忙著準備今晚豐富的菜肴，都是她的拿手好菜，譬如紅燒蹄膀、紅燒獅子頭和香酥鴨，當然更少不了有辣的菜，尤其是父親最喜歡吃的辣椒大蒜炒臘肉。

現在學校裏正放寒假，今晚本來要和同學約好去看電影的，但是因為今天是父親的大壽，又有遠到長輩來做客，家裏需要幫忙照應，雖然心裏不高興，但也只好取消。飯桌上，大人們盡情地喝酒，不停地誇讚菜好吃。談的都是三、四十年前的往事，尤其是他們當年在黃埔軍校艱苦求學鍛煉的過程，和在東征北伐時出生入死的往事。感慨於當年他們雖然都是二十歲左右，血氣方剛的小伙子，卻都已經是飽經戰場洗禮，帶兵打仗，奮勇當先的革命軍官。比起同年齡的我們這一代，在太平時期的日子裏求學讀書，在父母呵護的溫室中成長，眞是不可同日而語。

沈伯伯有高血壓，還是接連乾了好幾杯酒，操著他濃重的贛南大庾口音問道：「君鳴（父親的別號）兄，我們當年在黃埔跟隨校長率教導團打淡水、惠州、棉湖時，還沒滿二十歲吧？開第一槍時，你怕不怕？」父親答：「怕，怎麼不怕？我每次都是先灌三杯白酒下肚，再上火線的，嘿！什麼都不怕了！」

父親愈說愈起勁：「記得一九二五年冬在打淡水時率部隊爬城攻擊，彈林如雨，傷亡極大，但是我算是命大，沒打死。我們三隊的江世麟、葉彧龍兩位同學，當晚爭得頭破血流都要參加爬城敢死隊，我們連只有一個官長名額。最後還是請示校本部，特准兩人都加入，才解決了他們的爭端。還沒攻上城牆，他們倆都中彈犧牲了。唉！都是命啊！」父親和長輩們愈喝愈高興，也更感歎於光陰似箭，歲月無情，一眨眼，四十幾個年頭過去了，大家已經從青年、壯年而步入老年。

時局的變遷，各人事業的起伏，命運的無常，加上家庭的負擔，都讓這群當年叱吒風雲的英雄好漢，不得不接受命運的安排，而只能在「好漢只提當年勇」的情景下，面對老之將至的無奈。這場老友爲父親慶生的壽宴，竟弄得他們幾位老人家以感歎和唏噓落幕。但此時十七歲的我，對父親和長輩們在當年和我們年紀相仿時留下的英勇事蹟，和他們傳奇的一生，刹那間，產生無比的崇敬和嚮往，也是激發我想寫出這本書的主要原因。

目錄 Contents

再版作者感言　17

自序　19

壽宴引發寫書動機　22

第一篇　家族歷史背景　31

一、家族淵源及早年婚姻　32

二、京劇與母親　35

三、重逢　結合　患難夫妻　38

第二篇　三角戀情——章亞若情史一說　45

一、章亞若與蔣經國　46

二、一見鍾情、英雄救美　49

三、蔣介石的託付　54

四、東窗事發 57
五、錦囊妙計 61
六、驚人的消息 65
七、晴天霹靂的悲劇 68

第二篇 投筆從戎——求學到從軍 75

一、求學 76
二、贛軍、黃埔、廬山受訓 78
三、自修演講、「中央訓練團」受訓 82
四、初出茅廬，當兵打仗 85
五、腐敗的討賊軍及聯俄容共 87
六、加入贛軍、粵軍討陳 90
七、加入黃埔軍校黨軍 93
八、平定廣州商團之亂 95
九、孫中山北上共商國事 100
十、東征淡水第一戰 104
十一、敢死隊攻城奏效 108

Contents

十二、大義滅親 114
十三、以一擊十的棉湖之役 117
十四、轉敗爲勝 120
十五、興寧之役 123
十六、東征付出的代價 126
十七、平定「楊劉」叛亂 128
十八、國民黨的權力鬥爭 132
十九、蔣介石誘捕川系將領 136
二十、攻克千年古城—惠州 138
二十一、中山艦事件 145
二十二、誓師北伐：武昌攻城 150
二十三、南昌攻城 154
二十四、離開北伐、兵工涉險 157
二十五、浦江緝私及從警涉險 159
二十六、四任團長，重病戰場 163
二十七、特別任務 166
二十八、初任師長 169

二十九、主辦軍訓，兼理役政 172
三十、與省主席的矛盾 176
三十一、蘭封參戰，苦戰失利 179
三十二、再任師長，重慶受訓 181
三十三、三任師長，加入抗戰 184
三十四、第二次長沙會戰 186
三十五、第三次長沙會戰 190
三十六、贛東南城、宜黃戰役 193
三十七、升職離軍 199
三十八、抗戰勝利，歡聚上海 201
三十九、任職昆明，代表制憲 203
四十、由軍轉政，接掌民政 206
四十一、撤離省境，善後措施 208

第四篇 退休生活

211
一、遷臺任職黨工民政 212
二、告老退休，修身養性 216

三、嗜菸與戒菸 219
四、嗜酒，比酒，節酒，戒酒 222
五、老友相聚，難忘黃埔 226

第五篇　父親人生的三階段 231

一、求生、求學、力爭上游（一九〇五年——一九二四年） 232
二、文武雙全，開花結果（一九二五年——一九四九年） 234
（一）孝順母親、伯母，報答兄恩 236
（二）大難不死 238
（三）主持正義，顧全大局，拒財卻謝 239
（四）婚姻　交友　兒女 242
（五）未實現的理想 243
三、人生最大的轉捩點（一九四九年——一九七八年） 245
（一）失業　艱苦　安貧 245
（二）忍辱　遺憾　卻謝 248
（三）成家建家得失檢討 249
（四）吳伯雄踏入政壇的貴人 252

附錄：《我的父親郭禮伯》內容註解 255
參考資料來源 317

Contents

Chapter 1

第一篇

家族歷史背景

一、家族淵源及早年婚姻

父親是民國前六年（一九〇五年，清光緒三十一年）農曆正月二十一，出生於江西南康老家百年皂殼大樹旁的新屋內。根據家譜記載，我們家族是唐代汾陽王郭子儀大將軍六子郭曖的後裔。歷代祖先，由北南遷，入贛以後，先居江西萬安縣境，再遷居南康西街，當時人口不多，家道屬於清寒。

父親高祖父發榮公，精研道學，深通堪輿風水，因此家道大為興隆。曾於南康城內西角，興建了一棟六廳六井的豪華大廈，並提名為「正位堂」。正中前後大廳及上房，自己居住，兩側四小廳，及每廳各附四個臥房，分別由他四個兒子居住。

發榮公曾於正中及廳樓上，放置有道教小型菩薩多尊，並藏有大量道學書籍。但後來不知被誰人取走，非常可惜。發榮公認定，郭家家族的居處，風水好，囑咐子孫後代一定要圍著家族池塘（郭家塘）而居，將來一定不斷有巨富出現。又因為他自己是虔誠的道教徒，所以又囑咐子孫後代，只能信奉道士誦道，不要聽信和尚念經。後輩多半都能遵循他的遺訓。在我們家鄉，「正位堂」和「郭家塘」果然成為後來郭氏望族聚居，人地興旺，遠近聞名之地。

父親曾祖父緒敦公，是高祖的長子，還有三個胞弟，分居後並稱「正位堂」四大房。父親這一系是長房，分居於「正位堂」右側上部。多年來，三房最爲興旺，也多巨富，直到傳到父親「禮」字輩，長房一支也逐漸興旺起來。父親祖父萬喜公，是曾祖長子，有胞弟三人。祖母王太夫人，育有五子三女，長子爲詩選公，二、三、四子，幼年去世，無可稽考。五子詩迪公，就是父親的爹。萬喜公的長女，嫁給南康城東王家，二女嫁城內北鄉康家，三女嫁塘江廬家，都是望族。這三位姑媽對父親都很疼愛，深得父親的懷念。萬喜公對文學相當精通，個性正直，所有長房子侄輩對他都非常敬畏。他因高壽而終。

父親先父詩迪公，是曾祖父萬喜公的第五子。因爲家境清寒，在城內幫人經商。又因體弱多病，不幸在父親出生後第三年去世，所以無可記述。父親先母賴太夫人茂鳳，生下父親時，她只有十七歲。不到三年，丈夫去世。孤兒寡婦，處境極爲艱苦。所幸得以依賴父親大伯母李太夫人幫助，將父親撫養長大。對此恩此德，父親永世難忘。一九四九年，國共內戰時，他母親以年高體弱，不肯遷往臺灣避難。她只帶著第四孫兒和他奶媽（父親侄兒郭貽棟的妻子），隱居於信豐縣鶴子墟同宗家中。

根據傳聞，一九五〇年農曆春節期間，她因飲食不慎，身患痢疾，不幸於正月十三日逝世。當時情況特殊，不宜張揚，僅由父親堂兄禮金，代爲草草料理喪事，暫時寄厝於住地附近，直到今天都沒有安葬。父親爲此總是覺得罪孽深重，不孝至極。常說日後有機會返回老家，一定以安葬母親爲第一要事，以告慰她老人家在天之靈。

一九一八年，父親十三歲時，由堂兄禮儉做主，安排父親娶童養媳曾氏以添壽，兩年後奉命成親。之後，相聚時間很少，一九二二年（父親十七歲時）曾氏就病逝了，無其他值得記述。一九二六年，父親二十一歲，任營長時，與在廣州醫院當護士，比父親小三歲的趙淑珍成婚於廣州，共育有九位子女（五男四女）。婚後不久，父親就隨軍參加北伐，在後來漫長的軍旅生涯中，常年在外征戰四方，擔任各項職務，發展前途。原先家住廣州，之後隨著職務所在，曾遷居過上海（一九二九年）、武昌（一九三〇年）、南昌（一九三四年），一九三八年又搬回南康老家，一九三九再遷往重慶。

父親雖然在家的時間很少，但在江西南康的老家購置了相當的田地與房地產，也雇用了多位管家和褓母來照顧家中的一切，生活條件可以說是相當優越。但是後來因爲戰亂（抗戰和內戰），不但損失了全部的家產，家人因爲避難，只得分散遷移，因此全家人的生活陷入困境，兒女們的生活和教育也受到了很大影響。

抗日戰爭勝利後，父親決定退出軍旅，轉入政界發展。他以四十歲的盛年，達到一生事業的高峰，但是也付出極大的個人代價。他在這一段漫長歲月中，因爲專心發展事業，回家之日，寥寥可數，自然和家人見面相處的時間更少。

父親年紀大了，在反省他早年教養子女的得失時，曾說道：「對兒女之撫養教育，則因軍務繁忙，相聚時日太少，溺愛多於嚴教，放任多於約束……初建家庭，得失互見，成敗參半。此非理想不當，方法有錯，係處境有礙，努力不夠，有以使然。」

二、京劇與母親

筆者母親本名王蘭芬，藝名王屏南，後又改為蘋蘭，祖籍陝西三原，於一九二五年農曆九月二十四日生於江蘇鎮江。生父王白泉早年自陝西遷居江蘇揚州，在揚州經營一家「玉龍泉」鹽號生意多年，經長江運銷武漢和揚州間的食鹽生意，家境富有。外婆黃玉雲為鎮江大家閨秀，一生樂善好施，經常慷慨解囊，救濟貧困，有「小孟嘗君」之稱。

父親因率一九四師參加第三次長沙會戰大捷有功，於一九四二年秋升任七十九軍副軍長，又於一九四三年六月兼湖北陵都師管區司令，負責徵兵、練兵任務。一九四四年春，父親接到長官部通知，前往桂林報到，參加由羅卓英將軍主持的軍官教育團將官班受訓，接受爲期兩周之對日反攻作戰講習研究，準備接任新職（內定七十九軍軍長）。經過兩周的密集受訓及常年在外打仗練兵之辛勞，父親決定在受訓結束後，就任新職前，請假回江西南康老家省親，也順便休息一陣。

北伐勝利後，國民政府在一九三一年公佈新「鹽法」，規定鹽就場徵稅，任人民自由買賣，無論任何人，不得壟斷。關於運銷，規定凡向鹽場買鹽，應先行納稅。從此以後實行「官鹽」禁辦「私鹽」，母親家族經營數十年的鹽號生意也停業了，損失近八十票（一船鹽爲一票）鹽，價值約八十萬兩銀子，可以說家產盡失，破產關門。

母親的生父於一九三五年（母親只有十一歲）在從江蘇鎮江返回原籍陝西三原的途中因病去世，享年六十三歲。後來，抗戰爆發，家鄉鎮江淪陷於日軍之手後，爲了逃難，也爲了生計，母親自一九四二年就隨著全家人從鎮江遷到江西避難。來江西的另外一個原因是母親的二姐王秀芬，藝名王倩萍，嫁給江西南昌的陸軍少將熊劍飛(172)。

母親自小就受到繼父王叔良（江蘇揚州人）的薰陶影響，喜愛京劇，自學自唱，也經常請人指點，十五歲就有登臺演戲的經驗。自一九四二年母親全家逃難來到了江西，先後在吉安、南城、南豐和贛州以演出京戲爲生。一家人就靠這個十七、八歲的小姑娘，養家活口。母親及外婆全家人此時都住在贛州。

一九四四年春，母親來贛州演出已經八個月了，每天幾乎場場滿座。當時蔣經國擔任贛南行政專員，蔣緯國任憲兵營長，都是來看戲的常客。母親演的是青衣旦角，每天掛頭牌。聽說蔣經國和熊劍飛還爲了同時追求未婚的二姨媽，搞得水火不容。但熊的攻勢猛烈，常常將戲院前三排的座位全部包下，不讓蔣坐在前排。最後還是熊勝利，獲得美人芳心，和二姨媽成婚。

贛州戲院的老闆因爲生意太好，每天都笑的合不攏嘴。對母親又鞠躬又作揖，就是擔心母親身體如果不舒服或生病，一下不能演出，戲院就會空無一人，當天就沒錢賺了。聽父親常說這時的「蘋蘭」（母親的藝名）在江西贛南一帶，算是個紅遍半天的「小梅蘭芳」。父親從小就是個京戲迷，偶爾也學學拉胡琴。此次回鄉度假，聽說有個年輕當紅的「小梅蘭芳」在贛州演出，他怎能錯過這個看戲的大好機會呢？

一九四四年春（母親這年十九歲）的一個白天，母親和二姨在贛州馬路上走著，要去找相士算命，正巧碰見陌生的父親和他的參謀長黃經樵（3）二人迎面走來。黃認識二姨及二姨丈，於是就向父親介紹母親爲「紅遍贛南的小梅蘭芳」。

其實父親心裏老早有數，連忙稱讚母親戲唱的好，人長的漂亮，並且說他已經去捧場多次了。在母親的眼裏，這些高官們都一樣，見到年輕貌美的女伶，都會說些甜言蜜語，來討好一番，她一點不覺得稀奇，也沒在意。這是父親和母親的第一次無意地見面。不久，父親銷假要返回崗位，在路過南城時，因腹瀉身體不舒服。母親和二姨也剛好移到南城演出，曾經前往探視父親一次。此後，兩人就失去聯絡。兩人下一次見面，是足足兩年後一九四六年秋冬之時。

三、重逢　結合　患難夫妻

一九四五年八月十五日，是個全中國人民永遠不會忘記的日子。經過了八年的浴血奮戰，付出千萬軍民的生命代價，終於換來了難得的抗日戰爭的勝利，舉國歡騰，欣喜若狂。軍人停止戰鬥，逃難在外的老百姓紛紛忙著趕回闊別多年的家鄉。因爲劇團演出順利，有錢賺，人在江湖身不由己，所以母親暫時並沒有立刻要返回江蘇鎮江老家的念頭，而是從贛州轉往南城繼續演出。

之後，母親又隨著二姨媽一起回到二姨丈的故鄉南昌演出，在南昌一待就是一年多。直到一九四六年秋，婉謝了京劇名角馬連良(192)，邀約赴漢口大舞臺演出的機會，母親決定終止在江西的逃難生活和巡迴演出，舉家遷回鎮江。

回家的感覺眞好。到此，母親的職業京劇生涯，也暫時告一段落。回顧她自一九四二年逃難到江西到一九四六年返鄉，足足過了四個年頭。小小年紀，流浪在外，母親既要擔負家計，又要維持劇團票房生意和全體成員的生活，對一個不到二十歲的女孩子來說，責任和壓力的確也太重了。

但是在那個兵荒馬亂，生靈塗炭的歲月裏，爲了面對這一切，她除了咬緊牙關挺下去，又能如何呢？現在歷經千辛萬苦，好不容易回到了鎮江，就享受一下難得的清靜和與家人團聚的溫馨吧！

抗戰勝利，父親剛好四十歲，決定接受第三方面軍司令部的新職務，並與黃埔同學兼老友們陳大慶（4）、張雪中（5）、鄭洞國（6）等在上海一起共事。在經歷了八年浴血抗戰後，終於難得地在上海度過了逍遙自在，多姿多彩的一年。一九四六年夏，父親又離開上海去了昆明，接掌〈軍政部〉十六軍官總隊中將總隊長一職務。一九四六年冬，父親由昆明經重慶飛南京，參加首屆國民制憲大會，寄住在南京中央飯店。

有一天，一個看手相的算命師向父親斷言：「一個月內，你必定會遇到一位女子，她可以成爲你大有幫助的賢妻。」父親姑且聽之，也沒有放在心上。過了十多天，偶爾在鎮江火車站，遇見江西老友熊夢舞（熊式輝侄兒，熊劍飛之弟）。閒談中得知，他是爲參加鎮江王家四小姐（四姨）婚禮來的。父親急切地問：「是哪一位王小姐？他們家不是有四姐妹嗎？」熊答道：「是四小姐結婚，三小姐還沒出嫁，現在剛從南昌搬回鎮江。」父親聽了高興萬分。兩年前在贛州初識，在南城告別的「小梅蘭芳」的影像立刻湧現於腦海。又想起前一陣相士的預言，對自己說：「這豈不是天意嗎？」想到這裏，不禁欣喜若狂，重逢之心，更加殷切。經多方打聽安排之下，終於與母親在江西南城一別兩年後，在南京再度重逢。

的確如熊所說，王家三小姐確實尚未結婚。但是，她曾與一位原籍江西，上海聖約翰大學畢業的譚（德明）姓男子訂過婚，譚雖然已遠渡重洋，赴美留學，但久無音信，母親對父親的追求，也有所保留。母親在知道譚的進一步消息前，對任何父親進一步的交往，都拒絕接受。父親於是轉向老太爺和老太太（外公和外婆）下功夫求助，並表明自己是誠心誠意要迎娶他們女兒。另外母親也親自到了上海譚家親友處，探聽消息，但毫無收穫。最後她認為大概真如他人傳說，譚已經在美另結新歡。父親這才排除了所有障礙，獲得老太爺和老太太的支援和允許，也終於得到母親的首肯，在一九四六年除夕前一天（十二月三十日），與母親成婚於上海新生俱樂部。婚禮簡單隆重，出席婚禮的人有：證婚人彭程萬（7），（原贛軍總司令，一九二一年介紹父親加入國民黨），介紹人二姨丈熊劍飛，四姨丈陳雲萬（8），主婚人是家鄉父執輩的郭詩載，和女方父親王叔良。

一九四九年春，父親和母親帶了我們幾個兒女去了臺灣。父親和母親共生育我們五位子女（二男三女）。到了臺灣後，父親就失了業，事業與經濟都跌到谷底，一大家人生活極爲艱苦。在往後的二、三十年間，全家人是在極爲貧困的環境下度過的。靠父親微薄的薪資和母親儉省自力持家，吃盡了千辛萬苦，才把我們撫養長大。記得父親在擔任桃園民政局長時期，薪水不過區區臺幣兩千多元（合美金五十多元）一個月，如何付得起生活費以外，孩子們數萬元一學期的學費？每次要繳學費時，我們都清楚地記得父母親多次面對面愁繳學費，相對無言的窘態和情景。

筆者記得小時候，母親常圍著飯桌教我們一起包水餃，蒸包子，省錢又好吃，大家一點也不覺得苦，反而其樂無窮。多年後的今天，筆者在美國洛杉磯家中，也常教我的兒女包水餃，蒸包子，增加家庭樂趣，他們也覺得好玩，但卻很難體會他們祖母當年節省持家的苦心。

但是勞苦功高的父母親，每次都能靠著他們的智慧和毅力，讓我們家一次次地安然度過難關。兄弟姐妹都先後順利完成了大學基礎教育。可是，正當我們家庭逐漸脫離貧困，兒女茁壯成長，開始踏入社會或出國深造之際，父母已經白髮蒼蒼，步入了老年。

尤其是父親的健康出了問題。一九七五年春，罹患腸癌，經三次住院，二度手術，加上在家療養，前後三年期間，全靠母親一人在醫院和家裏來回奔波，日以繼夜，細心照顧，但父親終究敵不過病魔的煎熬，不幸於一九七八年二月十四日與世長辭，享年七十三歲，結束了他與母親近三十二年的患難夫妻生活。

父親在他患病的數年中，完成了他的回憶錄，並對母親及他一生婚姻的得失，做了以下的結論：「余娶王氏後，於茲已將三十年，在生活上、經濟上、事業上，得其幫助良多。倘婚配無此補救，不但下半世在精神與物資上無從獲得安慰，根本上恐將難於活到此時。」

對於許多人批評父親太過風流，他自己的解釋是：「有人認為家庭婚變，乃出於余之過度風流，此一論斷，似是而非。蓋余四十歲以前，確多風流韻事，但自四十一歲娶王氏以後，精力仍是旺盛時期，而三十年來，並無二色。足證風流原非本性，實亦有外在因素，從而促成。」

父親逝世後，母親悲痛至極，決定離開臺灣這塊傷心地。於一九七九年，遷居美國，和子女及孫輩相聚，安享餘年，到現在已經三十多年。她以近九十的高齡，仍然樂觀健朗，熱心助人，樂善好施，淡泊安逸，頗受她定居的洛杉磯天使老人公寓朋友們的肯定和好評。相信，父親在天之靈，在母親隨他相伴茹苦大半輩子，但自他離世後，得來了她老人家難得愉快幸福的晚年，他一定替她感到欣慰而滿足。

Chapter 2

第二篇

三角戀情——章亞若情史一說

一、章亞若與蔣經國

父親在他的日記、書信或回憶錄裏，對他和章的一段長達七年的紅粉戀情，完全沒有提及。我在一九七七年秋完成在美的學業，並由剛剛任職不到半年的美商杜邦公司總部，派回臺灣分公司擔任新職務，負責開展杜邦在臺灣的業務。但對我個人來說，派回臺灣工作更重要的意義，是能趕回探視當時罹患癌症末期的父親，並陪伴他老人家走完人生的最後一程。

我白天在公司上班，下班後就直奔醫院和家人輪班照顧父親到天亮。從一九七七年底到父親去世的三個月期間，在榮民總醫院的特別病房裏，父親對我無話不談。除了囑咐我要詳讀他的回憶錄，要孝順吃盡千辛萬苦的母親，要挺起胸膛，發揚光大他一生做人處世的精神，才不愧爲郭家後代的一份子。

還在這段期間，開始將他與章亞若和蔣經國在江西複雜和戲劇化交往的經過，口述給我。同時他也警告我要小心保密，因爲此事太敏感，許多的內幕和細節都還沒有見光。而且，章已經爲此付出了她生命的代價，如果再節外生枝，讓父親和章蔣之間的事曝光，而橫生出更多的是非議論，對任何一方都沒有好處，尤其會傷害到章兩位後代的身份和未來。他之所以要讓我知道眞相是要對事實和歷史負責，這樣才對得起他自己和章蔣兩位摯友。

今天，章和蔣的戀情及有關章孝嚴、章孝慈兄弟的身世，都已經被公諸於世，並且被廣泛報導。我在此時發表父親的口述資料，主要是要將一些對章和父親交往的錯誤報導，給予補正並還原眞相。如此，才不辜負父親和章前後七年交往的情份，也可以讓後人知道章和蔣認識交往的來龍去脈。我相信，章蔣和父親三位當事人都已過世多年，現在來發表相關的內容，應該不至於對他們三人和他們的後代有任何負面的影響，因爲事實就是事實，是不應該永久被扭曲或隱瞞的。

父親比章大八歲，和她交往，開始於一九三四年七月直到一九四一年夏，前後長達七年。父親比蔣大五歲，加上做事資歷比他久，所以蔣一直是以「兄」來稱呼和對待父親的。父親和蔣首次在一九三七年秋見面於江西廬山。當時，蔣剛自蘇聯回國不到半年。後來，兩人在南昌和贛南有過非常密切的來往和接觸，直到一九四五年抗戰勝利爲止。從一九四五到一九四九年，父親在江西省政府服務，而蔣則在蔣介石身邊協助處理國共內戰及和談的事宜。到臺灣以後，除了見過幾次面外，基本上彼此沒有聯絡。蔣在一九三七年到一九四〇年間從南昌到贛州，一直是以「大哥的女人」的態度對待章。

一九三九年秋冬，父親離開贛縣預備第六師師長一職，奉調重慶軍政部。接著在次年三月，又奉派到復興關「中央訓練團」黨政班第七期受訓，並擔任第二中隊長，直到第十五期結業爲止。因表現優異，一九四一年夏初，中央訓練團任務結束後，父親期盼能分派到帶兵打仗的新任務。沒想到，蔣介石堅持要父親去擔任政治大學軍訓總教官。雖然父親並不喜歡此一職務，但是蔣命令父親一定要接受，否則以抗命論處，父親只好遵命。但是，距離政大開學接受新職務還有三個月，因此父親決定順便返江西南康老家度一個難得的暑假，也可以和一年多沒見面的章聚一聚。這段時間，章已經在贛南行政專員公署蔣那裏工作了將近一年了。

一九三四年四月，剛滿二十九歲的父親，奉命由江西保衛第二師參謀長調升江西保衛第一師師長。到職前照例先前往廬山晉見蔣委員長，蔣當面命令父親先到七十五師，接受一特別政工任務，再接任師長。三個月後，任務達成。立刻到第一師在泰和沿溪渡師部報到，與設於宜黃的第二師師長張雪中，和設於寧都的第三師師長史宏烈（9），共同擔負起地方保衛工作。

但是，沒有料到，父親到職不到四個月，即因爲省政府經費不足，委員長下令：「已成立的三個師，應立即裁撤。」

二、一見鍾情、英雄救美

離開了保衛第一師師長的職務，一九三四年七月，父親奉調爲「軍事委員會」南昌行營中將參議，工作相當輕鬆，家住南昌北壇，正是無官一身輕。當時廣東少女全國知名泳將楊秀瓊，人稱爲美人魚，到南昌表演游泳，一時轟動洪都，掀起游泳高潮。父親與張雪中、史宏烈兩位同學、同鄉兼好友，閒暇無事，三人也學習時髦，湊合熱鬧，學習游泳。

每日下午，三人同往寮洲頭「勵志社」(10)後面江邊游泳場，學習游泳。一個月後，泳技頗有進步，身體也大見結實。也常去「勵志社」吃飯、跳舞、看戲及參加其他娛樂活動。父親就是在此時此地，頭一次遇到了年僅二十一歲的章亞若。在父親的記憶中，章不是那種豔驚四座，美麗動人的女人。她吸引父親的地方是她的聰明智慧，多才多藝和善解人意的個性。她還會表演京劇，是自學自通的。父親又非常喜愛欣賞京劇，所以對她特別有好感。

章是一九一三年生於江西新建縣，家住南昌，她父親在南昌擔任律師。因爲家境富裕，所以能夠畢業於南昌著名的天主教辦的私立貴族學校：葆靈女中。她天資聰明，從小在她父親的薰陶培養下，對於詩詞歌賦、琴棋書畫、戲劇舞蹈，樣樣通曉，可以說是一個中西合璧，活潑開放的新時代女性。但是，另一方面，她又有一段不幸而無解的婚姻枷鎖。

在她十五歲那年（一九二八年），奉父母之命嫁給了比她大三歲的遠房表兄唐英江，後來生下兩個兒子（唐遠波、唐遠輝）。唐英剛受的是舊式教育，個性沉默保守，在新建縣城的一個監獄裏任職，和章結婚六年來的日子，並不快樂。此時章在南昌高等法院擔任文書工作，家中兩個兒子，由婆婆幫忙照顧，她無後顧之憂。此時的章，只有二十歲出頭，打扮入時，穿著流行，敢於嘗試新鮮事物，經常活躍於南昌上流社交圈，誰也沒有想到她是一個生過兩個孩子的已婚女人。「勵志社」自然是她經常去吃飯、跳舞、看電影、游泳，和結識新朋友的場所。爲此唐一直疑心妻子紅杏出牆，而章則覺得唐守舊閉塞，完全不瞭解她的內心世界，彼此爲此經常吵鬧不休，感情終告破裂，基本上婚姻關係處於分居狀態。

對章來說，離婚固然是解脫這場不幸婚姻的根本之道，但在那個保守的時代，不但很難被社會認同，更不可能被唐章兩大家族所接受。唯一的一條路，就是雙方默默地忍受痛苦的煎熬，自求多福，等待命運的安排。最終導致唐於一九三五年，以自殺身亡的悲劇來結束他和章的這場不幸婚姻。

關於唐的死因，有許多不同版本，眾說紛紜。有一種說法是，他服毒而死。還有人說，是章在和唐一起搭渡輪時推他下水的。根據父親的說法，是唐自己投井溺死。不管哪一種說法，都把矛頭指向章。尤其是唐家的親人，更是不能饒恕章，說她不守婦道，逼死丈夫。根據父親的記憶，唐死後，唐家家族的尊長，曾經將章當做「謀害親夫」的殺人嫌疑犯，將她扭送治安機關法辦。當時，章已經被拘留，等待調查審案。父親去獄裏探視她，她顯得異常鎮定而堅強。父親見到在獄中的章，第一句話就問她：「究竟怎麼回事，是妳做的嗎？」章說：「我發誓沒有謀害他，是他自己賭氣投井的。他個子那麼高大，我怎推得動他？但是唐家人不相信，硬說是我幹的，一定要置我於死地！」接著，她又對父親發了毒誓。父親自然相信不可能是她這個弱小的女子幹出的事，於是就出面和治安機關交涉，力保她獲得開釋出獄。

父親在章遇到危難和生死關鍵時刻，對她伸出援手，令她感動萬分，也更加強了她對父親感情的信心和決心。曾對父親說：「今生今世，跟著你，絕不後悔！」後來，為了報答父親的救命之恩，當了父親的秘書，也成了他的紅粉知己，開始了他們長達七年的交往。

父親之所以能助章脫罪是有原因的。自一九三五年夏，他除了接任「江西省國民軍事委員會」主任委員，主管全省高中以上知識青年的軍訓，另外還有一項不公開的重要任務，就是擔任「復興社」江西幹事會總幹事。

「復興社」又稱「藍衣社」，成立於一九三二年，由黃埔同學康澤（11）和賀衷寒（12）等發起，蔣介石是幕後的最高領袖。該社宗旨是結合全國文武青年的精英，切實把握民主集權制的原則，來建立一個意志統一、紀律森嚴、責任分明和行動敏捷的堅強組織。並且能依靠這個組織，整肅腐敗、喚醒民眾、抵抗外侮，以「復興我中華民族」。

後來數年間，成員發展到多達五十萬。到了一九三八年，大約三十萬名復興社成員，在「辦理結束」後集體轉入了由蔣經國參與主導的「三民主義青年團」。大大地影響了「三青團」的建立和發展，因此許多人認爲，「復興社」是「三青團」的前身。

因爲父親身兼二職，工作推動，有相當的敏感度。在學校軍訓與「復興社」社務方面，進展迅速。除高中以上學校，平日實施軍事管理與軍事訓練外，每年暑假期間還集中高中及大專院校在校二年級學生，施行集中軍訓一個月。一九三五年在西山萬壽宮，和一九三六在梅嶺營房舉辦的學生集訓，都是由父親以副總隊長名義，親手策劃，負責執行。集訓後，學生思想、精神及軍事學術，大有進步。

「復興社」是一個紀律嚴密，無所不在的祕密組織，在黨、政、軍、警、憲、法、特、青等各界，都有極大的影響力。而其工作特色則是：在組織上是軍事性質的，在手段上是特務性質的。「復興社」活動的對象，主要是對內的，而且也是一個總體性的活動，它的組織和控制，深入各種層面，各級機關。因此，父親以「復興社」江西負責人身份，出面與法院和警察機關交涉章的開釋，是以上級對下級的立場，而且是輕而易舉的。

此時不到三十歲的父親，官拜中將，又是跟隨孫中山討陳（炯明），蔣介石東征，北伐征戰十年多的革命英雄。在戰時的南昌，他正主持國民軍訓，積極配合「軍事委員會」政策，準備對日作戰。每週他要對高中及大專院校學生演講分析時事，讓他們認清日本侵略者的本質，激發他們的愛國情操，鼓勵青年學生愛國從軍，抗日救國。

父親演講時，身著軍裝，戴白手套，語氣堅定，手勢有力。臺下青年，聽他演講，無不全神貫注，鴉雀無聲，屏息聆聽，講到激動處，學生們熱淚盈眶，並不時給予如雷的掌聲。在當時的南昌，他是許多愛國知識青年心目中的一個英雄偶像。章也是一位關心國家大事，有血有肉的愛國青年，不但支持父親所做的一切，而且對他抱著一份崇拜，景仰之心。父親對章則是懷有一份欣賞，憐惜之情。

他們的結合是一個標準的「一見鍾情」及「英雄救美」的愛情故事。兩人自相識、交往以來，固然各自對家庭，婚姻和人生的看法，相當接近，彼此共鳴，但畢竟都是有家室的人，所以還得低調行事。爲了方便和隱蔽起見，父親就在南昌東湖，風景秀麗，自古有名的度假勝地——百花洲小島租了一間屋子，做爲兩人約會同居之地。這樣的日子，過的充實而有意義。

父親忙於軍訓和「復興社」的社務，配合「軍委會」既定的備戰政策，和蔣介石大力推行的「新生活運動」。章出獄後，也常常幫父親整理一些演講稿和公文，並也不時對很多時事問題發表她個人的意見。

三、蔣介石的託付

父親和蔣經國的交往，開始於認識章亞若三年以後的一九三七年。蔣在一九二六年，他十五歲時被蔣介石送去了蘇聯學習，直到一九三七年回國，足足待了十二個年頭。期間，他經歷了：畢業於莫斯科中山大學，加入共產黨，下放到西伯利亞，曾發表聲明，聲討蔣介石背叛革命，進入列寧格勒托瑪卡紅軍軍校學習，一九三五年與礦場女工芬娜結合。一九三六年一月，蔣經國在蘇聯「眞理報」首次發表譴責蔣介石的公開信，這令蔣又氣又恨，也相信是史達林的分化策略之一。

第二年，盧溝橋七七事變爆發，中國對日本宣戰前，蔣經國被史達林特准回國。先在故鄉浙江奉化住了一段時間，在一九三七年秋，經江西省主席熊式輝[13]向蔣介石推薦並安排下，擔任「江西省保安處」副處長兼新兵督練處處長。此時，上海已經淪陷。敵人正憑著他優勢的武器裝備，高漲的侵略野心，節節進逼內陸，開始把下一個攻擊目標放在抗戰的新指揮基地——江西南昌。

蔣經國帶著夫人方良和長子孝文一家三口，從奉化來到南昌，暫住於「復興社」轄屬的「勵志社」南昌分社招待所。當時，是許多外國援華人士包括蘇聯的顧問人員，都喜歡停留的地方，因爲它除了有賓館提供住宿用餐，還經常舉辦跳舞、戲劇和文藝表演等活動，這對剛到南昌，人地生疏的蔣家也比較方便。一九三七年秋，蔣家全家搬來南昌，由父親安排，先暫住在贛江邊下沙窩「勵志社」招待所。不久，又搬到財政廳長文群的家去住。

有一天父親接到委員長（蔣介石）侍從室電話，上廬山晉見委員長，蔣宋美齡和蔣經國也在場。老蔣（蔣介石）說：「經國在蘇聯待了十二年，剛回國，各方面有待學習，加強。熊主席推薦他來江西做事，你們都知道了。你是校長的學生，比他大幾歲，帶過兵，打過仗，在南昌負責軍訓，兼『復興社』任務，又是江西人。他馬上要接新職務，需要你花點工夫，在各方面給予他協助、指導。」校長交代的任務，不得不遵命。此後的數年間，從南昌到贛南，父親對蔣經國的教導和分享，都是言無不盡、傾囊而出的。他的學習態度也很誠懇、謙虛而認眞，一直都以「兄」相稱。經常口袋裏放一個小本子，做筆記，寫心得。

父親此時和蔣經國的關係，可以說是亦師亦友，相處得頗爲融洽。「協助、指導」也不拘形式，不限時間地點。舉凡國家大事，帶兵作戰，軍政派系，四書五經，孫子兵法，領導統馭，圍棋之道，欣賞平劇，辛辣菜肴，比酒鬧酒，江西風土人情，無不傾囊分享，並經常以「師兄」身份，親自出馬帶領他各處實地學習體驗。

郭蔣兩家人也彼此經常互訪來往。父親國民軍訓和「復興社」工作上的需要，經常要到各處走動，與黨、政、軍各個機構組織密切聯繫，以期達到「軍委會」既定的目標。蔣經國也經常相隨父親到各處走動，非常勤奮努力觀察學習。因爲來往密切，蔣不但知道，也幫父親保密和章的關係。

一九三八年冬天，熊主席想要以省屬十個保安團，改編爲兩個陸軍師，呈獻給委員長祝壽，並保舉曾戛初(14)和父親兩人，分別擔任番號爲第五、第六預備師的師長。由於要撥歸父親預六師的幾個贛南保安團的反對，和其他種種複雜原因，改編一直不順利。最後，爲了以大局爲重，避免造成重大反叛事件，父親毅然辭去師長一職，而後來發表由吳德澤繼任師長，事件才告平息。

四、東窗事發

一九三八年下半年起，南昌的局勢已經開始緊張。日本飛機自一九三七年八月起多次從臺灣起飛轟炸南昌，一般南昌居民對躲警報已經習慣。父親決定把在南昌的家遷回南康老家。一九三八年底，一九三九年初，章亞若娘家及章氏娘家的老老小小一、二十口人，也在父親的照顧下從南昌南逃到贛州，分別安置住在鄉間。預六師師部設在贛州，父親則來往於贛州師部和南康老家之間。一九三八年冬，由於日本飛機的轟炸和日漸逼近的日軍，爲了不必經常躲警報，蔣決定將家眷遷到距離南昌城外十幾里的鄉下。在那裏只住了一個多月，日軍逐漸逼近南昌，蔣乃決定再將家小送回老家奉化溪口，原因是那裏離戰區較遠，應該比較安全。送走妻兒後，蔣就單身住在南昌鄉下租的房子。一九三九年三月，日軍已推進到距南昌數英里的城郊。江西省政府南遷到泰和，難民及政府公務員眷屬也開始往南疏散，南昌終於在三月二十七日棄守。蔣負責的保安司令部的「新兵督練處」也遷到南邊的贛州。

一九三九年三月底，蔣經國到重慶「中央訓練團」黨政訓練班第二期受訓，五月中結訓。結業後，同年六月，蔣出任「江西省第四行政區」行政督察專員，兼保安司令，次年又兼贛縣縣長。他在專員任上一待就是六年，直到一九四五年七月辭職。

父親和章自一九三四年在南昌「勵志社」相識、相戀，到一九三九年避難到贛州，轉眼已經將近五個年頭。在這段不算短的時光中，可以說是經歷了許多悲歡離合，酸甜苦辣，和天翻地覆的日子。首先，章的婚姻由於丈夫的嫉妒、猜疑和守舊自封而以自殺結束。和父親的「一見鍾情」、「英雄救美」、「兩相情悅」及在南昌「百花洲」數年的愛巢甜蜜生活，確實令兩人回味無窮！

但是紙包不住火，金屋藏嬌的事，終於被夫人趙氏發現，掀起了家庭軒然大波。父親也承受了極大的壓力，必須作出妥協。這幾年雖然家住南昌，但是因爲每天忙於公務、應酬，加上出外忙於軍務，在家的時間也不多。不在家的日子，可以暫時逃避現實，躲開家中的壓力和責難，所以更爲珍惜與章在一起的時光，兩人的感情也更爲堅定。

大環境的改變，也對雙方的感情產生相當的衝擊。日軍飛機的狂轟濫炸，戰事一天一天逼近南昌，造成市面上，物資缺乏，物價飛漲，人心惶惶。在這樣惡劣的環境下，章要維持一大家人的生活和未來動向，確實不容易。當然，父親的保護、支持和相助，是章心中最大的支柱和安慰。

父親於一九三八年冬把家從南昌搬回南康後，於一九三九年一月二十八日接到委員長發佈命令，擔任新編預備第六師師長，同時開始進行整編工作，並將該師司令部設在贛州市內。聽說，家住南昌時，家裏的牆壁上還掛了許多章寫作的書法及山水畫等。後來，章的眞正身份被趙氏發現，這些章的字畫突然被人全部撕毀。據說，有一天，家裏來了一個年輕的女人，一衝進門就直奔郭家客廳，把所有牆壁上掛的書法和字畫都撕得粉碎。當時家中沒有人認識這個女人，只覺得奇怪，她怎麼如此大膽，敢到咱郭家來撒野？後來問了副官，才知道她的名字叫「章亞若」！至於章爲什麼要來撕毀牆上的字畫，沒有人知道。

當時章是希望郭家能承認她在郭家的地位，但是不爲郭夫人接受，於是家裏爲此整日爭吵不休，使得父親很痛苦，簡直是度日如年。搬到贛州後，這個情況並沒有改善。章還要照顧從南昌帶來贛州的一大家子人，她整日以淚洗面，非常痛苦，急需要解脫。父親心裏明白，當預六師整編完畢後，自己就要立刻開赴前線加入對日作戰。如果在開赴前線前，不能將章的問題處理好，恐怕會爆發更大的衝突，也說不定。父親心中焦急萬分，急切希望得到一個解決之道。預六師改編的事宜，在吳奇偉(15)和吳德澤(16)的暗中阻撓反抗之下，進行的極不順利。經父親辭職退讓，改由吳德澤接任後，這一鬧了幾個月的抗編事件才告落幕。

父親也替專員公署積欠該三團經費一事，出面解決，舒解壓力，蔣經國因此也鬆了口氣，蔣對熊式輝和蔣介石總算有了一個交代。預六師同意改編，並歸吳奇偉第九集團軍指揮，立刻開赴前線。交卸了預六師的職務，父親也同時接到「軍政部」通知，要盡速赴重慶報到等待新職務發表，以便繼續參加後續抗日戰爭的任務。

父親自一九三四年回江西首次擔任師長以來，到現在足足五個年頭。這次的調職意味著將要遠離江西一段相當長的時期。和章五年多來的情份似乎必須要做一個交代，如何替她在生活及安全上設法做個妥善的安排？在和蔣經國談起這事時，令父親驚訝的是，蔣也察覺到父親的處境，十分關切，主動提出願意代父親照顧章。

從南昌到贛州這兩年來，蔣的學習和各方面的作爲都大有進步，各方對他也有很多的好評及期待。再加上「太子」的身份，父親心想，章所需要的安全與照顧，應不是問題。當父親首先向章提到他將要調去重慶，而建議由蔣經國來代父親照顧她今後一切的構想時，她表示不能接受，也相當的惶恐。

她直覺的想法是，自從在南昌和父親一起認識蔣以來，也有一兩年了，大家都是好朋友，蔣的爲人也不錯。如果到他那裏工作是沒什麼問題。但蔣也是有家室的人，又是「太子」的身份，不希望因爲接受了他的照顧，而再一次重蹈涉入他人家庭的覆轍。感情上，她心屬父親，但是擺在面前的窘境使她痛苦難堪，父親又不能提出一個更合理的解決方案。回想起當初在南昌幸福快樂的日子，以二十三歲的妙齡才女，和年輕將軍相識、相愛而結合的這段緣分，怎能忘懷？

就是在贛州，她這個打扮時髦人稱「半截美人」（下巴削短之故），誰不知道她是

「郭師長的年輕太太」？但是，在南康，郭家卻容不了她，使她沒有任何地位，再加上自己一大家逃難親人在贛州還要她照顧，怎麼辦？她處境眞是糟透了。經過父親百般的勸說和安慰，提醒她，現在別想那麼多，先到蔣那裏去上班，換個環境，又可以就近照顧家人，豈不是一舉兩得？父親又告訴章，自己即將遠赴重慶軍政部接受新職務，並通知要攜帶家眷到職，自然不方便帶她前往，但將來有空一定會回來看望她。

五、錦囊妙計

父親和蔣約定好，請人先到南康家裏去，當著夫人的面，主動表示要替章在蔣的督練處找份工作。再由該人介紹章去見蔣經國，這樣一來，對各方面都有交代，也很自然，應不會引起其他人不必要的誤會和懷疑。於是，就由父親出面，拜託與蔣和父親都熟識的李以劻(17)團長來促成這件事。

原因是李是黃埔後期同學，爲人忠厚可靠，擔任九戰區九十二師團長，正在贛州蔣督練處辦理接訓新兵事宜，並且經常來往於贛州和南康間聯絡督練處與預六師的公事。還有一個特別原因找李來牽線，讓章到蔣那裏去工作。李團長夫人的胞姐丘文輝在贛州鹽務督運處工作（處長蔣經國，主任秘書黃中美(18)代行），當時和章爲知交密友，無話不談。李本人也見過章，對她的處境相當瞭解與同情。因蔣將於三月底前要赴重慶「中央訓練團」黨政班（第二期四月初開學）受訓一個月，所以此事要儘快解決。一九三九年三月中旬，李團長受父親之托從贛州來到南康家中洽談此事。

李並不知道父親和蔣經國已經談妥安排章的事。郭夫人對此事非常支持，共同拜託李儘快介紹章到新兵督練處託蔣處長安排工作。李回答說：「我人微言輕，與蔣處長交情不是很深，恐怕很難開口，但是郭師長所托之事，一定盡力。」第二天，蔣剛好去對李所接的新兵團講話，李就乘機向蔣報告並說明章的身世坎坷與多才多藝，郭師長整編預六師後，就要開赴前線作戰，趙章之間，水火不容，恐有大事發生。

郭師長托他來順便問蔣經國可否在督練處幫章找一份工作，設法解救。蔣聽後，立即慨然答應協助，且對李說：「先帶她來見面談談！」李立刻彙報父親，蔣處長已答應幫忙，並建議章寫一封求職信，表達相隨抗日之願望，但千萬不可言及家事糾紛及處境悲慘的話，字跡要端莊表示敬意等等。第三天上午，李就親自帶章去贛州市郊梨芫背「新兵督練處」見蔣。雙方互談之後印象良好，蔣表示可先來督練處幫幫文書，等他從重慶受訓完回來後，再安排新的工作。

不久蔣就去重慶中訓團黨政班第二期受訓，於五月十五結訓回贛州後，就接到指示將於六月一日起接任新職務：「江西省第四行政區」行政督察專員兼保安司令。蔣就交代主任秘書徐君虎，安排章到專署工作，從此章就有了棲身之所。以上章在贛州求職的經過，徐君虎[19]和李以劻兩位親身參與此事的見證人，在後來分別接受訪問及發表的文字記錄中都證實了。只是沒人知道這是蔣經國和父親兩人爲章預先策劃，幕後安排而促成的。這件事，對章，對蔣和父親三人的後半生都產生了關鍵性巨大的影響，是福是禍？還是命運的安排？沒有定論。

李以劻將軍是唯一在一九三九年三月親自參與，並促成章亞若在蔣經國新兵督練處謀職，而使她獲得第二次婚姻解脫的關鍵人物。他因鑒於坊間對蔣和章相識之經過，及她第二次坎坷婚姻的來龍去脈，不但極少著墨，甚至充滿了許多錯誤的記載和猜測。李是第一個指出，從一九三四年在南昌到一九三九年在贛州蔣督練處上班的五年當中，章亞若是和郭禮伯在一起的，是他的「如夫人」。所有當今有關章個人感情和婚姻狀況，對這段時間的文字記載，可以說是一片空白。因此，李才決定以八十三歲高齡，「於一九九五年夏親自執筆，不畏年老寫出這段史料，來減少對經國及亞若之內疚！」

李將軍將他的文章〈兩度相隨蔣經國的經過及見聞記實〉發表於《傳記文學》雜誌第四〇〇—四〇二號（一九九五年），說章好比：「一千年前宋代女詞人李清照，詩詞歌賦，名噪一時，惟命運坎坷。而章亞若也是李清照式人物，才高命薄，天妒英才古今同悲。」豈不是又一個「自古紅顏多薄命」的寫照？

章在和父親分開的這件事上，對父親是有怨言的，但也是無奈的。一九三九年秋，在父親起程赴重慶前夕和章的臨別相聚中，章表示她好不容易，終於脫離苦海，恢復自由之身，對父親有埋怨，也有不捨，畢竟彼此相愛相依生活了五年。父親對她付出的感情不少，她也獻出了她的全部，走到今天有什麼話好說呢？她對父親說：「在專員公署那裏工作，只是整理檔案，對我來說沒有什麼特別，只不過是一份養家糊口的差事而已。你也知道，小蔣是個聰明人，但他也是有心機的人。」

自父親一九三九年秋去了重慶「軍政部」任新職後，和蔣經國還保持聯繫，尤其是蔣每次從贛州到重慶出差公幹時，都會和父親見面敘舊，主題當然離不開談章的事。這時章在贛州專員公署擔任文書工作，一切還算平靜無事。但蔣的言談當中屢次提起對章的處境深表同情，並對她的才華出眾及善解人意的個性格外欣賞，請父親儘量放心，他會好好照顧她。

六、驚人的消息

接著，又聽說章於一九四〇年上半年，加入了蔣在贛州市郊赤珠嶺舉辦的「三民主義青年團幹部訓練班」第一期受訓，時間爲半年。和她一起受訓的還有王昇、許素玉、蕭昌樂，和章在南昌葆靈女中時的同窗好友桂輝（桂昌德）等。章和蔣發生進一步關係的時間，應該是她幹訓班受訓完，回到專員公署後。

根據蔣經國的說法，因爲害怕他和章的事走光被外界和夫人方良發現，所以就在外面租屋同居。至於如何掩護章的身份，也是沿用父親的模式，對外面說她是他的秘書，對家裏就說是孩子們的家庭老師，而且章和方良本來就認識熟悉。據說，方良還向章學習京劇、作畫等。

父親和章的下一次會面是在一九四一年四月底五月初。當時，他剛結束重慶「中央訓練團」訓練任務，蔣介石堅持要父親去接任「政治大學」軍訓總教官。因政大正值暑假期間，距開學還有三個月，因此父親決定返回南康老家一趟，順便可以和一年多沒見面的章聚一聚。回到贛南後不久，又接到蔣介石任命父親接任第九戰區一九四師師長的指令。

父親接任一九四師師長一職後，在贛州與章的一次告別會面中，章首先向父親透露了她懷孕的消息，父親問她是誰的孩子，她說：「還有誰的？當然是你的！」父親又問：「懷了多久了？」她說：「不確定，可能一兩個月了。」父親算算日子，應該是五月初父親剛從重慶回來的日子，現在是（一九四一年）七月，不就是一兩個月了嗎？又問章：「妳還告訴了誰？」她說：「誰都沒講，只有你知道。」

父親已經聽蔣經國說起他對章動了眞情，但也不敢確定章懷的究竟是誰的孩子。在經過了一番考慮之後，父親就建議章，等一兩個月再告訴蔣，到時候就說已經懷孕一兩個月了。到明年三月懷胎足月生產時，就說孩子是七個月早產，這樣一來，萬一是郭家的，就讓蔣認定是他的孩子。因爲孩子姓蔣會比姓郭好，對章將來的幸福和身份也比較有保障。

章果然在父親離開贛州，前往浙江金華就職後，於八、九月之間將懷孕的消息，首先告訴了她結拜姐妹兼密友桂輝，並得到了她的允諾，願意陪章度過待產期，直到把孩子生下來。之後，章再將自己懷孕的消息告訴了蔣經國。蔣得知章懷孕後，高興萬分，並將此消息告訴了父親（郭禮伯）。蔣經國突然開始擔心，此時章的懷孕會給他的家庭和事業帶來極大的麻煩，必須設法解決這個棘手的問題。

另一方面，蔣也需要時間去重慶親自向他的父親報告解釋這一切，並請求獲得他父親的諒解和支持。蔣介石是個嚴父，但自兒子從蘇聯回國四年以來，一直在不停培養、磨練他，希望將來他能擔當大任。蔣經國心知肚明，知子莫若父，況且，在婚姻和女人方面，他父親也是過來人，經驗豐富，在此關鍵時刻，一定可以給自己指點迷津，走出一條解決之道。更重要的是，此事一定要絕對保密，千萬不能讓夫人方良和外界知道，否則，就會鬧出天大的事情來。蔣經國告訴父親他決定將章送到廣西桂林去待產，除了想請桂輝一同去桂林陪同照顧章外，並請好友「廣西省政府」民政廳長邱昌渭(20)夫婦，就近照料章。

告別了章，父親回到前線，率領一九四師，南征北討，先後參加了第二、三次長沙會戰、浙贛會戰、贛東南城、宜黃等戰役，前後經過了一年多的浴血奮戰。在中國對日抗戰中盡了自己一份力量，也取得了極大的勝利。尤其是在第三次長沙會戰中，我軍將士用命，擊潰日寇並造成敵軍近六萬人的傷亡，舉國歡騰，全球稱讚。但也是國軍英雄以近三萬人的鮮血和傷亡換來的代價，作爲戰地指揮官之一的父親，怎能不爲「一將功成萬骨枯」的名言，而潸然淚下。

這段期間父親和章幾乎完全失去了聯絡，只偶爾接到蔣經國的訊息，知道章於一九四二年三月在桂林順利產下一對雙胞胎。也知道蔣經常順道去桂林看望章，一切都進行的隱密而順利。父親也很替章慶倖，孩子終於生下來了，蔣也負起應負的責任，甚至聽說連蔣介石都已經認可並接受了章及孩子。但是，突然在一九四二年夏的有一天，父親接到蔣經國從贛州來的電話說，好像方良已經發現了蔣和章的戀情，而且還知道章替蔣生下了一對雙胞胎，並在桂林招搖得意，到處以蔣夫人自居，讓方良顏面掃地，忍無可忍。

蔣方良並嚴重警告蔣，一定要立刻解決問題，否則要他爲一切後果負責。蔣還提到了章要求在名份上要給她一個交代，蔣對此憂慮萬分，不知如何應付。父親聽出蔣的口氣極爲沮喪、彷徨、自責，並且非常憂慮章及一對嬰兒在桂林的安危。他問父親：「該怎麼辦？」父親也極爲關切地回答：「這事鬧大了不好，務必要亞若低調行事，在安全上，一定要加強防範，避免讓人傷害了亞若和孩子。必要時，不妨將亞若及孩子再遷移他處，以策安全。」蔣好像知道將有事要發生，但又無法阻止。章和孩子都是他的至愛，不希望任何一方受到傷害。父親遠在前方戰場上，也無能爲力，只有默默地爲章和孩子們祈求平安。

七、晴天霹靂的悲劇

不久，最可怕的事情眞的發生了。

父親知道了章在桂林出了事。有一天章在廣西省民政廳邱廳長家做客吃飯，可能被人下了毒，得了腸胃炎，上吐下瀉，被送進了桂林省立醫院急診。但正在治療當中，據說被一組自稱是蔣經國專員專程派來的醫護人員，到病房裏探視，突然給章打了一針，她立刻全身發黑就去世了。

這是蔣經國和父親最不願意看到的事情，居然發生了。蔣在事情發生了很久以後，和父親的一次見面時，只對父親講了一句話：「他們太狠了！我對不起亞若！」

關於章的死因，眾說紛紜，有許多不同的版本和說法，可以歸納如下：

（一）有人說章在桂林太過張揚自己的身份，對人說自己是「蔣經國夫人」，因此影響了蔣的名譽，而招惹以戴笠特務爲首的手下人員所恨，爲了保護蔣的前途，下了毒手。

（二）另一說法是，有一群留俄的同學爲了維護蔣經國的名譽，爲了不讓章影響到蔣的事業和前途，又出於爲了維護蔣和俄籍夫人方良多年患難與共的夫妻感情，不容爲第三者所破壞，因而有人挺身而出，殺害了章。還有人點名，兇手就是蔣手下兼密友黃中美。曾經是蔣在蘇聯孫中山大學同學，和在贛州專員公署做過蔣的主任秘書的徐君虎，自述於一九四二年章遇害前兩周，曾在桂林聽到從贛州來訪的同僚提到，企圖殺害章爲蔣除害一事，但爲徐斥責萬萬不可行而答應作罷。

（三）也有人說是蔣經國的夫人方良唆使他人所爲，因爲她是這場婚外情的直接受害者。如果蔣以他的身份、地位和工作需要，偶爾逢場作戲，玩玩做樂，她是可以原諒理解的。蔣自蘇聯回國在南昌、贛州做事幾年，也不是沒有發生過這樣的事情，但最終都是道歉賠罪了事，安然過關。這次不同，因爲蔣是來眞的，不但完全墜入情網，不能自拔，還生下了孩子。這對方良元配地位起了直接而嚴重的威脅，完全否定了她做妻子，替他生兒育女的貢獻，叫她如何嚥下這口氣？

（四）當然也有人猜測，這是蔣介石爲了除去蔣經國未來事業和前途的障礙，指使或暗示其特務頭子戴笠執行的。但不同意此看法的人說，這太不近情理，因爲蔣介石自己就有多次婚姻及婚外情的親身經驗，但都沒有訴諸暴力，用暗殺來處理類似事件，爲何要對自己兒子的事，下此毒手而遭外人非議，又會讓兒子痛恨自己終身？難道蔣介石對章替蔣家生下一對純中國血統的孫兒所做的貢獻，竟然要遭到殺身之禍的報應嗎？再說蔣宋美齡不會不知道這件事，以她身爲一個女人，也是第三者的過來人，以常理來看，也不會同意用這樣殘忍的手段，來對付像章這樣的一個弱女子。

（五）又有人說蔣經國關於他和章的戀情及生下私生子的事，從頭到尾都瞞著蔣介石。蔣介石知道後大怒，而不容此事繼續下去，下面的特務人員揣測上意，私自做主，先斬後奏，造成事實。但根據李以劻將軍的文章記載，蔣介石老早就知道兒子（蔣經國）和章的事。不但如此，還知道章認識蔣之前，原來是和父親（郭禮伯）在一起的。李在一九四九年在福州擔任師長時，與當時擔任蔣介石警衛組長黃埔一期同學石祖德(21)將軍歡宴時，曾問他蔣校長對蔣和章私生子一事是否知情？石回答：「知道，不僅知道孿生子，連情婦曾是一期（黃埔）同學郭禮伯的姨太也知道呀！」

（六）因病而死一說：蔣在贛南的得力幹部，章亞若在青幹班第一期的同學王昇(22)，於一九九二年接受臺灣電視媒體訪問時說：「章亞若是因病找不到抗生素治療而死亡。」臺灣《聯合報》記者周玉蔻所著《誰殺了章亞若》一書提到：「王升向亞若的孿生子孝嚴、孝慈表示，他們的母親是患了急性痢疾，醫生救治無效不幸喪生的。」許多人懷疑這個的說法，因爲章在桂林去世時，當時在場的人如：章亞梅（章之妹）、桂輝（桂昌德，章之好友）、桂昌宗（桂輝之兄）、周淑清（章之好友、邱昌渭廳長之夫人）及其他當時和後來被訪問的人，都沒說過章是得了急性痢疾，因醫院找不到抗生素而死亡。王升的說法似乎在隱瞞一些事情。

聽到章去世的消息，身在贛州的蔣傷心欲絕，竟無法親自前往桂林照料章的後事。寫了封信，交由親信王制剛帶去給桂輝和亞梅。其實根據他和父親的談話，蔣似乎知道這樣的事遲早要發生，只是不知道來的這麼快，這麼突然。從此以後，除了對父親說過的那句：「他們太狠了！我對不起亞若！」，就沒再提過隻字片語關於章在桂林去世的事。把一切都埋藏在心底，好像根本沒發生過一樣。

六十多年前，章於一九四二年八月十五日因故去世於「桂林省立醫院」，它是當時抗戰大後方醫療設備與水平最好的醫院，但卻救不了章年僅二十九歲的一命，令人費解。究竟是病死？毒死？還是被人害死？到今天都沒有定論，恐怕要成為千古懸案了。其實對章的去世，父親的難過和哀痛，又哪裏會少過蔣的呢？和章相識、相愛、相結合到她去世，將近八個年頭。在這段不算短的歲月裏，隨著時代環境及命運的牽引安排，她從南昌南遷贛州，再遠赴桂林，坦然面對，無怨無悔。

對逆境和挑戰，章總是全力以赴，絕不退縮，更不低頭。對婚姻和感情，始終相信自己的眼光與決定，絕不後悔，總是期盼憑著自己的信心、樂觀和才華能替自己和家人帶來眞正的幸福和快樂。與父親交往，經過了一段起起伏伏的情海波瀾：「勵志社」舞會上的一見鍾情，前夫自殺的冤案坐監，百花洲的共築愛巢，無法容身的南康郭家，導致無奈分手接受小蔣。這一切，寫照了她絢麗、多彩而又坎坷、悲慘的短暫一生。紅顏薄命，才女早逝，令人追思歎息。

Chapter 3

第二篇

投筆從戎——求學到從軍

一、求學

父親於七歲（一九一二年）時，進入南康家鄉「維新國民小學」就讀。該校是詩運伯父所創辦，設於省元坊郭氏小宗祠，學生只有二十餘人。名為國小，實際是一所私塾，每天只有習字和讀書兩課，交大字兩張，聽講《孟子》一小段，就算了事。詩運伯父是科舉時代的貢生，新學既不懂，教學又不嚴。父親浪費一年光陰，所學甚少，覺得非常可惜。第二年，父親又進了賴敏松先生所設於東門賴氏宗祠的國民小學。功課雖與「維新小學」相同，但賴先生教學較佳。一年期滿，對《孟子》一書，理解頗多，且能一口氣背誦全書，而少錯漏。因此，才奠立讀書基礎，步入求學門徑。

一九一八年，父親考入「南康縣立高等小學」，此校為當時全縣公立最高學府，教學優良，設備齊全。學生有一百餘人，分甲、乙、丙三班，除少數同學家居縣城及近郊者外，大部分均在校中膳宿。一切功課，均按新學制實施，對於運動及課外活動，頗為重視，且有「讀經」一課，講授《孟子》。對於國文，也特別注重，學生文學程度相當高，與今日一般高中學生相比較，只有過之而無不及。

父親對於經書，頗有興趣。《孟子》一書，也已經爛熟，校中再讀此書，無味至極。

所以當升到三年級甲班時，與好友李伯南、陽祖輝，同請李星垣先生（伯南之父）在夜間補讀《大學》與《論語》。每日作文一篇，並開始學習作詩，第一首處女作，爲描寫與堂兄禮信，常在家園皀殼大樹下同遊情景。〈詩云〉：「老樹巍巍絕不枯，不知經歷幾重秋，年年葉實新枝換，日日環繞二少遊。」之後，因對作詩無興趣，未再學習，也未再作第二首詩。

還有一事值得記述，就是當時校中爲了響應全國各界，反對北洋軍閥向日本祕密借款，簽訂喪權辱國條約一事，派遣學生分組到縣內各地宣傳演講，展開反日及抵制日貨運動，父親爲宣傳員之一。經過這次的經驗，得以啓發愛國思想，並開始明白日本帝國主義者，對我國的壓迫侵略，最爲嚴重，最可痛恨。

「南康縣立高等小學」，是春季開學，設在贛縣的私立中學，是秋季開學，升學時間不能銜接。當一九二〇年暑假期間，父親在距離小學尚差一學期畢業時，爲縮短一年升學時間起見，鼓起勇氣，以同等學力，投考私立贛南中學，僥倖而被錄取，於當年秋入該校就讀。此校設在贛城內忠節營，創辦不久，設備簡陋，學生只有一年級二班，二年級一班，共約一百六十人。校長朱鼎勳先生和諸位教師，均能認眞管教，力求健全，學校基礎，初具規模，學生功課程度，和其他中學相比較，並無遜色。

父親小學尚未畢業，功課本來不能銜接，但能特別用功，努力彌補。第一學期及第一學年，學業成績，均名列五名以前，沒有令家長及關心者失望。有一天，父親偶爾聽到堂兄禮儉對伯母說：「我們家實在再負擔不起伯弟每學期三十元大洋的學費了！」父親心裏明白，繼續求學，已成問題，加以當時盤據江西的北洋軍閥蔡成勳(23)、陳光遠(24)等部屬軍隊，軍紀廢弛，行爲粗暴，騷擾地方，魚肉鄉民，令人恨之入骨。又聽說，孫中山先生在臨近贛南的粵北曲江，設有講武堂，羅致青年，習武救國。因此，爲了不再成爲堂兄家中的負擔，父親決定中途輟學，投筆從戎，希望能及早參加革命，打倒軍閥，救國救民。

二、贛軍、黃埔、廬山受訓

一九二二年夏，十六歲的父親，瞞著家庭，借得旅費毫洋十元，與同鄉鍾竹亭二人，背起包袱，往南私奔，經大庾，出海關，過南雄而到達曲江。抵達後，父親和鍾得知該處講武堂，早已停辦，大失所望。因爲身上囊空如洗，不得已只好前往贛軍新兵隊報名當兵，隨部隊經廣州、梧州，而到達廣西桂林。不久，又得知贛軍將在近郊李家村，創設軍官教育團，父親就多方設法得以進入該團受訓，達成從軍初步願望。該團是由贛軍彭程萬任總司令兼團長，周朝宗(25)兼教育長，彭公葳任總隊長，其他教官區隊長等，多爲保定軍校畢業生，師資相當優良。其教育方法，類似「雲南講武堂」，特別嚴格。

父親在該團受訓期間，很努力學習，學科及術科成績，都屬於優等。師長們對父親特別賞識，愛護倍至，多方教導。父親當時雖年僅十六歲，已經獲得許多師長們的嘉許爲優秀軍官，認爲他將來前途無量。但父親並未以此自滿，三個月結業後，無時不希望能有機會，繼續深造。

一九二四年春，父親十九歲，在廣州贛軍第一團第一連任司務長時，聽到孫中山先生即將在廣州創辦黃埔軍校，招考有志青年，入校接受革命洗禮，建立革命武力，完成打倒軍閥，統一中國的大業。他認爲這是一個千載難逢的良機，決定參加考試，希望能早日踏入理想的革命途徑。聽說須具備中學畢業以上程度，才有資格報考，但父親在舊制中學，只就讀了一年，程度相差甚遠，因而積極設法補救。於是，就請前贛軍軍官教育團彭公葳老師，補習代數、幾何、三角和英文，準備應考。經過三個月的努力，頗有收穫，後來居然僥倖錄取。這是父親生平一大快事。

入校後，編入步科第三隊，並發現前「贛軍軍官教育團」同學，共計有四人考入黃埔軍校：陳應瑞[26]與周漢偉[27]二人考取為副區隊長，胡魁梧[191]與父親二人考取為學生。同一學歷，兩人是師長，兩人是學生，也是一件趣事，各人的命運也因此而不同。根據廣州市黃埔軍校研究基地收藏的原始資料，父親在入學時所塡寫的資料如下：家庭背景爲「年齡十九，地址是江西南康縣城內郭家塘隆祥油行」；家庭職業是「開油行」；家庭生活狀況是「中等，無地產」；加入國民黨的時間及介紹人爲「一九二一年，由贛軍司令彭程萬和李明揚介紹加入」。

至於問到爲何要入校的原因，他塡寫的理由是「因要求軍事學，以備爲本黨主義奮鬥之用」；宗教信仰是「無」。從以上這些自塡的資料，不難看出，他在十九歲時，就已決定投筆從戎，抱定決心，要爲黨和國家作出一番貢獻。這個志向，在後來的四十五年服務軍旅和公職期間，一直沒有改變過。

父親在他的回憶錄中寫道：「在黃埔軍校半年學習，曾聆聽孫總理兩次訓話，一次在開學典禮中，另一次在孫中山先生北上時，印象特別深刻。並朝夕接受蔣校長及諸師長耳提面命，教誨薰陶，對於革命思想之領悟，革命精神之修養，革命學術之磨練，確由茅塞頓開而進步迅速。」在黃埔求學期間，因學校處境險惡，白天操課，極爲辛勞，夜間還要放哨警戒以防襲擊。而且在校求學時，還曾參加廣州平定商團陳廉伯之叛亂，足證黃埔軍校教育，是在艱難困苦和險惡的環境中完成的。

在校讀書時，還發生了一件趣事，差一點被開除。有一天，父親在圖書室吸菸，正在吞雲吐霧時，恰巧被學校總隊長鄧演達(50)路過看到，父親被叫到校長辦公室，被訓斥了一頓。蔣校長問道：「你違規在校內吸菸，知道要受什麼處罰嗎？」父親答道：「報告校長，是要被開除的！」蔣低頭翻閱父親的個人檔案，又說：「你小小年紀就學會吸菸，是不對的！將來如何帶兵打仗？」又說：「看在你十五歲就入伍，還在贛軍打了二、三年仗，就原諒你這一次。罰你記過一次，禁足一個月，下不為例！」校方將對父親的處分，高貼在學校走廊牆壁上的佈告欄裏，久久不拿下，全校無人不知，令父親深感慚愧。校長的寬宏大量，也讓父親幸運地逃過了被黃埔軍校開除的命運。

父親總結他在黃埔軍校受訓的感想是：「即將畢業時，自覺已是一個眞正三民主義的信徒，國民黨的革命鬥士，為主義奮鬥犧牲精神，確甚充沛。更可證明黃埔軍校的教育，收穫甚大，難怪它能讓學生們肩負革命新使命，創造革命新時代，達成革命新任務。」

父親在一九三五年（時年三十歲）擔任「江西省國民軍事訓練委員會」主任委員期間，曾於暑期中奉調「廬山暑期軍官訓練團」軍訓班，接受為期一個月的訓練。在訓練期間，對軍事戰術及國民軍訓的講習，獲益頗多，對於以後工作上的增加效能大有助益。足以證明適時適地施行在職人員短期講習，有它的價值和必要性。

三、自修演講、「中央訓練團」受訓

一九三五年春到一九三七年秋，父親在江西省主持國民軍訓時期，經常應邀到各中等以上學校，擔任學術和時事演講。因爲過去在文學校求學時間，總計不過六年半，文學根底相當有限。在軍中服務時期，又很少有自修機會。每週對知識青年做兩三次，每次至少一小時的演講，對父親來說，確實感到資料缺乏，不容易應付。

眞是「書到用時方嫌少」，苦惱至極，不得不加緊自修，以求補救。凡是與國民軍訓、青年運動、國際形勢，及國內時事有關的書籍、雜誌、報導等，他總是多方收集，擇優研讀，並隨讀隨作筆記，來彌補自己學識的不足，充實演講的內容。爲了收集資料，草擬講稿，背誦講詞，父親常常熬到午夜才能就寢，甚至通宵達旦，徹夜不眠。不到一年，兩鬢突然變得斑百，用功之深，可想而知。

勤練演講技巧固然辛苦，但在工作方面卻得到相當代價的回報。他認爲：「因此演講能力，大爲增進，一般知識青年，聽余演講，自始至終，全神貫注，用心聽講，鴉雀無聲，教育與宣傳效果，得以加速發揮。對在校青年，的確掀起了重視軍訓，接受軍訓，進而踴躍從軍報國的高潮。」

一九三九年（當時三十四歲）夏秋，交卸第六預備師師長職務後，父親奉調為「軍政部」部附，家也搬去了重慶。又奉命在一九四〇年三月，到重慶復興關「中央訓練團」黨政班第七期接受為期四週的訓練，同時兼任第二中隊長。「中訓團」當時教育長是王東原(28)先生。團內以黨政班為主幹，另外設有音幹班、新聞班。黨政班訓練時期為四周，目的是加強對日抗戰意志與認識。

受訓人員是全國各地現任黨政軍各部門高級幹部，分期輪流調訓。父親在受訓期間，教與學兩方面，都有良好表現。曾以「擘劃有方」獲得「軍事委員會」頒發「光華甲種一等獎章」。結業時，教育長考評是：「文武兼備，為不可多得之將校。」兼團長蔣介石批示：「仍以師長優先任用。」因此，到了一九四〇年四月，受訓期滿時，奉命繼續留團擔任中隊長，以等待師長的任命，直到一九四一年四、五月，奉派為一九四師師長，才離團而就新職。

一九四〇年冬，鄭為元（一九一三年——一九九三年，安徽合肥人，軍校八期生，曾任臺灣副參謀總長及國防部長），調入「中訓團」黨政班任分隊長，為父親直屬部下。在父親與他共事大約一年，鄭將軍一直對父親很敬重。此後，父親和鄭多年沒見面。在一九六四年臺灣桃園的一次當地黨政軍宴席上，鄭當時擔任第一軍團司令，位階最高，按理應坐首席。當他發現同桌的父親竟是他二十多年前在重慶「中訓團」的老長官時，立刻起身舉手向父親行軍禮致敬抱歉，並堅持立即將首位讓給父親坐。當晚鄭還在席上回憶講述了當年在重慶和父親一起帶訓學員的一些趣事，對父親的領導和為人，極為推崇佩服。

父親當晚回家後，曾將這段故事講述給我們聽，還讚揚鄭將軍是位重視倫理及尊重輩份的儒將，父親對他頗有好感。鄭將軍後來一直做到一級上將及國防部長，但為人始終正直而謙虛有禮。父親在一九七八年去世時，鄭正擔任國防部副部長，還特地親自前來靈堂弔唁，並向父親遺相上香行禮。對安排三軍儀隊參與父親葬禮的事，盡力協助，我們家人都相當感激他。

大陸內地一般中小學校，對於英文一課，多不十分重視，而且因教師缺乏，授課太少，學生英文程度，素質一向嫌低淺，父親當然也不能例外。來臺灣最初住高雄鳳山時，父親年齡雖然快要五十，自修上進之心，不曾鬆懈。

當時剛好有同鄉朱鎮華君，在鳳山陸軍官校擔任英文教師，常來家中拜訪。父親既有時間，又有老師，認為機會不可多得，於是就請朱君每日教他讀英文一至二小時，長達半年，將初中英文課本三冊，一口氣學習完畢。對於改正發音，熟記單字，學習文法書法，以及簡易會話等，獲益不少。後來因父親參加地方黨部及軍人之友社工作，無暇續讀，非常可惜。在補習期間，朱君告訴父親，當時陸軍官校校長羅友倫(29)，聽到父親正在學習英文，曾說：「他還讀英文幹什麼？」言下之意，就是諷刺這是多此一舉。

俗語說：「活到老，學到老。」父親覺得任何人，任何年齡，在任何處境，不論任何時地，能夠讀書自修，都該值得鼓勵。羅以母校校長身份，譏諷前期校友不該讀書自修，眞是令人不可思議。而他對於教育思想、觀念、精神，以及教育績效如何，也就可想而知了。

四、初出茅廬，當兵打仗

一九二一年春，剛滿十六歲，父親投筆從戎，最初在廣東投入贛軍當新兵，不到一個月，部隊就向廣西開拔。當時，孫中山正統率大軍由粵廣入桂，討伐陸榮廷、沈鴻英。進軍到廣東平樂縣附近時，贛軍加入作戰，當時，戰況頗爲激烈，新兵隊必須增援作戰。上級發給父親一枝德造七九步槍，因槍管曾經破裂，被截去約三分之一，看起來好像馬槍。排長對父親開玩笑說：「小人用短槍」，當時軍隊裝備之差，可想而知。

父親當時只有十六歲，從來沒有上過戰場，心情頗爲緊張。所幸班長給他壯膽，而且提醒他幾件重要事項，並且在每次臨上火線時，給他喝一大杯冷水，幫助鎮定。等到進入戰鬥陣地後，雖有稀疏槍聲來自敵方，但子彈都是在高空「斯！斯！」劃過，並不覺得可怕。突然我方一陣槍聲大鳴，喊殺衝陣，進入敵人陣地，發現敵人早已撤退逃走，不見蹤影，雙方也無一人傷亡。頭一次上戰場，父親覺得打仗有如兒戲，而所謂「戰況激烈」，顯然有誇張騙人之處。

部隊到達桂林後，父親被編在第二梯團第四支隊第一營第二連。梯團長（旅長）是賴世璜(30)，支隊長（團長）謝傑(31)，營長溫大川(32)，連長黃世珍，全都是江西人。在該連當兵時期，每天只有伙食費兩毛毫洋，除可以分得伙食餘款外，並無任何其他待遇。父親因爲常常擔任高級司令部警衛，及長途跋涉行軍，感覺生活相當辛勞。後承黃連長體恤，將父親調在連部擔任文書，生活才開始稍微輕鬆一點。

五、腐敗的討賊軍及聯俄容共

孫中山領導辛亥革命，推翻了中國數千年專制封建體制的最後王朝——滿清政府，於一九一二年一月一日，在南京宣誓就任「中華民國」臨時大總統。之後，又被迫於一九一二年二月十三日向臨時參議院請辭並推薦袁世凱取代自己。

袁於一九一三年三月八日在北京就職後，開始執行他將共和改變爲專制的陰謀。他於三月二十日派人在上海暗殺了國民黨代理理事長宋教仁，企圖掀起內戰，消滅南方革命勢力。孫看清了袁的眞面目，所以發動了南方各省起兵反袁，稱爲「二次革命」。由於實力不足，不到兩個月「二次革命」就告失敗。孫被通緝，逃亡日本，成立「中華革命黨」，繼續領導反袁鬥爭。

袁解散國會，廢止「中華民國臨時約法」，並於第一次世界大戰期間接受日本對華侵犯主權的「二十一條」。他更於一九一五年十二月十二日稱帝，稱爲「洪憲帝政」。接著蔡鍔領導發動護國反袁戰爭成功，袁被迫取消帝制，並於一九一六年六月六日病逝。袁死後，黎元洪接任總統，段祺瑞任總理，恢復舊國會。後爲向德國宣戰的爭議，段被免職，引張勳入京。張卻於一九一七年七月一日，再度解散國會，想要讓「溥儀復辟」，也稱

「張勳復辟」；黎因此引咎辭職，而有「再造共和」。後來，梁啓超等組織臨時參議院，成立新政府。

此時身在上海的孫中山展開「護法運動」，也就是保護「中華民國臨時約法」，又稱「三次革命」，號召國會議員到廣州，開非常會議，組織「護法政府」並就職爲大元帥，誓師「北伐」。但孫領導的護法，漸被舊的桂、滇系軍人控制，孫實力有限，後雖曾嘗試發動兵變但沒有成功。一九一八年，桂、滇各系控制國會並改組「護法政府」，孫被架空，被迫去職而避走上海。十月，孫將「中華革命黨」改名爲「中國國民黨」。此時，俄國十月革命和中國「五四運動」已經爆發。

一九二〇年，陳炯明擊敗桂、滇勢力，請孫回廣州。廣州非常國會取消軍政府，四月七日選孫爲大總統（又稱非常大總統），正式成立新政府，並開始第二次「護法運動」。孫中山五月五日就職後立刻主張軍事北伐，但與主張暫緩軍事，聯省自治的陳炯明（33）產生衝突。一九二二年六月發生了「炮擊總統府事件」，孫離開廣州退居上海，二次護法又告失敗。一九二二年孫因陳叛變被迫離開廣州到上海後，先後組成東、西兩路討賊軍。東路討賊軍以入閩的粵軍組成，總司令是許崇智，參謀長是蔣介石，共兩個軍，黃大偉爲第一軍軍長（轄四個旅），許崇智兼第二軍軍長（轄四個旅）。西路討賊軍由駐廣西的滇軍、桂軍及駐西江一帶的粵軍聯合組成，劉震寰爲桂軍總司令，楊希閔爲滇軍總司令。

一九二三年一月四日，孫中山發出討伐陳炯明通電。八日，滇、桂軍佔領肇慶。十二日，會合粵軍第十師攻克三水。陳率葉舉、熊略殘部敗退惠州，滇、桂、粵聯軍於十六日後相繼進入廣州。同年二月二十一日孫重返廣州，他不再擔任非常大總統，而恢復大元帥職，組織陸海軍大元帥大本營，統率海陸各軍。

自民國成立以來經過多次的挫折和失敗，使孫中山開始考慮與共產黨合作的可能性。一九二三年一月，孫與蘇聯代表越飛在上海會面，商討合作，並發表〈孫文越飛聯合宣言〉。同年十二月二十九日，共產國際派鮑羅廷(34)到廣州任孫的顧問，並以蘇共模式重組「中國國民黨」。

一九二四年一月在「中國國民黨第一次全國代表大會」上宣佈實行「聯俄容共」政策。兩次護法的失敗，特別是陳炯明的叛變，給孫很大的教訓。他認識到軍閥都是靠不住的，要取得革命的勝利，必須建立一支革命的軍隊。於是在蘇聯援助下，於一九二四年三月創建「黃埔軍校」，正式成立黨的革命武力，並以蔣介石爲校長，積極準備北伐。一九二三年一月，孫中山討伐陳炯明時，獲得粵、桂、滇、黔、贛五軍的支援，其中，滇、黔、贛三軍歸聯帥李烈鈞指揮，粵、桂二軍歸大元帥直接指揮。當桂局勢平定後，元帥府及各高級司令部，都駐在桂林城內，大部軍隊，則駐在桂林附近地區。

父親在當時當地所見到軍隊的情形是：各高級司令部長官，外出都乘四轎（四人抬的轎），隨從甚多，威風八面。每晚花天酒地，聚賭看戲，比起軍閥官僚，並無任何不同。所有軍隊，大多以班爲單位，佔住民房，還要屋主供應飯菜，居民敢怒而不敢言。滇軍、桂軍人人攜帶菸具，隨處吸食鴉片菸。贛軍則嫖風特盛，花街柳巷當中，到處可聽到老表的聲音。眞是軍行所至，菸、賭、娼，全部開放風行，紀律蕩然，秩序紊亂，實在不配稱爲一支紀律嚴明的革命軍隊。怪不得這些烏合之眾，孫中山稱他們是假革命軍，不但不能擔當革命重任，而且除贛軍外，其他各軍，以後都因先後叛變而遭到消滅的命運。

六、加入贛軍、粵軍討陳

一九二一年冬，父親在廣西桂林李家村，「贛軍軍官教育團」結業後，被派在討賊贛軍總司令經理處見習。處長黃在璣（35），對父親相當賞識和信任，認爲他是優秀部屬。黃處長外出時，多囑咐父親看守辦公處，並交代應辦理的各項事務。

孫中山率師北伐的進軍路線，原定經廣西全州入湘。大軍到達全州時，忽然變更路線，折回桂林，經梧州、廣州、區江、南雄，而指向江西前進。當由桂林向全州行軍時，黃處長配有一匹馬和一個轎代步。承黃處長好意，規定他坐轎時，父親騎馬；他騎馬時，父親坐他的轎，這實在是意外的享受。不料，有一天父親正坐在轎中行軍，得意洋洋，忽然被總部參謀處長周朝宗老師發現，當面訓斥說：「年紀輕輕，初出茅廬，行軍還要坐轎，那還得了！」

過了幾天，便將父親調到參謀處去見習。從此，行軍時完全步行，宿營時幫忙辦理參謀業務，作戰時擔任軍官偵察，非常辛勞，而且常須冒險進入敵後偵察敵情。這是周老師對父親的一番好意，更是給父親一個磨練培植的機會，父親也明白他的用意，欣然接受，毫無怨言。不久，陳炯明在廣州叛變，北伐軍前後受敵，贛軍由贛南撤向粵北時，父親正在敵後南康遂川一帶偵察敵情，和撤退的總部突然失去了聯絡。而敵人又已挺進到大庾，父親無法歸隊，只好潛伏在家鄉，待機行動。

一九二三年春夏之間（父親當時十八歲），贛軍由江西退到贛粵邊境後，形成瓦解狀態。周朝宗老師改任討賊粵軍第一旅參謀長，駐防潮州。父親知道後，就由南康老家趕往潮州去見周老師，被派在第一團陸福廷團長指揮部當差遣。不久，父親又被調往第一連代理排長，立即參加討伐陳炯明戰役，在淡水白芒花一帶展開激戰。當時戰地正流行著猩紅熱病症，死亡率很高。父親不幸在戰場上感染此病，全身發高燒，昏迷不醒，由醫護人員用門板抬到淡水城內野戰醫院治療。

當天黃昏前，突然有大批敵軍襲擊淡水城。城內我軍人數很少，無法應戰。所有後方機關及人員，已倉皇撤退，秩序混亂，住院傷患人員，完全沒有人照顧。父親在昏迷中驚醒，不知那來的一股力量，精神忽然一振，跟隨眾人立即徒步避難。入夜後退到附近大山中，才脫離敵人的追擊，在山中的羊腸小徑上摸索前進直到天亮，再進入平地，退向博羅。直到下午四、五時，父親終於安全到達當地所設的野戰醫院。這時知道安全已無顧慮，父親病況又再度惡化，陷入昏迷狀態。後來被轉送到廣州南海後方醫院繼續醫治，經過了一個多月的治療休養，才告痊癒。

一九二三年秋，從南海醫院出院後，原粵軍部隊已開往福建，他無法歸隊。這時贛軍李明揚(36)司令正在廣州重整旗鼓，編成贛軍第一混成旅。「贛軍軍官教育團」同學陳光中(190)，任總部第一團第一連連長，邀父親擔任司務長。因為能重回贛軍，所以他相當高興，並利用這機會溫習軍事功課，以便等待深造的機會。

七、加入黃埔軍校黨軍

一九二四年春，孫中山爲創辦黃埔軍校，向全國招考有志青年參加革命行列。分配贛軍可以保送三人參加考試，全軍共有五十多人參加軍內預試，父親幸運成爲三位錄取人之一。接著就參加黃埔軍校招生初試，三人中錄取二人，複試時只錄取父親一人。黃埔軍校一九二四年六月十六日開學時，父親又再度離開贛軍。從十六歲投筆從戎到考入黃埔軍校，前後兩年九個月，其中受過三個月嚴格軍事訓練，嘗過兩年極苦的軍中生活，參加過兩次討賊戰役，對於軍事知識技能，可算略有根基。可惜當時年紀太輕，閱歷太淺，事業上並未獲得應有的進展。

一九二三年以前，孫中山有鑒於當時所有軍隊，大多不是眞正的革命軍，不能擔當革命重任，所以要創辦黃埔軍校訓練眞正的革命幹部，重新建立眞正的革命軍。按通常體制，軍事學校應隸屬於軍事機關，但是黃埔軍校則隸屬於一個黨，全名爲「中國國民黨黨立陸軍軍官學校」。所以這個新建立的革命軍，又稱爲「黨軍」。

是否因爲當時軍事制度不健全，並無適當的軍事機關可供隸屬？還是孫中山認爲必須隸屬於黨，才可以名正言順，強化思想教育，使它成爲眞正訓練革命幹部的搖籃？還是受了蘇聯顧問的建議必須建立黨軍，以黨領軍才能達到革命的目的？不得而知。因為軍校隸屬於黨，所以學校最初成立之教導第一、二團，自然也是屬於黨的軍隊，這就是黨軍之由來。

教導第一團團長，由學校教練部主任兼總教官何應欽擔任；第二團團長，由教授部主任王柏齡出任。從第一次東征勝利後，兩團合編為黨軍第一旅，何升任旅長，成為黨屬革命軍，而非軍校教導部隊。過了不久，又將教導第一團擴充為師，稱為黨軍第一師，仍然由何升任師長。討伐「楊劉」後，再度擴充第二師，由王懋功將軍任師長，黨軍名義，到此為止。自一九二五年八月起，開始進入國民革命軍階段，隸屬於政府。

軍校在第一期學生快畢業時，分別在廣州、上海兩地，招募新兵，成立教導第一、二兩團。到了學生畢業時，兩團已初具規模，立即開始訓練。父親最初被派在教導第一團第三營第九連擔任排長。不到半個月，就調升第二團第一營第三連副連長。當時營長是文素松(37)老師，後來是顧祝同(38)老師。連長杜從戎(39)，黨代表蔣超雄(40)，排長江世麟(41)，胡遁(42)，葉彧龍(43)，副排長陳述(44)，李就(45)，全都是同期同學。父親這個連駐在曾家祠前臨時搭蓋的棚屋內，每日三節操三節講，教學相當認真。

在學科方面，著重思想、精神和生活教育。在術科方面，著重射擊、劈刺訓練及野外班排戰鬥演習。全連官長十人，士兵一百一十餘人，全體官兵合衷共濟，團結無間。官兵之間，如父如兄，如子如弟，甘苦與共，休戚相關。大家同心協力，積極努力於訓練的工作，歷時一個多月。術科訓練進度，雖離預期目標尚遠，但思想、精神及紀律教育，都建立了良好的基礎。與一般軍隊，大不相同。黃埔練兵，已經獲得良好的開端和迅速的進步，所以能夠成爲一支堅強的革命勁旅。

八、平定廣州商團之亂

廣州自古以來一直是以一個商業繁盛的城市著稱，但是因爲滇、桂兩軍軍紀太壞，經常有勒索、搶劫商人的不法行爲，極爲商界所痛恨不齒。所以商人爲了自保，就以自己的財力建立起武裝自衛組織。「商民自衛團」成立於一九一二年，最初成立的宗旨是「保衛商場，維持治安，防禦內匪，保全生命財產，維持公安。」

商團會長是陳廉伯(46)，他出身滙豐銀行。一九二四年國共合作成立聯合戰線後，陳在香港英國殖民當局支持下，煽動商民，並且暗中勾結陳炯明的勢力，共同反對孫中山的革命政策，希望另外成立自己的「商人政府」。

同年八月，陳廉伯祕密向國外訂購大批武器，由丹麥籍掛挪威旗的「哈佛號」輪船裝載經香港運抵廣州。孫中山得知此陰謀後，命蔣介石以黃埔軍校學生武力做出攔截的部署。蔣校長於八月七號令軍校一期第一、二隊學生佈防警戒黃埔本島四周；第四隊爲預備隊集中校本部，策應支援；第三隊（即父親之隊）立即進駐「長洲要塞」之魚珠、蝴蝶崗、四三三高地炮臺等據點。父親的區隊被派擔任蝴蝶崗炮臺防務，控制進入黃埔港之水道。

進駐後，立即協同兩炮長及十餘位官兵作各種目標之距離測量，並開始作不同角度之射擊預習。務必在有效射程內，達成阻止該挪威輪進入黃埔港，同時要防止它逃脫。果然，八日中午，「哈佛號」緩緩駛近黃埔港水域，發現它已經被蔣校長率領的「永豐」及「江固」兩艘軍艦監視後，立刻加足馬力，企圖快速沿北岸逃脫。雖經我方多次以旗語、燈號命該輪減速，靠黃埔碼頭檢查，均不予理會。

校長下令，我方立即以要塞重炮開始警告性射擊，三發炮彈都落在該輪前後附近。對方知道已經無法逃脫，才緩緩駛入軍校大門前的碼頭靠停。這時候，全校師生在校門口歡聲雷動，各隊派出一個區隊登船搜查。登船後，發現船艙中滿載各種新式武器、槍炮彈藥。由學生四個隊中以兩隊警戒，兩隊搬運的方式，輪番交替，經過兩晝夜才將所有槍械彈藥，卸載完畢，全數扣押在軍校軍械庫內。經過清點後，共有各式長短槍九千多枝，子彈三百多萬發，分裝於一千二百個木箱中。

對父親和其他入伍才三個多月的一期同學來說，能親自參與這次扣押商團走私軍火輪船的行動，是一次既新鮮、刺激又光榮的任務。事後，陳廉伯強烈抗議此舉，並發動輿論要求發還扣留軍火。接著，於八月下旬鼓動大規模罷市、斷糧、拒收政府紙幣等擾亂金融行為。

英國廣州領事館代表英國當局宣佈，支持商團作亂和對革命政府進行武力恐嚇與干涉。九艘英國軍艦，集中於白鵝潭內沙面附近，卸去炮衣，全部指向「永豐」、「江固」、「廣貞」等三艘我軍艦。

孫中山於九月初發表「為廣州商團事件對外宣言」、「致麥克唐納電」，對英國的反應，予以強烈抗議和譴責此一「英帝國主義支持廣州商團叛亂，粗暴干涉中國內政之行為」。後來，滇軍軍長范石生向陳廉伯獻計提出「調停六條件」，以五十萬元軍費來換取並領回槍械。商團之亂鬧了一個多月，沒有結果。此時，北方的軍閥們：張作霖、盧永樣、曹錕、吳佩孚等又將舉兵相互攻伐。孫中山反覆考慮，在十月一日發出通函，決定離開廣州，將革命政府和未決的商團事件，交給胡漢民、汪精衛等來處理。

孫率譚延闓、程潛等武裝力量，移往韶關建立北伐大本營，準備積極北伐之計畫。此舉等於陷黃埔軍校爲孤軍無援之地，令蔣介石和其他革命同志，非常震驚、不解。蔣與俄國顧問鮑羅廷商量後，決定固守黃埔軍校基地，並積極戒備，防範商團及英國的不利襲擊。陳廉伯繼續將扣械事件擴大，並於十月九日，再度發動全省罷市，又提出新的發還團械條件，同時拒絕原先同意的「調停六條件」。

十月十日上午，廣州市各界舉行「雙十節」遊行以紀念武昌起義十三周年，有近一萬人參加，包括周恩來主任率領的一百多名黃埔軍校學生。遊行時，商團軍居然突然向遊行群眾開槍，當場打死二十多人，傷一百餘人，死者包括四名黃埔軍校學生。事件繼續擴大，商團軍控制了整個廣州市區，並揚言：「要殺到黃埔島上去，用武力奪回全部槍械！」參加「雙十」遊行的軍校第一隊的一百多名學生，抬著死難同學的遺體回到學校，將他們停放在軍校辦公樓前的空地上。全體師生悲痛萬分，慷慨激昂，大家紛紛高喊要替死去的同學雪恥復仇。

蔣校長和廖仲愷(47)代表分析廣州的形勢後，都認爲和商團攤牌的時刻已經到來。對陳廉伯爲首的商團武裝，必須採取正面制裁的行動。同時，蔣也將當前的嚴重情況，通報了在韶關大本營的孫中山，並請求他的准許立刻採取制裁行動。

孫終於在一九二四年十月十二日，在扣械案爆發的兩個月後，下達了「先將北伐各軍調回廣州肅清內亂」的命令，同時也向陳廉伯發出最後通牒。陳覺得滇軍楊希閔等與孫一直有很大矛盾，黃埔軍校又都是些乳臭未乾的孩子，根本不堪一擊，完全不把最後通牒放在眼裏。孫中山在十四日下達各部隊向商團進攻的手令。十五日凌晨一時，蔣校長下令軍校學生第一、二、三、四隊全副武裝，實槍荷彈，緊急集合。

第一隊由呂夢雄率領，擔任孫中山的警衛隊，第二隊由王柏齡(48)指揮，留守校本部，加強黃埔島防禦警戒。蔣本人和廖仲愷、何應欽(49)、鄧演達(50)、葉劍英(51)等率領第三隊（父親之隊）、第四兩隊，加上廣州農團軍一營，分乘七艘交通艇，悄悄地在廣州天字碼頭登岸。並同時與其他各軍包括警衛軍、粵、湘、桂、贛、福軍部隊，兵分五路，迅速對商團各個控制區完成了包圍。

黑夜中，傾盆大雨，馬路上積水很深。蔣、廖、何等在部隊的最前面，率領著全副武裝的學生軍快速前進。凌晨四時，學生軍向商團武力發起了攻擊。這是學生們入校來頭一次投入實際戰鬥。每個人都熱血沸騰，想替死難的同學復仇。一開火，就向敵人猛撲衝鋒。父親是第三隊的，在隊長金佛莊率領下，攻擊目標是西瓜園以南一帶。一交火，發現商團武裝原來是一群烏合之眾，完全無法抵擋黃埔學生軍的勇猛如虎的攻擊。但學生軍繼續在西瓜園向南追擊商團軍時，遭遇到敵人優勢火力所阻，無法繼續挺進。後來，上級決定採取火攻，將商團據守的木質房屋一舉燒毀。蔣校長命令第三、第四兩隊學生軍，向敵人發起衝鋒，一舉就攻佔了西關商團總部，商團軍立即潰散而逃。

陳廉伯同時派商團軍千餘人企圖偷襲黃埔軍校，但沒料到已有王柏齡率領的第二隊學生軍在嚴陣以待，所以偷襲不成。陳見大勢已去，立刻躲入英國租界，趁著夜色逃往香港。再派出代表到校軍指揮部向蔣介石投降，並請求停戰。蔣依孫中山的命令，發佈通緝陳廉伯等首惡分子十多人，將所有商團軍武器繳械。到此，廣州商團叛亂終告平定。

黃埔軍校二十歲上下的學生軍，初試啼聲，紀律嚴明，以寡敵眾，戰力過人，英勇無比，敵人聞風喪膽，令所有其他各軍閥將領們，刮目相看。此次以寡擊眾，平定商團之役，奠定了黃埔師生在中國軍事史上的一席地位，並在後來漫長的中國革命與抗日的歲月裏，寫下了許多光輝燦爛，可歌可泣的戰鬥史篇。

九、孫中山北上共商國事

一九二四年十月下旬，蔣校長率領軍校學生軍，平定了廣州商團之亂後，父親和一期的同學們又回到黃埔軍校學習，繼續接受嚴格的軍事訓練。此時北京的政局，發生了巨大變化。馮玉祥突然於十月二十一日發動軍事政變，率部包圍總統府，解除直系軍閥，賄選總統曹錕的武裝，將他監禁起來，立刻控制了北京城。

馮立即電請孫中山儘快北上，共商國事。汪精衛和宋慶齡都勸孫要謹慎從事，應先觀望北京情勢發展，再作決定。但是，孫中山相信馮是愛國家、愛民族的軍人，他的誠意是不容懷疑的。即使有危險，爲了救國救民，早日達成全國和平統一，孫決定即日北上。孫對軍校學生軍這次在平定商團之亂的優異表現，大爲嘉許。北上前夕，孫心中非常牽掛黃埔軍校及學生們的情況，因爲他深深知道，黃埔軍校是將來北伐統一國家的希望所在。

十一月三日上午，孫和宋慶齡一同乘「永豐」艦到黃埔島黃埔軍校視察，並囑咐蔣介石和廖仲愷要「繼續將黃埔軍校辦好，把學生帶好……萬一余有不測，將來中國的一切，只有靠你們了。」

孫接著對全校近千名師生做北上告別訓話，他的臨別贈言是：「大家拿出本錢來，犧牲自己的『平等』、『自由』，更要把自己的聰明才力都貢獻到黨內來革命，來爲黨奮鬥。大家能夠不負我的希望，革命便可以指日成功。」

父親自一九二四年五月三日入校半年來，曾經聆聽孫中山兩次訓話。頭一次是在六月十六日開學典禮上，第二次就是這一次孫北上前。父親對孫總理的救國救民，和平統一中國的理念和他的領袖風采和特質，印象特別深刻。再加上在校師長的教誨薰陶，對於革命思想、革命精神的領悟和磨練，的確產生了茅塞頓開，堅定不移的信心和毅力。

第一期學生在十一月三十日畢業，共六百餘名。第二期學生在一九二四年八月一日入校，共畢業約五百名。第三期同年十二月十二日入校，共畢業一千兩百餘名。十一月十三日，第一期結業前半個月，孫中山由宋慶齡、汪精衛、戴季陶、孫科、胡漢民、劉震寰、許崇智等陪同下，乘「永豐」艦再度來到黃埔軍校視察，並參觀由一、二期近千名學生舉行的聯合軍事實彈演習，攻擊的目標是珠江對岸魚珠炮臺旁的高地。同學們在演習中，展現了熟練的戰術技巧和高度的協同作戰精神，贏得了孫中山和各級師長來賓的好評。許崇智說：「我自小從軍，數十年來經歷過各式各樣的軍隊，所見過的，不算少了。黃埔軍校學生們今天的演習，非常出色，為我從未所見，果然名不虛傳。」

孫似乎對自己的健康情況已有所知，對這次北上也感覺到一些不確定的因素。在看完了演習後，又對蔣和廖說：「凡人總有一死，只要得其所。若二、三年前，余即不能死；今有學生諸君，可以完成余未竟之志，則余可以死矣！」這一席話令在場所有的人，包括身邊蘇聯政治顧問鮑羅廷等，覺得驚詫。

一九二四年十一月，陳炯明趁孫離開廣州北上，在帝國主義和北洋軍閥的支持下，佔據東江地區，公開叛變，並自稱「救粵軍總司令」，再度下達了進攻廣州的作戰命令。陳自一九二二年六月發動「炮擊總統府事件」起，多次反叛孫領導的政府，想將孫趕出南方，自立為一方霸主。陳雖然多次失敗，但是這次是抱著不成功便成仁的決心，拼死一搏。為了面對來自陳炯明的威脅，蔣和國民黨中央自同年七月起，就開始計畫如何將黃埔學生軍組織起來。

一九二四年十一月二十日，教導第一團成立。團長何應欽，黨代表王登雲(52)，第一營營長沈應時(53)，黨代表章琰(54)，第二營營長劉峙(55)，黨代表茅延禎(56)，第三營營長王俊(57)，黨代表蔡光舉(58)，官兵共一千五百人。團營級官長多為軍校師長教官，連排級官長則由一期畢業同學擔任，士兵是軍校從江浙及北方招募而來。

教導第二團在十二月二十六日成立。團長王柏齡，黨代表張靜愚(59)，第一營營長顧祝同，黨代表胡公冕(60)，第二營營長林鼎棋，黨代表季方(61)，第三營營長金佛莊(62)，黨代表鄭洞國。

除了第二期學生剛剛接受完入伍軍訓教育，學生總隊長胡樹森(63)也納入教導團基層幹部外，也將第三期入伍生一千二百人編成一個營，營長為陳繼承(64)。其他官長尚有：炮兵營營長蔡忠笏(65)，工兵營營長李卓元(66)，輜重隊隊長黃在璣等。教一、二團官兵總共有三千多人。父親最初被派在教一團三營九連擔任排長，半個月後升任教二團一營三連副連長（營長原爲文素松）。教二團第一營營部駐在蝴蝶崗炮臺後側之曾家祠堂，父親第三連在曾家祠堂前空地搭建了竹棚營房，供全連宿營。

全連幹部爲：連長杜從戎、副連長爲父親、黨代表蔣超雄、排長江世麟、胡遜、葉或龍、副排長陳述、李就及軍需上士、文書上士等，全爲父親第一期同學。大家情同手足，互爲長官部下，又是戰友，眞可謂是一個不折不扣的生死與共的革命兄弟連。根據父親的記憶，校長在學生受訓學習期間，對每位同學的年齡、體力、特長及軍事教育和軍事經歷等，都有詳細觀察及記錄。所以在派任職務時，儘量求其適得其所，大家也都能心服口服。

十、東征淡水第一戰

當教導第二團兵額尚未募足，訓練尚未完成時，蔣校長於一九二五年二月初即率領教導第一、二團，踏上征途，參加第一次東征。陳炯明領導的「救粵軍」包括林虎等粵滇湘軍閥各路軍共七萬人左右，從四面向廣州進逼包圍。自從孫中山北上後，大元帥府，總部是由胡漢民(67)坐鎮指揮。大敵當前，胡焦急地要求滇、桂系楊希閔(68)、劉震寰(69)將軍，湘系譚延闓等出兵禦敵。但是「楊劉」譚等用各種理由推拖，不願意出兵，為的是保全實力，並不想為保衛孫中山的廣州政府，犧牲自己。

後來在廖仲愷和蘇聯顧問加倫(70)的努力下，胡漢民在大元帥府，召開了一次廣州國民政府軍事委員會特別會議，討論進剿陳炯明的叛軍。新的軍委會由胡、許（崇智）、蔣、廖、楊和加六人組成。經過激烈的討論，終於勉強達成了剿陳的一致意見。楊希閔看不起蔣領導的兩團黃埔學生軍，說：「什麼黃埔軍，儘是些學生娃娃，不去倒好，去了反而礙手礙腳，讓其他部隊受拖累。」蔣當場生氣地駁斥並替黃埔軍說話。結論是：討陳聯軍由楊率的滇軍、劉率的桂軍、許率的粵軍和蔣率的黃埔軍組成，兵分三路並進向東江陳的老巢進發。揚軍約三萬人由左路，進攻河源、老隆、興寧和梅縣；劉軍約六千人由中路圍攻惠州；許軍一萬人和蔣的黃埔軍三千人，由右路進攻淡水、平山、海豐、陸豐和潮汕。會議並決定：各軍必須於一九二五年一月底前完成準備出發進剿。這才為未來的兩次討陳的東征戰役，拉開了序幕，也替黃埔軍校師生主導的後來中國革命近代史上多次輝煌戰役，打響了第一槍。

黃埔軍教一、二團緊鑼密鼓的進行部隊整補訓練，在學校大操場上搭起了許多的大帳篷，來接待由全國各地陸續招集來的新兵。進軍路線，為東征軍右翼沿海岸線東進。軍校於一九二五年一月三十一日下令動員誓師東征，教二團於二日二日上午八時由軍校碼頭出發。軍校長官蔣介石、周恩來及蘇聯顧問加倫等，都在碼頭送行。父親的教二團第一營由營長顧祝同帶領全營官兵，全副武裝及輜重彈藥順序登上「福安」兵艦，隨後出發，經虎門向太平墟、東莞城集結。此時，最新敵情是陳軍主力一萬餘人已完成集結，正沿廣九路向廣州撲來。蔣下達命令：校軍任務是進攻淡水、平山、海豐、陸豐，但第一個關鍵據點就是淡水。教二團與粵軍張東我團從東莞南面遭遇陳軍，經過三小時激戰，敵軍向寮步潰退。教二團於二日四日下午攻佔東莞縣城，並準時與教一團及校指揮部會師。

孫中山從北京致電廣州大本營：「大病少蘇，聞東江將戰，複添繫念，望諸兄努力破敵，以安內而立威信於外，引領南望，不盡欲言。」東莞商歡迎東征軍大會上，蔣介石、周恩來應邀出席，並作了講話，大意是「討陳軍」是為人民而打這場仗的，希望東莞人民通力合作，促使革命成功。陳炯明出師不利，為保全實力，向後退卻，但仍然向外宣稱其實力堅強，糧餉軍費充足，可以持久戰，打敗聯軍。二月十日，教一團在平湖猛攻敵軍，陳軍狼狽潰退，學生軍攻下該城。教二團推進到石鼓。第二天，軍校行營移駐平湖，蔣發佈「勸逆歸順佈告」呼籲在陳軍中的東江子弟，立刻出面自首，一概免究他們的罪行，並給予自新的機會。

二月十二日，滇軍將領楊希閔、范生等居然致電北京孫中山，「以和平向期」，爲他拒絕進兵東江作辯護。楊令滇軍改調中路，避開林虎反攻（一說滇軍范石暗通林虎）。這一舉動當然是陳炯明所歡迎的，也爲聯軍東征戰局投下不利因素。陳炯明繼續保持聯絡閩贛浙桂勢力，共同合作對抗孫中山。雖然孫傳芳因浙江軍事行動，不能援陳，贛方已派賴世璜部加入，閩方也派軍到達汕頭，桂方沈鴻英也率部向李宗仁攻擊，所以孫傳芳深信聯軍必定有後顧之憂。

情況非常危急。二月十三日，蔣指揮東征軍右翼，分三路向陳軍重要據點淡水攻擊前進。教導第一、二團由平湖、龍崗前進，攻淡水之南。粵軍第七旅由藥陽墟前進出淡水東北。第二師由新墟前進出淡水西北，教導第二團佔領牛鼻湖、松子坑等地。二月十四日凌晨六時，陳軍三千餘人，在新墟與粵軍第二師激戰三小時。陳軍向淡水敗退，東征軍追擊到距淡水城七里的地方，俘虜陳軍熊部旅、團長各一名，軍官十餘人，斃敵百餘名，俘虜三百餘人，奪槍三百餘枝，機關槍四挺。

當天上午，東征軍各部推進到淡水城郊外，敵軍閉城據守，學生軍立即接替粵軍擔任的攻城任務。粵軍第二師，全部調在後方休息。該師有一個高級將領曾經說：「以這些毫無作戰經驗之小伙子及新兵擔任攻城，必敗無疑，等他們敗退時，可在後方接收他們的武器。」當時學生軍不受人重視，可想而知。自上午十時到下午六時，教一和教二兩團從淡水城南邊三面，對城內發起了多次強烈攻擊，但都被高而厚的土城牆和敵軍密集的火力受阻壓制，而無法向前推進。

十一、敢死隊攻城奏效

蔣校長和周恩來和教導一、二團高級官長及蘇聯顧問加倫，反覆研判敵情，設法突破僵局。

蔣校長鑒於淡水自古有「石頭城」之稱，城高壕深，固若金湯，易守難攻，決定在敵軍自惠州派援軍趕到淡水前，強攻淡水城。並且接受蘇聯顧問加倫的建議，由教導一、二團每團挑選官兵各一〇五名作爲敢死隊，分七組，每組十五名，攜帶雲梯一架，在炮兵的掩護下強行攻堅登城，才有可能拿下淡水。

蔣下達命令，奮勇隊在二月十五日拂曉發起攻擊，只能進不能退，其餘後備部隊全力火力掩護支援。奮勇隊攻城得手後，呈請大元帥獎勵每位隊員奮勇金牌一面，作為鼓勵。消息傳下，教導兩團官兵爭先恐後地加入奮勇隊。晚上十一點，上級再下令每連報名官長軍士各一人，士兵二十名，組織奮勇隊，十二時到營部集合待命，並在拂曉攻擊時，帶頭爬城。

父親所屬的教二團一營三連立刻自告奮勇加入，本連排長江世麟和葉彧龍兩位同學，都極力報名參加，互爭不讓。後來經過校本部定奪最後名單，特准二人都參加，才平息爭執。最後從教一、二團總共挑選了軍官二十名，士兵二百名。奮勇隊隊長由教一團一營營長沈應時擔任。

奮勇隊名單既然已定，各個隊員開始做應該做的事。有些給家中親人寫信或留下囑咐。有些將士身上有紀念價值的東西，交代給要好的同學和戰友。大家心裏都有數，拂曉攻擊一旦開始，生死未卜，只有聽天由命，全力以赴，為國為黨效命了。隊伍中充滿了一股肅殺凜然之氣。

五點三十分正，蔣校長下令炮兵隊長陳誠開始向淡水城炮擊，以掩護奮勇隊攻城，包圍淡水東門、西門和南門三面的教一、二團的機槍也開始對敵人陣地交叉射擊。奮勇隊一衝而出，全力奔向城牆。敵人的火力好像雨點般的潑撒下來，奮勇隊的衝鋒距離雖然不到一百米，但是中間沒有任何可以屏障的地形地物，隊員們完全暴露在敵人的瘋狂射擊網底下。

眼見戰友一個接一個中彈犧牲倒下，奮勇隊更加同仇敵愾。父親連上的江葉兩位排長及敢死隊士兵二十餘人，不幸在第一波攻擊時，就遭到敵人城牆頭的機槍猛烈的掃射，全部壯烈犧牲，無一生還。全連官兵都看到了這悲壯的一幕，大家痛哭失聲，誓死要爲弟兄報仇。杜從戎連長和父親（爲副連長）各率兵力一排，立即繼續發起攻擊。在敵人猛烈火力網封鎖下，奮勇當先，身先士卒，全力挺進。

全連分別從左右兩翼衝到南門城下，立即開始以人梯向城牆上爬（因竹梯不夠多，也不夠高）。敵人的優勢火力，居高臨下不停射擊，父親手持駁殼槍回擊，奮力向上爬行。每當上面的弟兄中彈負傷或犧牲了，下一個立刻補上位子，繼續向上挺進。頓時，血流如注，情勢危急萬分。所幸，本連士兵都是北方健兒，身高體壯，奮力拼搏。沒想到，當杜連長和父親分別快爬到城牆頂時，上面的槍聲突然停了。原來敵人見到學生軍視死如歸的攻擊，只進不退，嚇得棄守陣地逃走了。杜連長立刻按命令規定高舉連旗，表示勝利登城，這時候已經是清晨七點左右。此刻緊跟在奮勇隊後面的教一、二團官兵，立刻從各方攻擊湧入城內。敵軍向城北逃竄，學生軍緊追不放，繼續掃蕩追擊。

淡水城終於被攻下！攻下淡水不久，中午時候，從惠州趕來增援的敵軍洪兆麟部約兩千人，已抵達淡水城東北兩里路的地方，立刻和粵軍第二師及第七旅發生激戰，我方似乎漸漸支持不住。蔣下令除留下教一團一個營固守城內，其他一、二團官兵，立即加入戰鬥，出城迎敵，激戰到傍晚的時候，敵人才向白芒花、平山方向退去。下午敵人反撲時，我方情況一度極爲危險。

杜從戎連長在他的「黃埔軍校之創建及東征北伐之回憶」中「淡水之役」，有下列描述：「校長非常震怒，面諭不能後退，革命軍應以不怕死的精神，只有前進，不能後退，其已後退者，已經派人前去收容，並要查辦負責長官等語……當余於奉命衝鋒右翼高地始，集中所有號兵，以緊急集合之號音，一爲虛張聲勢，二爲號召附近散失之各營連官兵歸隊。果然，前後來歸者不下百人，各上刺刀，決於槍戰之後，繼以白刃，喊殺之聲，有如雷動，其時天已昏暗，敵人不詳我兵力多寡，未及半小時之槍戰，我連已奪佔此一山頭。我連計死亡排長陳述一員，士兵傷亡二十二人而已。校長蔣公見余能搶佔此一右翼高地，穩住陣腳，黑夜之中，敵人不敢冒進，於是連夜收容，重回淡水。」這場戰鬥敵軍付出了慘痛的代價，死傷將近一半，師長黃任寰被俘。到了下午，敵軍又一度企圖反攻，但迅速被我軍擊退。

父親和其他各連，接到命令，爲了防止敵人再度反攻，開始部署夜戰。入夜後，父親在城外高地上，聽到後方粵軍方面，人聲嘈雜，還有不少燈火向後移動，判定是粵軍以爲淡水城得而復失，急忙退卻。他們居然不知道，反攻的敵人已被擊退。前方打勝仗，後方忙撤退，實在是令人莫名其妙的奇觀。

第二天，學生軍繼續前進，沒有多遠，又和敵軍洪兆麟殘部發生遭遇戰，經過教一團迎頭痛擊，敵軍潰不成軍。接著，我軍一直跟蹤追擊，敵人一見學生軍旗，就望風而逃，不敢抵抗。一直追到潮汕地區，殘敵最後向粵閩邊境逃竄，戰鬥才告結束。清理戰場後，發現一共殲滅陳軍三千餘人，俘虜兩千人，包括師、團長五人，繳獲大量槍枝彈藥。陳炯明的老巢，銅牆鐵壁的淡水城，終於被黃埔學生軍一舉攻破。黃埔軍攻克淡水的消息傳到北京，孫中山此時雖肝病復發，臥病不起，但仍然抱病起身，親自致電蔣介石：「校軍轉戰東征，黃埔學生乃吾黨革命根本，主義實行之寄望，務要倍於愛惜，勿得輕易犧牲。寧可損失一營，不可損失一個黃埔學生。」

與父親在此次東征淡水戰役，同連擔任黨代表的蔣超雄在他的回憶錄中也有珍貴的記載：「出發東征後的第五天，上午九時距惠陽淡水的三十華里處，遇到淡水敵軍派出的警戒部隊，被我們一陣趕，他們向淡水方面跑了。我們趕了六、七里，大家出了汗，停下來休息，口很渴。有一個本連的士兵說：『黨代表，我有生蘿蔔給你一個解渴。』我說：『好。』接過蘿蔔就啃。這時有人輕輕拍了我的肩頭。我回頭看時是江世麟。他問我：『吃什麼？』我說：『蘿蔔，你也來兩口解解渴。』說著把啃過的蘿蔔遞過去。他問：

『哪裏來的？』我說：『傳令兵小姚給我的。』他又問小姚從哪裏弄來的，這使我猛然想到了革命軍的紀律問題，嘴裏的和手裏的蘿蔔，咽不下捏不牢了。

他嚴肅而低聲地說：『我們的士兵隨便拔老百姓的蘿蔔吃，與敵軍有什麼兩樣？』低聲是爲了保全我的威信。這時我與他站在一起，覺得比他矮了一大截，心裏激動得要流淚。我毫不猶豫利用這休息時間，集合全連士兵，流著淚說：『兄弟們，我今天吃了老百姓的蘿蔔，違犯了革命軍的紀律，犯了嚴重錯誤，我十分感謝江世麟同志向我指出，敵軍是害民的，我們是愛民的，這是反革命和革命根本不同之處。兄弟們！我在向你們檢討並且在你們的面前宣誓，今後堅決不再犯。你們呢？』

這時士兵也十分激動，高喊堅決不再犯，我要他們把身上帶的蘿蔔都交出來。我去還給老百姓並向他們道歉，很快，帶有蘿蔔的人都交來了。這次我受了教育，士兵也受了教育，這是江世麟同志的功。由這一則故事，可以看出學生軍對軍紀看待的嚴肅。

十四日下午三時，整個淡水已被包圍，敵軍是洪兆麟部的大約一個團。淡水在那時並不是縣城，但城堡高而堅，城外沒有房屋，沒有樹林，宜守不宜攻，不容易接近，我軍固守在陣地上……十五日清晨，戰鬥結束後，本連集合時，包括奮勇隊在內死傷不到十人，但不見江排長歸來，我問了奮勇隊士兵，據說本來奮勇隊的攻擊地區在城西北角。

我就出西門，到西北角離城大約十五米處，一塊低窪的地面上，並排躺著三個屍體，每人中彈三處以上，流在地上的血還是鮮紅的。這三個人都是本營的，分別是三連排長葉彧龍，二連排長刁步雲，三連排長江世麟……這時，連上官兵正在吃粥，遠遠見我回來，全連官長和二排士兵都向我湧來，及至接近，見我臉上淚痕未乾和手中的帽子槍彈，已經明白，不須再問。同學們唏噓流淚，二排士兵放聲痛哭，高喊：『排長！排長！』他們的悲傷，遠遠超過了父母之喪。這種情景我固然是第一次見到，然而也是最後一次見到，蓋士兵常有，而江世麟不常有也。」

十二、大義滅親

淡水戰鬥結束後，十六日，蔣校長在淡水城外長山仔及南門外分別對教一、二團官兵講話，總結淡水之戰。對此次學生軍出師，以兩千人打敗五、六千敵人，俘敵兩千，繳槍一千多枝，給予嘉獎。尤其是全體奮勇隊員，英勇犧牲，付出了重大代價，是勝利的關鍵因素。蔣繼續說：「原來答應給各個隊員的奮勇獎牌，尚未備妥，決定發給賞金。希望收到賞金後，務必要寄回家去，供養家中父母妻兒，不要放在自己口袋裏花用。」又宣佈：「攻城時，教一團三營在黃波潰敗，教一團名譽幾被敗壞，幸一、二營撐持住。教二團七連連長孫良(71)，臨陣退卻，是革命軍的敗類，已照革命軍「連坐法」定了孫良的死罪，以後大家要留心，切不可像孫良這樣退後就跑。」指揮部士兵就把臨陣脫逃的孫良押到了蔣面前。孫臉色鐵青，渾身顫抖，低著頭，不敢見站在面前的表兄。

孫良是蔣的一個遠房表弟，黃埔建校時，孫投奔表兄謀了個一官半職，被派往王柏齡的教導二團，參加東征。當戰鬥一開始，戰槍聲大作，孫嚇得魂不附體，只顧逃命，一路退到龍岡。孫的逃脫引起全連官兵的憤慨，在戰鬥結束後被連內一位士兵擒獲，押送到東征軍指揮部。

蔣見孫良被押來，立刻從腰間掏出了手槍，氣憤地說：「還有臉來見我！」孫自知性命難保，但他還抱著一線希望，淚流滿面，苦苦哀求：「表哥，饒了我這一次吧！饒了我這一次吧！」孫見表哥怒而不語，臉色鐵青，又雙膝跪在周恩來面前求饒。孫知道周主任平時關心部下，總是寬厚待人，希望周主任在表兄面前說說情。

周恩來怒目相視，厲聲道：「怯敵逃命，該當何罪？你身爲黃埔軍連長，罪更難饒！」東征軍剛剛進入戰鬥，執法不嚴，後患無窮。蔣想到自己訂下的「革命軍連坐法」，臨陣脫逃罪該殺頭，於是把手一揮：「把他拉出去，槍斃！」孫雙腿發軟，不停哭喊：「校長饒命！校長饒命！」只聽「碰！」一聲，孫良倒下去了！孫良是校軍第一次東征時被軍法論處唯一的連長，而且又是蔣介石的表弟。蔣校長親自訂下的「革命軍連坐法」的第一個開刀對象竟然是蔣自己的親人，令全軍震懾。

教導第二團團長王柏齡，在這次淡水戰役作戰不力，指揮失職，也被蔣校長解除團長職務，調回校本部服務。教一團一營營長沈應時，率領奮勇隊攻城有功，負傷不退，被調升為教二團團長。因沈負傷在身，職務暫由參謀長錢大鈞代理。淡水之役，學生軍初出茅廬，軍威大震，聲名遠播。前方後方，敵方我方，都對學生軍刮目相看，大為稱奇，深表欽佩。

父親每次談到淡水之役，對自己當時二十歲的年紀，能親身參與此次光榮戰役，又幸運地毫髮未傷，死裏逃生，臉上總是充滿了激動、驕傲。但是每次他回想起淡水之役，那天清晨攻城，犧牲的一半以上的奮勇隊弟兄戰友，都是和自己一樣年僅二十上下、情同手足的小伙子，為黨國奉獻了他們寶貴的生命，又有無限的傷感和思念，不禁老淚縱橫，不能自已。

十三、以一擊十的棉湖之役

攻克淡水城後的第五天（一九二五年二月二十日）清晨，東征軍已經推進到平山附近。右翼軍自淡水附近分兩路向平山攻擊前進，何應欽率教一團自西南高地，錢大鈞(72)率教二團自東南方面，進抵洋塘圍時遭遇前來反攻淡水的洪兆麟部兩千餘人。兩軍經過兩小時的激戰，將洪部擊敗。敵軍向大埔潰退，東征軍乘勝追擊，洪率兩個團逃向潮州林虎防區。

二十三日，東征軍在白花芒由許崇智(73)主持下召開軍事會議。參加會議的有蔣介石、周恩來、張民達(74)、葉劍英、許濟(75)、莫雄(76)及俄顧問加倫等，商討東征軍下一步行動。當前的情勢是，左路的滇軍楊希閔和中路的劉震寰，自月初廣州出發東征以來，都沒有加入戰鬥，目的是保存實力，以求發展。

對孫中山的東征，表面支持，內心冷漠，只關心誰會入主廣州，稱霸廣東。尤其是聽說向來不服孫中山的雲南軍閥唐繼堯，已將軍隊開到廣東、廣西邊境，伺機進犯廣州。右路軍總司令許崇智，也非善類。他是粵軍軍閥，當然更不願讓別人染指廣東。許和蔣對東征軍的下一步行動，意見完全相反。許希望先攻克惠州，再觀望「楊劉」的動向。蔣、周和加倫將軍都主張繼續東進，攻下潮汕，直搗陳炯明老巢後，再回師拿下惠州。雙方各持己見，沒有共識。最後決定，粵軍暫留白芒花，由張民達和葉劍英所率的第二師迎敵，為校軍策應，繼續東征。蔣、周、加三人決定，帶領校軍沿白雲、海豐，前進潮汕、梅興直搗陳的老巢。

為了爭取時間和先機，二十三日晚，蔣下達奔襲潮汕、梅興的命令。教一、二團輕裝冒雨出發，以急行軍方式趕赴七百里外的目標。加倫和其他蘇俄顧問，以及蔣校長、周主任等全都和校軍官兵一樣徒步行軍，在黑夜中踏上泥濘的征途，全軍的士氣極為高昂。二十六日，校軍已接近海豐。陳炯明火速返回老家海豐，攜帶全家由汕尾逃走香港。二十七日，校軍抵達海豐，敵軍守軍劉志陸軍心大亂，棄城逃走。陳炯明的豪華住宅「將軍府」留下了大批古董、珍品，倉皇逃走。校軍進城後，老百姓端著熱湯、熱食和茶水，迎接革命軍，萬人空巷，高喊：「歡迎革命軍，殺死陳炯明！」，令校軍官兵感動不已。

三月四日，蔣率教一、二團、粵軍張明達、葉劍英師和許濟七旅，匯合於海豐，並立即向潮汕前進，教一、二團在汕尾乘船赴汕頭。三月六日校軍抵達揭陽，陳軍李易標第四軍三、四千人，棄城逃走。林虎一軍一萬五千人，二軍劉志陸和七軍黃大偉部共四萬人，自紫金、五華向校軍背後包抄，計畫以十倍兵力，擊敗校軍於揭陽。

三月十一日，蔣分析敵情，認為將校軍固守於揭陽，等待東西兩面包抄而來的十倍敵軍，十分被動危險，必須主動出擊，出其不意，才有勝算。左路滇軍楊希閔和中路劉震寰，不但繼續消極觀望，還將右路校軍作戰情報暗地裏傳送給林虎。蔣校長於當日中午，下達總攻擊令，命令教一、二團次日清晨渡河向棉湖前進，學生隊入伍生連負責守城。

教一團攻擊正面和順之敵，教二團攻擊左翼鯉湖之敵，粵軍第七旅在右翼塔頭埠包抄攻擊，再令警衛旅挺進河田、河婆，攻擊林虎之背，目的是由東征軍四面包圍並一舉殲滅林虎敵軍。十二日，雙方進入戰鬥位置。第二天十三日清晨五時，教一團由棉湖經青嶼而至湖尾向和順方向搜索前進，九時半與敵遭遇於河南鄉之下柵附近，立即展開激戰。但是右翼許濟旅奉令向湖東北塔頭埠攻擊前進，繞攻敵左側背，因爲缺乏精確地圖，越走越遠，沒與敵接觸，使得敵人在左翼方面完全沒有顧慮，得以繼續向前挺進。

左翼教二團按照命令到達鯉湖後，敵人已經轉移到和順方向，使得教二團的戰力無法發揮，所以基本上是「英雄無用武之地」。因此，擺在面前的殘酷事實就是，教一團必須正面迎擊十倍的敵人，陷入空前的苦戰，對校軍東征的大局十分不利。校軍教一團寡不敵眾，一千餘人遭遇陳炯明手下戰鬥力最強的林虎第一軍和王定華第二軍主力，人數在萬人以上。教一團自前一天上午就和粵軍第七旅及錢大鈞率領的教二團失去了聯絡。教一團被十倍優勢的敵人包圍，孤軍奮戰，戰況危急萬分。各營、連不得不各自獨立作戰，與數十倍的敵人拼殺。敵我雙方短兵相接，拼搏刺刀，雙方陣地多次易手，死傷慘重。

十四、轉敗爲勝

在最危險的時刻，校本部及教一團指揮部，距離排山倒海不停攻擊上來的敵人不到三百米，只靠陳誠的炮兵連支援，勉強支撐局面。何應欽團長，在援軍聯繫不上的情況下，急中生智，命令衛生員把團部所有旗幟插出去，命令警衛連及團部所有人員也都持槍上陣。

苦戰至中午，幸運地看到粵軍許濟旅及時趕到，加入左翼戰鬥，局勢才暫告穩定。但仍敵不過不斷增援敵軍的瘋狂反撲，形勢極爲嚴峻。下午二時，眼看校本部及教一團在快支撐不住千鈞一髮的一刻，教二團全軍如神兵天降，突然出現在戰場敵人側後方，立刻加入戰鬥攻擊。原來在教二團推進到鯉湖時，突然聽到棉湖方向熾烈槍炮聲，就知道教一團正陷入苦戰。錢大鈞團長立即命令全團兵分兩路，一路向敵人右側攻擊，支援一團作戰；另一路向左延伸，直搗敵軍後方。敵人遭到父親所屬教二團左右猛烈夾擊，逐漸不支而開始潰退。經過三個小時的激戰到黃昏時，教二團左路已進擊到敵後方司令部，俘獲敵騾馬槍械甚多，連敵軍司令的轎子和印信文件都被繳獲。敵人見後方被襲，於是全面撤退到和順宿營。第二天凌晨二時再退到灰寨，棉湖之役戰鬥終於告一段落。

在此戰役中，陳誠領導炮兵連，在團指揮所架起那幾尊舊式七五山炮，親自瞄準點火，竟然發發命中，打得敵人抱頭鼠竄；教二團由錢大鈞率領全團疾馳增援，突擊敵人側背，是反敗爲勝的兩個關鍵因素。

何應欽率領教一團及指揮部全體官兵上陣衝殺，連蔣介石、周恩來、加倫顧問都在團指揮部持槍督戰，可見情況的危急。校軍黨代表廖仲愷也突然趕到前線加入戰鬥。他穿著草鞋，親自督促夫役搬運彈藥，鼓舞士氣。在千鈞一髮的關鍵時刻，教一、二團終於會師戰場，同心協力擊潰萬餘精銳敵軍。而東征軍，將士用命，奮勇殺敵，以寡擊眾，轉敗爲勝，因而取得棉湖之役大捷，是第一次東征以來最慘烈、也是最關鍵的一場戰鬥。

一九二五年三月十二日上午九時三十分，孫中山因肝病醫治無效，在北京鐵獅子胡同行營逝世，享年六十歲。段祺瑞及非常國會決定爲他舉行國葬。但在北京的中國國民黨中央委員，堅持認爲用國民喪禮較爲恰當，以表示孫的一生平等平凡作風。各界數十萬人在十日後，在北京參加了追悼大會。同時，在全國也掀起了大規模追悼孫中山逝世的活動。

三月十三日，噩耗傳到軍校，黃埔島上師生一片悲痛。胡漢民下令降半旗致哀，全校師生停止操練上課，一律臂纏黑紗表示悼念。爲了避免影響東征將士的軍心，孫逝世的消息秘而不發，只有蔣介石、廖仲愷、周恩來少數幾位領導人知道。直到棉湖戰役大捷後，才向全體師生官兵傳達。

棉湖之役，黃埔校軍取得了巨大勝利，但也付出了慘痛代價。教一團官兵傷亡超過二分之一，全團九位連長中六位陣亡，三位負傷。王俊領導的第三營，官兵陣亡達三分之二：營黨代表、副營長陣亡，三位連長兩死一傷，排長九人只剩兩人，一人還是重傷。僅僅一天的戰鬥，犧牲之大，可以說是校軍出征以來，空前未有。

父親總結棉湖戰役，說到：「當淡水戰役接近尾聲，我軍向潮汕方向追擊敵人時，林虎、劉志陸等敵，在興寧五華一帶，集結其自命精悍部隊兩萬餘人，企圖向我軍側擊。我教一、二團及粵軍一個旅，警衛軍兩個團，乃轉向揭陽河婆一帶進軍。教一團先於棉湖與萬餘敵軍接觸，教二團進抵鯉湖時，本來要埋鍋造飯，但因棉湖方面槍聲密不絕耳，知其戰況異常激烈，所以未敢用飯，迅速向前進。與敵接觸後，本團（教二團）第二營展開於正面，第三營由左翼山地側擊敵後，（父親之）第一營奉命為預備隊。當正面之敵被擊退後，教二團即向棉湖急進，襲擊和順敵方劉志陸指揮所，使敵人腹背受敵全面動搖，不支潰退。我軍在追擊途中，見道路兩旁農作物，有如風行草偃，踏毀甚多，敵人狼狽逃命之情形，可想而知。此戰役我教一團傷亡極大，但以寡敵眾之輝煌戰績，為中外戰史所少見，也是我革命軍生死存亡關係特大之一戰，值得紀念，值得讚揚。」

十五、興寧之役

一九二五年棉湖之役被擊敗的敵人，退到安流附近，會合他的援軍，重新佔領陣地，準備與校軍再度決戰。三月十七日，蔣校長親自率教導一、二團，陳銘樞旅及警衛軍由羅經壩出發，上午佔領安流渡。

校軍原來是向安流追擊，但是蔣校長決定在林虎潰軍沒有返回五華前智取五華。命令警衛軍追擊潰退之敵，中途親自率領校軍主力改向五華迂迴敵後，經周江圩取道崎嶇山路，一夜急行軍，出其不意，教一團於三月十八日晚在大雨滂沱中到達五華縣城西門外。當時陳軍駐守五華的是劉志陸手下王得慶所率一個混合旅，只有數百人，戰力薄弱，士氣低落。除少部分警戒外，大都在飲酒打牌做樂，完全不知道校軍教一團已經兵臨城下。

校軍斥候抓到一名敵軍連長，押著他帶路，以當晚敵軍口令騙過層層守衛崗哨，打開西門，教一團立刻一湧進城。王得慶倉皇逃走，教一團未損一兵一卒，在十八日天亮前就攻下五華。此時林虎正坐鎮於老巢興寧，部署守城的準備。蔣介石和周恩來率教二團，粵軍陳銘樞第一旅及歐陽警衛旅正從錫坑、辛集奔向興寧。十九日上午在行軍途中已經接到教一團佔領五華的消息，蔣令教一團留駐五華。教二團以一日一百二十里的行軍速度成為首先在三月十九日到達興寧城外的部隊。當時城內敵人對校軍的迅速兵臨城下，驚為從天而降，立刻將城門關閉。當晚陳炯明部黃業興、李易標部共約三、四千人應林虎要求前來解興寧之危，先後由佘坑、水口趕到，向陳旅張發奎團神崗山陣地猛攻，反覆衝鋒幾十次，都被陳旅擊退。陳旅戰到第二天下午二時，才將敵人完全擊潰，俘虜敵人數百人。

錢大鈞率領的（也是父親所屬的）教二團，在上次棉湖戰役中，因部隊在山中迷失方位，不能及時到達定點和教一團會合，使友團孤軍奮戰，抵擋十倍敵人。後來雖然教二團延遲趕到解了教一團的危，使校軍獲得棉湖大捷，但是教一團傷亡近二分之一。蔣校長雖然沒有追究錢團長的責任，但令錢自己心中極為自責。

這次戰役，大敵當前，攻佔興寧的重責又落在教二團的肩上。錢團長立功心切，督促各級營連排官長，一定要率先奮勇殺敵，完成任務。教二團與敵人隔河對峙，入夜後部署於北西南三面，形成圍攻態勢。三月二十中午教二團發起登牆攻擊，敵人用點燃的煤油桶從城牆上滾下，使城牆下立刻成為一片火海，不少校軍官兵不是被敵人槍彈擊中，就是被火燒傷，始終未能攻進城內。到了傍晚六時，戰況如雪上加霜。林虎的援軍李易標一個師數千人趕到，並對正在攻擊南門的劉堯宸(77)第二營和神崗山張發奎團實施衝擊。

錢令第三營（營長金佛莊）對來敵實行反衝擊。整夜戰鬥進行慘烈，敵我雙方反覆進行衝殺爭奪陣地，戰況進入膠著狀態。錢團長命令父親所屬的第一營（營長顧祝同）負責攻打西門。父親所屬第三連杜連長（從戎），因身體突感不適，待在後方休息，由父親代理連長與黨代表蔣超雄負責指揮全連作戰。此時，錢再令金佛莊第二營全部轉向西門，加入第一營和獨立營在西門外部陣準備攻擊。這時候，炮兵和機槍連也在新豐街佔據樓房等制高點，對西門、南門守敵猛烈射擊。在接近西門、南門城外市街地區，經三月二十日一整日之對峙，入夜十時，全團再度發動總攻擊，終於突破西門敵人防守線，一舉攻入城內。殘敵由東門潰散竄逃，退向贛粵邊境，林虎(78)狼狽逃脫。林虎感歎地說：「天滅我也！」他起初不肯走，後來被護兵強行拉出。

興寧是林虎的老巢，所藏軍械特別多。繳獲槍枝一千餘枝，大炮數尊，機槍十餘挺，子彈百萬餘發，軍服軍需用品不計其數。後來，林虎還逢人便說，不該將全部軍械藏在興寧。興寧城被攻克後，林虎殘部逃入江西。潮州、梅縣地區全部為東征聯軍收復。困守在惠州孤城的陳軍楊坤如部，眼見援兵已無希望，出城向東征聯軍投降，東征聯軍左路滇軍於是迅速進入惠州。到此，第一次東征作戰終於結束。

十六、東征付出的代價

蔣介石後來於四月二十二日爲《軍校第一期同學錄》作序，列舉了黃埔師生和教導團士兵東征傷亡情況。序文說到：「本次東征陣亡者如蔡光舉、刁步雲、胡仕勳、余海濱、章炎、葉彧龍、林冠亞、樊崧華、江世麟、王家修、陳述、劉赤忱、袁榮、鮑宗漢等四十餘人。

重傷未脫離危險期者蔣鼎文、郭俊等十餘人。重傷致殘者劉鑄希、赴履強、陳志達、趙子俊、鄧文儀等。傷者沈應時、劉堯宸、丘飛龍、宋文彬、張際春、項傳遠、陳琪、江霽、王治中、孫元良、張人玉、劉明夏、馬勵武、肖贊育、王夢、楊步飛、劉雲龍、馬輝漢、關麟徵、彭寶經、侯鏡如、張宴賓、吳斌、唐星、馮春申、唐同德、甘麗初、劉幹等數十人。……而士兵之陣亡及因傷殘廢者共計六百餘人。……第一期隨余出征之子弟與教導團三千同志之軍，死傷幾達三分之一。」

取得東征的勝利，本來是一大喜事，只是因爲不久之前，孫總理在北京逝世，官兵心情非常沉痛。三月二十七日在東門城外，三十日在北門城外，分別兩次舉行孫總理追悼大會時，官兵莫不哀痛萬分，而以黃埔同學最爲難過，大家紛紛黯然淚下甚至痛哭失聲。

在這三個月第一次東征期間，父親以黃埔軍校一期畢業生，剛滿二十歲，追隨師長，親臨沙場，擔任連排級軍官，率領黃埔校軍，在槍林彈雨中一馬當先，奮勇殺敵。親身參與了淡水、棉湖、興寧三次重要而關鍵的戰役，獲得完全勝利。除了對犧牲的戰友弟兄哀痛，和自己在戰役中毫髮未傷感到幸運外，更對自己身爲不怕死的革命軍人精神，感覺無比的光榮和驕傲，也爲國家革命和父親自己後來一生的事業，奠定了功不可沒的基礎。

此次父親身爲教二團第一營第三連代理連長，領軍攻克興寧城，進入林虎司令部搜查時，見滿地散置銀幣香幣不少（第九連已先來離去）。父親嚴禁部屬，拾取分文。之後，又到另一個敵人的師部，撿到眼鏡一副，香菸盒一個，雖然很適合個人使用，但第二天還是將它連同其他戰利品，全部繳歸公有，分文未取。

校本部在後來檢討戰役，論功行賞時，追究同團第九連連長桂永清（也是父親同學同鄉兼好友），因擅自沒收敵軍財物，郵寄回家，要按「連坐法」判他死刑。軍校學生聯呈國民黨中央，並經多位校軍師長包括何應欽、周恩來，和廖仲愷等向蔣校長求情，請念該連長在淡水、棉湖、興寧的戰功，從寬處治。最後，在一九二五年四月八日依中央議決案，免除桂的死罪，令他戴罪立功結案。

父親每次回憶到此，都爲自己捏一把冷汗。總覺得，人常常因一念之差，就有可能面對生死成敗的結果，不得不以此一實例來時時提醒鞭策自己的思想和行爲。他的結論是：爲人不得有貪念，更不能取不義之財。

十七、平定「楊劉」叛亂

一九二五年四月十三日，國民黨中央將軍校教導第一、二團編成黨軍第一旅，以何應欽爲旅長，任命廖仲愷爲黨代表。蔣令軍校新兵連、其他附屬輜重部隊及教導第一、二團開赴前方。經過第一次東征的幾次戰役圍剿，陳炯明雖然遭受連連挫敗，但仍然在整編他敗退入福建的部隊，在廈門一帶指揮部署固守惠州的計畫。

但廈門各界人士深怕粵軍進入福建攻打廈門，紛紛請願，要求驅逐陳出境。陳受此壓力於四月下旬搭輪祕密前往上海。因滇軍總司令楊希閔、桂軍總司令劉震寰反叛廣州政府及東征軍的意圖日益明顯，廖仲愷、蔣介石乘輪由廣州抵達汕頭，與粵軍總司令許崇智、俄顧問加倫密商進軍閩南及應付滇、桂軍叛亂的對策。

四月二十八日會議決定採「聲東擊西」的策略，表面聲稱要進軍閩南追擊陳炯明殘部，實際是要調東征軍回師廣州，平定滇、桂軍叛亂。「楊劉」統率的滇桂軍閥部隊，雖然在一九二三年的「白馬會盟」(79)時表態擁護孫中山、討伐陳炯明，但實際上並無誠意，目的是想分一杯廣東豐厚的財政稅收的羹，同時趁機壯大自己的軍事實力。到了一九二四年十月，滇軍五個旅已經擴編數倍到七個師四萬人，桂軍也擴充兩倍到一萬三千人。

第一次東征討陳時，基本上採取觀望態度，「楊劉」沒有打一仗。五月六日，滇軍總指揮楊希閔為了控制廣州，令他駐在石龍的東征聯軍總指揮部撤回廣州。甚至還在英帝國主義的支持下，祕密潛入香港和段祺瑞(80)、唐繼堯(81)、陳炯明等及英方代表，共同計畫推翻廣州革命政權。

廣州以胡漢民為首的大元帥府，驚恐萬分，但是沒有力量對付「楊劉」勢力，必須依賴蔣所領導的黃埔校軍和粵軍的力量。此時，父親所屬之黨軍第一旅教導一、二團約三千人正駐在梅縣城待命。本月十四日，廖仲愷再次由廣州抵汕頭，與汪精衛、許崇智、蔣介石、俄顧問加倫商議決定黨軍全部、粵軍大部回師廣州，先平定滇桂軍叛亂，再繼續完成討伐陳炯明的殘餘勢力。

一九二五年五月二十一日，蔣率黨軍第一旅何應欽部、粵軍陳銘樞的第一旅、粵軍許濟的第七旅、警衛軍吳鐵城部，由潮梅回師廣州，分為兩個縱隊擔任左右兩翼的攻擊。另外命令海軍艦隊在珠江攻擊敵人，校本部第三期步兵入伍生第一、二營，由軍校渡江攻擊廣九鐵路沿線的敵人。不久，許崇智先後與陳炯明殘部各頭目商談和議，有條件地允許他回駐潮梅各地，實行所謂粵軍大聯合，使得第一次東征勝利果實輕易喪失。父親此時仍隸屬黨軍第一旅第二團第一營第三連代理連長，駐紮廣東梅縣整訓，並對江西方面施行警戒，此時黃埔同學中發生一件令人遺憾的事故。

擔任本連排長，江西泰和籍黃埔一期同學郭濟川(82)，於一九二五年四月二十九日放排哨時，竟然與見習官李士官帶槍兵數人，乘機攜槍械逃往江西邊境，投靠贛系反革命勢力賴世璜。此一敗類，人人痛恨，後被緝捕，不久又獲赦免罪刑退伍，但是他的行為是許多江西籍的黃埔同學所不齒。不久，第一旅奉命回師討伐「楊劉」在廣州的叛變，於一九二五年六月五日左右，進至廣州近郊瘦狗嶺、白雲山一帶，與各路友軍匯合，包括第三期入伍生兩千人也第一次加入了戰鬥。

校軍各部於六月十一日發起對廣州的攻擊，蔣介石和周恩來指揮教導第一、二團向據守龍眼洞一帶滇軍主力胡思舜部發起攻擊。該敵部雖然裝備精良但官兵人手一杆菸槍，邊打仗，邊吸大菸。一整天，校軍和敵軍激烈戰鬥，幾次互易陣地，沒有太大進展。第二天清晨，海軍一艘老舊軍艦「飛鷹號」以艦上大炮轟擊滇軍陣地，產生相當效果。一發炮彈擊中了正在石碑車站同桌早餐的滇軍總司令楊希閔和他的師長趙成梁，趙當場被炸死，楊雖逃過一劫，但是被嚇得半死，倉皇向市內逃走。楊在他指揮所召開緊急軍事會議，但各方來的軍情都是壞消息。

黃埔校軍，勢如破竹，勇不可擋，滇軍傷亡慘重。蔣下達命令教一、二團及第三期入伍生隊，全線發起衝鋒攻擊，敵軍潰不成軍，四處逃竄。「楊劉」逃出廣州城，來不及逃的部隊，全向校軍繳械投降。戰鬥持續到十二日傍晚，革命軍共擊斃敵人兩千餘名，俘虜兩萬人，繳獲槍械一萬四千餘枝。經過了兩天的戰鬥，終於平定了「楊劉」叛亂，收復了廣州城，穩定了廣州革命政府的局面。平定「楊劉」之後，黨軍第一旅第一團進駐四標營營房，父親所屬的第二團則駐紮廣州北郊觀音山腳下的北校場營房。六月十三日上午，二團正由團部召集連長（父親也在場）以上幹部，舉行會議時，滇軍殘部三四千人，由旅長羅廷標指揮先頭敵軍，向廣州反攻進占觀音山後，居高臨下，向二團營地，猛烈射擊。

在團長沈應時沉著指揮之下，迅速集合全團，以兩營密集縱隊，分別仰向觀音山跑步攻擊前進。原在觀音山痲瘋醫院附近的前哨連，也立即向敵後襲擊。一舉將敵方旅長羅廷標俘虜，反撲的敵人，非逃即降，戰事很快就結束了。這次平定「楊劉」的戰役，父親所屬的第二團以兩個營四路密集縱隊，在敵前衝進約一千公尺距離，而毫無傷亡，眞是令人難以置信。事後審查原因，才知道敵人居高臨下，射擊死角太大，及射擊技能太差所致。可見軍隊的訓練，射擊教育是何等重要。

「楊劉」之亂平定後，父親奉調黨軍第一旅第六團第三營第七連連長。團長是惠東升(83)，營長是錢如一(84)。父親的第七連，在廣州市區擔任汪精衛(85)、鮑羅廷住處和中央銀行等處警衛任務，半年後再奉命調升本團（第六團）第二營副營長。以後，就駐在四標營營房，從事於部隊訓練工作，這時父親還不滿二十一歲，官階爲上尉。

十八、國民黨的權力鬥爭

胡漢民被指控勾結粵軍謀害蔣介石，暗殺廖仲愷。一九二五年七月一日，國民政府成立，汪精衛被選為主席。胡漢民原為黨國元老，身兼中央執行委員會常委、政治會議主席、大元帥大本營代帥兼廣東省省長四職。但現在他一下辭去了所有職務，只擔任一個虛位的外交部長。因為他不懂外語，和蘇聯的溝通本來就全由鮑羅廷負責，胡完全使不上力，所以他的心情壞透了。於是胡就利用堂弟胡毅生所組織的「文華堂」的反共立場，設法反撲，奪權。不久前蔣也在東坡樓險遭人刺殺，據說就是許崇智手下粵軍獨立旅楊錦龍所指使的。

同年八月二十日，廖仲愷又被刺身亡（胡漢民和許崇智又被認為是幕後的策劃人）。八月二十五日，蔣命第一軍第一師第一團團長劉峙、二團團長沈應時、三團團長錢大鈞負責逮捕所有涉案的粵軍份子。這個行動到八月二十六日清晨全部結束。這一陣日子，蔣、廖、汪和鮑經常在鮑家開會討論如何對付黨內極右派的猛撲奪權。

鮑、汪等官邸的警衛均由父親率的一連部隊負責（國民革命軍第一軍第二師第六團第三營第七連），任務非常繁重。廖案發生當天，國民黨最高機關包括中央執行委員會、國民政府委員會和軍委會立即舉行聯席會議。會議中一致決定派汪精衛、許崇智、蔣介石爲委員，並且組成一個特別委員會，授給政治、軍事、警察權利，全權處理廖案的調查和處理。胡自己也知道，遲早會東窗事發。果然他被送到了黃埔島的監獄關了半個多月。後來，汪主張將胡放出來，由國民黨中央政治會議決定，暫派胡出國訪問考察，脫離國民黨的權力核心。汪、蔣還請蘇聯顧問鮑羅廷出面找胡個別談話。鮑羅廷說：「一般人以廖同志的案懷疑胡先生，這是沒有的事。不過因此，也不宜在廣東再待下去。如到蘇俄走走，可以考察考察。」於是在九月二十三日，胡在廣州登上了「列寧號」蘇聯艦艇，告別了政壇，開始他流浪海外的生涯。

許崇智多年追隨孫中山參加國民革命，建立了顯赫功績，一直被人尊稱爲「軍界前輩」。他和蔣最初相識於日本，有義結金蘭之情，蔣一直對許以前輩相稱，非常仰慕。此外，許崇智還是頭號實力強大的粵軍總司令，是蔣的直屬長官。

汪、蔣聯手把胡放逐走了後，蔣的矛頭就指向了許。對付許的手段還是和對付胡一樣，由校軍各師團負責部下將許手下的各個粵軍將領加以逮捕看管。當許意識到自己已經被蔣變相軟禁起來後，他立刻下了一道密令，派人偷偷送給駐守在東莞、石龍的他最得力的兩個旅長：許濟和莫雄，要他們立即回師廣州，「勤許捉蔣」，準備同蔣拼個你死我活。

九月十八日夜，蔣命令黃埔軍校全體學生和教官緊急集合，全副武裝，進佔了廣州四周的戰略要地，防止許濟、莫雄回師廣州。第二天清晨，再以「侵吞公款，接濟反革命軍隊」的罪名，逮捕了許的親信、廣東省財政廳長李基鴻、軍需局長關道職等人，把他們關押在黃埔軍校，以防止他們和許濟、莫雄裏應外合。同時，蔣還說服了原粵軍將領李濟深(86)、譚曙卿(87)、衛立煌(88)等人，以突擊的方式，包圍了許濟和莫雄的部隊，收繳了他們的槍械。許、莫見事情敗露，倉皇逃走。

蔣寫信建議許崇智「毅然獨斷，保全名節」，「不如暫離粵境，期以三月，師出長江，還歸坐鎮，恢復令名。」許大爲震怒，要求汪出面主持公道，但汪卻回覆說：「爲先生計，爲大局計，亦莫善於暫行赴滬……」許眼見大勢已去，反抗也沒用，就向國民政府提出辭呈。汪接到許的辭呈後，立即召開國民黨中央政治委員會會議，准予他辭去軍事部長、財政監督等本兼各職，到上海休養。當天下午，蔣就安排武裝「護送」許崇智登上了開往上海的一艘客輪。

一九二五年九月二十一日，國民政府發佈命令：「卸粵軍總司令許崇智，請假赴滬養痾。所有該部收束事宜，由該軍參謀長蔣中正辦理；著譚延闓(89)署理軍事部長；關於東莞、增城一帶之軍隊，統歸蔣委員中正分別處理；免去廣東財政廳長李基鴻本職，任命宋子文爲廣東財政廳長。」蔣介石就這樣從許崇智手中接過了粵軍的軍權。他在國民黨內的地位僅次於汪精衛，成爲第二號人物。但也激起了粵軍將領的強烈反感，甚至更有一些激進的年輕軍官，準備暗殺蔣介石，爲許崇智討回公道。

一九二五年十月初的一天，蔣到財政部大樓參加一個重要的軍事會議。在剛要踏上大廳樓梯時，一個身穿軍服的年輕軍官，以報紙包住一枝手槍，咬牙切齒地怒喝道：「你霸占了我堂兄的軍隊，還卑鄙地處死了他手下兩位最好的將領，現在我要向你討還血債！」說完話，立刻扣動了扳機。

就在這千鈞一髮之際，蔣的貼身侍衛蔣富壽一個箭步衝上前去，用自己的身體擋住了蔣。幾乎同時，蔣身邊的侍衛長王世和，也立刻奪下了刺客的手槍。「啪！」一聲，蔣富壽的右肩一陣痲痛，冒出鮮血。這時，王世和幾名衛士已很快就制服了刺客。隨後，蔣親自審問這個刺客。他並不隱瞞自己的身份，直言相告：「我叫許楚，是許崇智的堂弟，是替我堂兄和其他粵軍官兵來報仇的！」

蔣爲了修補與許崇智的關係，瞭解許到上海後與幾個姨太太一起，住在英租界一套豪華的洋房裏，每日吃喝嫖賭，無所事事，揮霍無度。便派人給他送去二十萬元，供他享用。許收了錢後便讓送錢人傳話給蔣說：「許楚所爲純粹是個人意志，與我本人和粵軍其他將領毫無關係。我不贊成他這樣做，如果有機會我會規勸一下老部下，不讓他們亂來。」一九二七年三月，北伐軍佔領上海後，張靜江(90)親自陪同蔣介石登門拜訪許崇智，三位盟兄弟再次聚首。同年十二月，許向蔣提出要出洋考察，蔣再派人給他送去巨額「旅費」，送他到歐美旅行考察兩年多。一九二九年，許返回上海，被任命爲監察院副院長，但他從未到職。

一九三九年，許遷居香港，一九四四年，再遷居澳門。一九四五年日本投降後，許被任命爲國民政府資政，但被婉拒。後再返回香港，直到一九六五年病逝。他和蔣一場數十年的恩怨情仇，才告終止。

十九、蔣介石誘捕川系將領

熊克武(91)是「川系九人團」的首號人物，早年是孫中山同盟會的老會員，辛亥革命北伐聯軍蜀軍總司令，國民黨第一次全國代表大會選出的中央執行委員，和孫中山及陳炯明都有很深的關係。一九二三年，孫說服熊，與四川國民黨實業團聯合討賊。六月，孫任命熊爲四川討賊軍總司令、劉成勳爲川軍總司令兼省長、賴心輝爲前敵總指揮，統率一、三、邊軍與石青陽、呂超、顏德基等部。雲南唐繼堯、貴州劉顯世也派兵入川助熊討賊，形成南北大戰。

一九二四年四川討賊戰中，楊森出奇兵直撲三台縣熊的總指揮部，熊棄城逃走。之後，熊通電辭去討賊軍總司令職。接著，楊森、劉湘圍攻打成都。劉成勳又通電辭去四川省長職。二月九日，成都被攻破，劉成勳率殘部退往川南及康定地區。劉湘、袁祖銘率部緊追熊殘部。熊率殘部逃入貴州，再轉往廣州。孫中山發動的四川討賊戰役終於宣告失敗。從此，第一軍在四川勢力瓦解。國民黨九人團，由此衰落。

一九二五年七月，熊克武率部到達粵北，廣東革命政府劃連山、連縣、陽山、乳源四縣給他做爲駐地。他率領的川軍從離開時的五萬人只剩下兩萬餘人，彈盡糧絕，幾乎瓦解。九月二十五日，蔣介石以國民政府軍事委員會名義，邀請熊克武及其他川軍將領多人到蔣廣州寓所聚餐。熊認爲和蔣素來沒有怨仇，說不定還可以從蔣那裏要些援助，度過難關，就率部將和少數警衛到廣州赴約。十月三日，川軍將領如約到達蔣的寓所。一進門，蔣當場宣佈熊等川將密通陳炯明，圖謀危害國民政府。並且手上握有確切證據，將熊和他的軍長、師長湯子模、但懋辛、余際唐、喻培棣等七、八人等全部拘捕看管。之後，再派國民革命軍第二軍和第三軍圍殲連縣、陽山的川軍。川軍有的被繳械，有的逃入湖南。後來經桂軍的阻擊和趙恒惕的收編，熊部全部瓦解。

二十、攻克千年古城——惠州

一九二五年十月，廣州國民政府發動的第二次東征是統一廣東、鞏固革命根據地的重要決策。這次東征最重要的戰鬥就是惠州之役。

惠州，自古以來號稱天險，又有「嶺南重鎮」之稱，南臨大海，毗鄰廣州，扼潮、穗要衝，向來是兵家必爭之地。加上地處東江、西枝江會合處，東、北兩門依帶東江，西門外北臨西湖，可以說是三面環水。城牆高二丈，建築鞏固，側防周密，道路狹窄，不易接近，易守難攻。自唐代以來至今一千多年，歷經戰亂，從來沒有失守過。歷來被認為是「金城湯池」，《惠州縣誌》記載有「任憑天下亂，此地永無憂」之說。

自一九二二年六月陳炯明叛變以來，盤踞東江、潮汕，派他的部將第六軍軍長楊坤如(92)據守惠州，作為叛軍的前哨陣地，而且也是進窺廣州的出擊點。楊坤如是博羅縣水苑鄉（今屬惠州市汝湖區）人，出身綠林，後被收編為粵軍。楊率領的部隊士兵慓悍，裝備精良，追隨陳炯明叛變。楊因為是本地人，地形熟悉，常利用鄉親關係施些小恩小惠，欺騙群眾，宣揚「大惠州主義」，希望達到他和陳炯明坐地稱王的野心。

從一九二三年五月到一九二四年三月的十個月期間，孫中山為了實現統一廣東，進而統一中國的理想，曾親自率滇、桂、粵等軍兩次圍攻惠州，並用大炮轟擊，炸藥爆破，飛機轟炸等多種方法攻城，都沒成功。一九二五年孫中山往北京談判前，又佈置、組織了由粵軍、黃埔學生軍爲主力的討伐部隊進行第一次東征圍剿。正當東征軍勝利前進時，廣州發生滇、桂軍楊希閔、劉震寰叛變，東征軍不得不先回師平亂，以致功敗垂成，沒有能夠攻克陳炯明的老巢。等到平定了「楊劉」反叛之後，又接連發生了「沙基慘案」、廖仲凱被暗殺、魏邦平、梁鴻楷部隊乘機作亂等一系列事件。因此，陳炯明才得以死灰復燃，集結他的殘餘兵力，重佔潮梅一帶，進軍東江前線。而鄧本殷、申葆藩等又從南路夾攻廣州，使得廣州國民政府的形勢極爲險惡。

一九二五年九月二十八日，國民政府任命蔣介石爲東征軍總指揮，羅加覺夫爲蘇聯軍事顧問，周恩來爲總政治部主任。東征軍各路隊伍的配置如下：中路第一縱隊縱隊長何應欽，周恩來兼任政治部主任，軍事顧問切列潘諾夫。東征軍部隊計有第一軍第一師何應欽師全部、第一軍第二師王懋功(93)部的第四團、第一軍第三師譚曙卿全部、第一獨立師吳鐵城(94)師全部，兵力共一萬五千人。另配備炮兵蔡忠笏營全營和野炮一個連。部隊到達惠州週邊時，又從淡水調來原粵軍參謀長葉劍英率領的一個新編團加入作戰。這個縱隊以黃埔軍校教導團爲主體，訓練有素，紀律嚴明，作戰能力很強。在第一次東征時，屢建奇功。這個縱隊中共黨員佔了很大比例，是這次東征的主力。

蔣介石在石龍作出攻佔惠州城的部署。他令第一縱隊派出有力一部圍攻惠州城。第一縱隊主力在博羅附近爲總預備隊，並警戒以北之敵。第二縱隊出淡水、永湖、馬鞍等處，阻隔東面之敵，第三縱隊在博羅附近，策應各方。何應欽受命後，立刻命令第三師（缺第九團）、第二師第四團、第一師之炮兵營、工兵隊集結待命。東征軍總兵力達到二、三萬人。

十月九日，東征軍第一縱隊第一師、第三師、第二師第四團到達博羅附近，第二縱隊已到達鴨子步。十日，蔣介石、周恩來等率東征軍總指揮部人員由石龍乘船進抵博羅，設行營於縣署。李濟深率東征軍右縱隊進至惠陽縣官橋，永湖圩一線。程潛率東征軍左縱隊也進抵博羅附近地區，掩護中路縱隊圍攻惠州城。此時，陳炯明決定從南路發動進攻，以牽制東征軍。令鄧本殷聯合各部，接連佔領羅定、雲浮、新興、恩平、開平、臺山等處。

十月十一日，東征軍中路縱隊攻城軍各部到達惠州城郊；第二師第四團佔領下角莊附近，準備攻北門；第三師佔領上、下馬莊、飛鵝嶺，準備攻西、南各門。爲迅速攻下惠州城，東征軍攻城軍下令仿效第一次東征各個戰役的模式，編組攻城先鋒隊（敢死隊）。

第三師三個團，每團選士兵一百五十名，三團共四百五十名編成三個隊。第二師第四團選士兵二百名編成兩隊，共五隊，計六百五十名。每五名隊員發竹梯一個。先鋒隊由總隊長第二師第四團第一營營長杜從戎指揮。敢死隊士氣高昂，每位隊員都抱了必死決心，並且寫好了遺書留給家中父母，準備爲國犧牲。總指揮部也下達獎賞令：敢死隊員每名犒賞三十元，首先登城者獎一百元。第一縱隊長何應欽和第二師第四團團長劉堯宸及蘇俄顧問切列潘諾夫、炮兵顧問夏斯特諾夫、機槍顧問帕洛、工兵工程師亞科夫列夫，親自前往距惠城三百米之下角附近詳細偵察，又沿西湖西岸高地到飛鵝嶺附近與第三師師長譚曙卿會談後，再返回博羅。

經過實地偵察結果，決定的戰鬥部署是：以惠州北門爲主攻方向，西門爲助攻方向，下角塔後方高地及下角塔、飛鵝嶺等處爲炮兵陣地，下角西崖庵附近及西湖西岸高地爲機關槍陣地。十月十三日上午十時，何縱隊長下令開始攻擊惠州城。何和第三師師長譚曙卿等都親自到第一線指揮。蔣在飛鵝嶺後側小山指揮炮隊。野炮兵猛烈轟擊惠州城內各重要目標，飛機在惠州城上空盤旋投彈，散發宣傳品，城內許多重要目標被擊中或擊毀。之後，東征軍敢死隊開始攻擊前進。第四團向北門；第七團向小西門南門一帶；第八團向西門一帶，第一補充團向東南門同時攻擊。

到下午四時，第四團在北門連續衝鋒五次，第七、八團和補充團也衝鋒好幾次，但因守軍拼死抵抗，北門城樓隱蔽的側防機槍射擊非常猛烈，使得衝鋒攻擊受挫，第四團傷亡極大。團長劉堯宸爲鼓舞士氣，親自率領衛隊衝鋒，不幸中彈陣亡，當時只有三十一歲。當日，四團第一、二營營長杜從戎、冷欣都負了傷，副營長譚鹿鳴陣亡，士兵傷亡大半。

杜營長在三月份攻興寧之役時，擔任教導第二團第一營第三連連長，因身體不適，在後方休息，未參與作戰，父親以副連長代理連長指揮作戰。

此次杜營長又在攻惠州時負傷，經過十三日一整天的激戰，敵軍也傷亡慘重，武器損壞甚多，彈藥補給不上，已有逃退的打算。這天，東征軍雖然付出了慘重的犧牲，但是惠州城並沒有如原先計畫被攻下。當晚，總指揮部裏也出現了消極失敗的情緒。但在大多數人的檢討下，大家統一了認識：目前剩下的炮彈已經不多，如果遲疑不決，或將戰鬥推後，勢必貽誤戰機，加上敵人派來的增援部隊，將給整個東征軍帶來極爲不利的後果。因此，大家都知道，無論如何要把戰鬥進行到底，直到勝利。最後，蔣總指揮決定從第三師八團抽出二個營加強北門主攻力量，組織第二次總攻。雖然第四團傷亡近半，但是剩餘官兵堅持要替陣亡的劉團長和戰友報仇，由三營營長惠東升代理團長指揮作戰。

十月十四日上午重新調整兵力，部署新的強攻計畫，仍以四團爲主攻，以北門爲主攻方向。另外令八團二營牽制西門的敵人，七團及補充團也同時向西門攻擊。接受第一天強攻的經驗教訓，攻城奮勇隊採取各戰鬥小組互相掩護前進的方式，儘量縮短各小隊間的距離，同時確定合理的架梯位置。

再度總攻時間定爲午後二時。這時太陽偏西，陽光正射城牆方向，耀眼的陽光造成守敵反擊困難，對攻擊一方有利。十月十四日午後二時，奮勇隊再度開始衝鋒攻擊，因北門城樓隱蔽的機槍陣地仍然猛烈射擊，先鋒隊不斷傷亡。

炮兵營長陳誠率山炮一連推進到距北門城樓五百米處的民房內，發了幾發炮彈，精確地將北門城樓隱蔽的側防機槍陣地擊毀。接著，野炮再以猛烈火力集中攻擊北門。炮聲一停，四團的十二挺機槍全部投入戰鬥，掩護奮勇隊前進。奮勇隊衝到開闊地帶，敵人側翼一個還沒有被破壞的隱蔽機槍陣地的火力，阻止了奮勇隊前進。

奮勇隊搬運竹梯迅速跑到城牆腳下，第四團連長陳明仁(95)，一手拿小旗，一手拿槍，第一個攀上城頭，向敵投擲手榴彈，將守軍驅散。瞬間大批奮勇隊登上城頭，將城門打開。所有攻城部隊立刻蜂湧入城。此時，楊坤如急忙親率衛隊，準備到北門督戰。途中他的衛隊被炮火擊傷，退回司令部再行組織。沒想到剛出門，又中炮彈。城牆下聚集的奮勇隊戰士越來越多，他們利用死角架起雲梯，敵人從城樓扔下石頭和石灰，但阻擋不住東征軍戰士邊爬梯邊向城上扔手榴彈。下午四時十分，東征軍的旗幟已在城牆上高高飄揚。

楊坤如看見大勢已去，帶著殘部三、四百人，越過縣城水東街，向東江上游之橫瀝、觀音閣方向逃竄。這時，在水北的東征軍部隊見城已攻下，爭相游水過河加入戰鬥。東征軍放棄了對連接兩城的浮橋阻擊，使楊的部隊得以逃脫。叛軍在倉皇逃竄時，將槍械隱藏在居民家裏，部份來不及逃走的則換裝躲起來。經過了兩天兩夜的血戰，東征軍終於克復了惠州城（據說，千年以來惠州城遭受過二十八次的進攻，但從來沒有被攻下），一共繳槍近二千枝，機關槍十餘挺，大炮三門。六時，東征軍宣傳隊入城，佈告安民。

東征軍陣亡團長劉堯宸以下官兵一百三十餘人，負傷有四百餘人。東征軍評論員希夷著文認爲，下列三點是攻克惠城的關鍵要素：一、革命軍第四團及第三師誓死如歸，神勇邁進的毅力。二、人民傾向革命，厭惡楊坤如、莫雄的助力。三、發發命中的炮兵威力。

在後續幾日的追擊戰中，東征軍左右中三路軍，分別攻克海豐、河源，並於十月二十八日包圍陳炯明殘部五千人於華陽東南之塘湖附近。經過一場浴血戰鬥，終於將敵人殲滅。過了幾天，又攻克了興寧、湖安、汕頭、饒平，繼續追擊陳的殘餘部隊進入福建、江西邊境。到一九二五年十一月底，陳炯明的部隊徹底失敗，第二次東征才算正式結束。惠州之戰，東征軍在短短的三十小時內，消滅了楊坤如叛軍，把號稱堅不可摧的天險名城，一千多年沒被攻破的金城湯池攻破了，不能不說是個奇蹟。這個事實說明了一個眞理：一支有政治覺悟，有鐵的紀律的革命軍隊是戰無不勝、攻無不克的。

在這次東征中，由於充分加強政治宣傳教育，使幹部戰士明瞭東征的意義和目的，樹立作戰必勝的決心，因而能夠充分發揮全軍上下的勇敢和智慧，前仆後繼，勇往直前，壓倒一切敵人。第一、二次東征的勝利，不但統一了廣東的革命實力，鞏固了廣州的國民政府基地，也奠定了第二年（一九二六年）爲反對北洋軍閥開展的北伐統一戰爭。

二十一、中山艦事件

這發生於一九二六年三月二十日的重大國共衝突事件，歷史的記載有幾重版本。一說該事件是蔣介石一手製造，指示他手下，要當時的海軍局局長李之龍[96]，下令調動「中山」與「保壁」兩艘軍艦，開到黃埔，並生火待命，脫去炮衣。蔣以此責怪李「陰謀叛變」，因而發動大舉逮捕「共產黨人」包括李之龍、蘇聯軍事顧問團、省港罷工委員會等機構，徹底排除蘇聯及共產黨人的勢力，以達到他獨攬大權，成為國民黨最高的革命領袖（汪精衛當時為國民黨中央主席和國民革命政府委員會主席）。

另一說法是軍校駐廣州辦事處主任歐陽鍾[97]假傳蔣的指令，策劃調動「中山艦」，打擊共黨及左派勢力。因為歐陽為孫文學會會員，他和其他國民黨右派，對日漸擴大的蘇聯顧問團和共黨及汪的左傾勢力，非常擔心，必須出面阻止。還有一個說法是汪精衛勾結蘇聯顧問鮑羅廷等幕後策劃，製造該事件，要挾持蔣到蘇聯。

關於三二〇「中山艦事件」，毛澤東（當時任代理國民黨中央宣傳部長）和周恩來（黃埔軍校政治部主任）原來是主張要對蔣「態度強硬，針鋒相對」，並建議「通電聲討蔣介石，指責他違反黨紀國法，必須嚴辦，削其兵權，開除黨籍。」但毛的意見卻遭到以季山嘉(98)爲首的蘇聯軍事代表團的反對，反對的理由，季說：「這種想法，很不切實際……中共若眞要以武力與蔣相對抗，僅以一個獨立團的兵力、彈藥和肇慶一地的財力，至多只能堅持一個星期。」又說：「我們以爲蔣仍是準備同帝國主義作決死鬥爭的……依靠蔣並最終在共產國際和中共的幫助下，使中國的國民革命獲得成功，仍然是最現實而令人樂觀的選擇。」雙方爭論之下毫無結果，中共兩廣區委書記陳延年，最後決定請示在上海的黨中央。三月二十四日，蘇聯高級軍事觀察團撤離廣州，返回莫斯科，並向史達林彙報。

史達林對此問題作出最後明確指示：「國共分裂與否的問題具有頭等重要意義，這種分裂應視爲絕對不可行的，必須奉行讓共產黨繼續留在國民黨內的路線。」四月六日，中共中央代表張國燾由周恩來陪同，到廣州黃埔軍校蔣的家中會面，並表示中共始終支持他，希望彼此仍能精誠合作無間，以達成統一全國的革命目標。之後，蔣呈函給國民政府國民黨中央執行委員會，解釋「三二〇」事件原因，並「自請處分」。同時，下令將策劃人歐陽格(99)、陳肇英(100)等人免職，扣押虎門。四月月十四日，事件主角李之龍獲釋。舉世震驚的「中山艦事件」終於落幕。

自從一九二五年六月中平定了「楊劉」叛亂之後到一九二六年三月間，整個的國民革命的情勢，可以說是動盪不安，發生了許多大的事件：

（一）沙基慘案：一九二五年六月二十三日，廣州各界舉行聲援「五卅慘案」的十萬人示威大遊行，軍校也派了約七百人參加。隊伍經過沙基路時，英國軍隊竟然開槍掃射，軍艦也開炮轟擊，當場死亡五十餘人，重傷一百二十餘人。黨軍和學生被打死二十三人，包括營長一人，排長三人。

（二）一九二五年七月一日，新的國民政府正式在廣州成立，汪精衛當選主席。接著，新政府的軍事委員會也產生了。當時的廣東充滿了各個省的軍事勢力，包括許崇智的粵軍，譚延闓的湘軍，李宗仁的桂軍，程潛的鄂軍，樊中秀的豫軍，熊克武的川軍和國民黨的黨軍。大家各自盤算利益，爭取資源，互相合作又互相競爭。軍事委員會要想整編各省軍隊，分配資源，談何容易！

（三）黃埔軍校裏，支持共產黨的中國青年軍人聯合會和支持國民黨的孫文主義學會，彼此明爭暗鬥，水火不容，爭鋒相對，甚至大打出手。在和軍閥鬥爭的革命道路上，兄弟戰友，同室操戈，為未來中國的前途和命運埋下了一顆定時炸彈。

（四）國民黨極右派胡漢民等，結合不滿蔣介石的粵軍頭頭許崇智和廣州商團陳廉伯的勢力，在一九二五年七月下旬的某一天，對蔣進行了第一次未成功的刺殺。三天後的中午，蔣在城內辦完公事後乘車回東山住所時，再度遭槍手射擊。第三次遭刺客射殺未死是在十月蔣往財政廳大樓開軍事會議時，刺客為許崇智的堂弟。八月二十日，廖仲愷遇刺身亡。這一段時候，極右、極左、軍閥和商團各種勢力，在革命基地的廣州，正在掀起一場腥風血雨，你死我活的鬥爭。

（五）蔣介石爲了自保，也爲了進一步鞏固他在國民黨的政治和軍事力量，聯手汪精衛，趕走了胡漢民，接收了許崇智的軍權，瓦解了川軍將領的實力，成爲廣東唯一最強大的軍事盟主。蔣在一九二五年十、十一月底之間，進行了成功的第二次東征；惠州戰役，徹底消滅了陳炯明死灰復燃、東山再起的希望。

（六）由於「中山艦事件」的發生，蔣對國民黨黨軍內的共產黨人和共產國際派駐在廣州國民政府內的蘇聯軍事顧問，採取了嚴厲的驅逐手段來「清黨」。國民黨中央政治會議在一九二六年三月二十二日立即通過了決議，支持蔣的立場。他對蘇聯代表說明這次處理的立場是「對人不對俄」。俄方決定讓步，繼續與蔣合作協助他完成北伐統一中國的革命目標。

父親也參與並見證了以上大部分的歷史事件。因爲自一九二五年七月起，父親就擔任黨軍第一旅第六團（團長惠東升）第三營第七連連長職務，負責廣州中央銀行、汪精衛公館和鮑羅廷住處等警衛工作。當時新政府成立，汪精衛當選主席，和蔣介石及蘇聯顧問鮑羅廷的來往互動非常頻繁，經常在鮑的寓所開會討論事情到深夜才散會。

七月到十月又連續發生了幾次驚人的刺殺蔣介石和廖仲愷的事件，父親所屬第七連所負責的安全保衛，日夜不得疏忽，工作極爲繁重危險。到了年底，父親調升國民革命軍第一軍第二師第六團第二營副營長（師長劉峙，團長惠東升，營長官全斌）。在一九二六年三月二十日「中山艦事件」發生當天凌晨，蔣發動對共黨人士和蘇聯顧問的逮捕和包圍行動時，將第一軍第二師第四團、第六團兩團全體官兵，集合於廣州北校場。

第六團全副武裝，第四團全部徒手。蔣巡視兩團官兵後，立即點名，集合看管共黨成員。完畢後，點父親之名，並以口頭命令，當場調升父親接替第四團第一營營長（原營長爲黃埔軍校一期同學宋文彬（101）），父親的官階也由上尉升爲少校，年紀是二十一歲。之後，蔣對兩團官兵沉痛訓話並隨即令部隊帶開出發，繼續「清黨」任務。此後，第四團駐紮於四標營和造幣廠兩地，積極訓練準備北伐。

二十二、誓師北伐：武昌攻城

兩廣革命基地鞏固後，所有軍隊整編爲國民革命軍，由蔣校長任訓練總監兼第一軍軍長、譚延闓任第二軍軍長、朱培德任第三軍軍長、李濟深任第四軍軍長、李福林(102)任第五軍軍長、程潛(103)任第六軍軍長、李宗仁(104)任第七軍軍長、湖南唐生智(105)任第八軍軍長，在訓練總兼監督下，積極訓練部隊，準備揮師北伐。

一九二六年七月九日，在廣州市東校場，誓師北伐。蔣出任北伐軍總司令，分三路向江西、湖北、福建三省進軍，但是將主力放在湖北方面。第一軍第一師向江西，第二師向湖北，第三師向福建前進。父親此時在第二師第四團任中校參謀長，團長是陳繼成老師（師長劉峙），對父親相當信任。團屬第一營營長趙定昌(106)、第二營營長陳琪(107)、第三營營長李延年(108)，都是黃埔一期同學。

全團官兵彼此之間，精誠團結，感情融洽，大家興高采烈，士氣高昂，紀律嚴明，是一支訓練有素的革命部隊。從廣州出發，踏上征途，第二師以武漢爲攻擊第一目標。北伐軍第一、四、七等三個軍所屬部隊由廣東區江起，開始徒步行軍，往湖南、廣東邊境的九峰嶺，進入衡陽，再沿湘江北進，經過長沙、岳陽而進入湖北境內。北伐革命軍從廣州出發，經過一個月的長途行軍，軍威雄壯，紀律嚴明。大軍所經過的地方，秋毫無犯。雇用挑夫，報酬優厚，絕不留難。住民房，不損一草一木，臨走一定打掃清潔。喝茶水，自動給錢，互相退讓。以數萬之眾的大軍，經過數千里的行軍，沒有聽說發生任何擾民的事情，確實不愧爲一支和民眾緊密結合的革命軍。當時行軍所到之處，沿途民眾，無不歡欣鼓舞，讚揚嘉許，備茶送粥，等待道旁，供官兵飲用，眞是如古書上所說的「簞食壺漿，以迎王師」，軍民一家的氣氛，充分表露無遺。父親親自參與這場歷史性的戰役，帶領全團官兵，千里跋涉，投入戰場，心情愉快，不覺辛勞，每次回憶當時的情景，都覺得興奮自豪無比。

北伐軍於一九二六年九月二日到達武昌城外，並立即就戰鬥位置。當天高級軍事會議，決定以第一軍第二師、第四軍和第七軍一部攻武昌，第八軍攻漢口、漢陽，切斷敵軍對武昌的增援。李宗仁爲攻城司令，陳可鈺(109)爲副司令，都是軍閥吳佩孚(110)的直系軍，佈防於湖北境內粵漢鐵路線上的汀泗橋北岸。經過九月三日開始，北伐軍一晝夜的猛攻，吳軍不敵敗北。吳佩孚挾他在南口大敗西北軍馮玉祥(111)的氣勢，親自率軍督戰賀勝橋。吳雖曾在戰場上擊斃馮軍團長，並將該團長人頭懸掛在火車頭上示懲，仍然無法阻止吳軍的潰敗。

經過父親所屬的北伐軍第一軍第二師，乘勝追擊到武昌城下，將武昌城予以包圍。城內敵方守將劉玉春、陳嘉模兩個師長，緊閉城門，準備作困獸之鬥。北伐軍第一軍第二師和第四軍的一部，奉命擔負攻城任務。這時候，敵方旅長馬濟殘部千餘人，還盤據在武昌東方青山附近。父親奉命率領兩營兵力，攻擊青山的敵軍，經過激烈戰鬥將敵人擊退後，立刻在徐家棚車站設立團指揮所（第二師第四團），準備進一步向武勝門攻城。因為長江江面巡梭的敵艦，和城內敵人的炮兵，聯合對徐家棚父親所在的四團指揮所陣地，猛烈炮擊達兩小時，四團遭到相當大的傷亡，父親也差一點被炮火擊中。之後，四團再調到洪山附近，準備再度攻城。父親率部在第一線偵察地形和敵情時，突然被敵軍的流彈，射穿軍帽的頂端，形成一個大洞，但居然頭部沒有受傷，可以說是幸運地逃過一劫。攻城的第四日（九月六日），漢陽守軍劉佐龍陣前起義。七日，第八軍第二師渡漢水攻佔漢口。自二日攻城開始，武漢三鎮已有兩鎮被攻佔，吳佩孚逃往河南信陽，留下兩萬多部隊死守武昌。

北伐軍經過一週的圍城，雖然和守城的敵軍互有傷亡，但終於因為敵軍優勢炮火，攻城並無進展。上峰決定放棄進攻武昌，而轉向支援第一軍第一師對江西方面的攻擊。父親所屬的第一軍第二師奉命乘火車趕往江西西部萍鄉，準備加入對南昌的攻城戰役。因為北伐軍在兩湖（湖南和湖北）戰場上取得勝利，孫傳芳(112)與奉系張作霖同意，相互支援聯合對抗南方的北伐軍，便集中全力於江西迎戰北伐軍，北伐戰爭的重心也由兩湖轉移到江西。九月上旬，北伐軍分三路進軍江西。這時候，北伐軍在江西戰場上的部隊已有第二、第三、第六軍和第一軍的兩個師。從九月六日起，先後攻克贛州、萍鄉、修水、高安等地，前進到南昌郊外。九月六日，父親所屬第二師第四團，團長梁自厚（113），團附熊綬雲（114），所負的任務，是擔任德勝門、撫州門的攻擊。

攻城之前，在七星鋪準備高約一丈五的竹梯十五具。由父親率領爬城隊在黃昏時，在爆破人員炸開德勝城樓後，實行爬城攻擊。想不到，城樓還未炸毀，城上敵人已經發覺。父親的攻城隊遭受敵人猛烈炮火射擊。攻城隊冒險強行爬城，但又發現居然竹梯高度不夠，無法攀登城上。所有爬上梯頂者，全被射死倒地，爬城攻擊宣告失敗。這時，全團部隊都已衝鋒到城牆腳下，既不能登上城牆，又不敢向後撤退，進退維谷，形成僵局。

不久，城上敵人，又以燃燒彈向城外街道投擲。有多處房屋起火燃燒，城外火光通明，攻城部隊完全暴露在敵人的視線和火網下。同時，撫州門附近，有數百敵人，由城下陰溝潛到城外，和左翼第二師第五團，發生黑夜混戰，情況不明，十分令人憂慮。雪上加霜的是，城上敵人，又以手榴彈向城外投擲。四團在挨打情況下，傷亡很重，危在旦夕。團長、團附和父親三人，聚在一起，團長梁頭部受傷，團附熊陣亡，父親雖然沒有中彈，但也無法使戰況好轉。雙方僵持到深夜，師長（劉峙）下達撤退命令，才指揮全團，撤到後方整補。接著，又奉命轉進到南昌南方的生米街，渡過贛河，開往奉新整頓部隊。因為父親四團傷亡過重，縮編成兩個營，每營戰鬥兵力，已少到不足兩百人。部隊整頓後，立即又開往南潯鐵路的樂化車站附近，參加對孫傳芳部隊的作戰。

這次戰役後，後方傳說父親陣亡，是因為戰況激烈，通訊不靈所導致。因此而以訛傳訛，後方也傳此消息，使得在廣州的家人誤以為父親在南昌之役為國犧牲，極為悲傷。

二十三、南昌攻城

一九二六年九月十九日，第六軍第十九師乘虛攻佔南昌城，孫傳芳急忙從南潯鐵路（南昌——九江）沿線和樟樹地區調兵反擊。由奉新向南昌攻擊前進的第一師在牛行受挫，傷亡頗大。第十九師遭孫軍優勢兵力圍攻，於二十三日突圍，撤向奉新地區。九月中旬，第七軍和第一軍第二師奉調從湖北武昌入江西增援作戰。北伐軍進攻南昌的主力，主要是第六軍萬餘人，另有第一軍第一師。第一師師長王柏齡沒有執行先切斷南潯鐵路的命令，使孫傳芳從容增援攻擊南昌及其附近的北伐軍。

據說王柏齡進入南昌後得意忘形、夜宿妓院尋歡作樂，敵軍突然進攻，該師因軍中無主，與敵軍剛一接觸，幾乎全軍覆沒。王柏齡和黨代表繆斌隻身逃脫。九月二十一日，北伐軍退出南昌。二十二日北伐軍再次攻入南昌，但二十四日又退出。鄧如琢（爲孫軍的五省聯軍贛軍總司令）部於二十四日入城以後，閉城三日，開始大肆捕殺配合北伐軍入城者。

當南昌圍城，久攻不下之時，上海方面軍閥孫傳芳，派遣五個步兵師、一個騎兵大隊，開到贛北增援，在南潯鐵路沿線，從九江到牛行車站，佔領背水（鄱陽湖）的一字長蛇陣。北伐軍在十月十一日的南昌攻城戰鬥中，損失慘重。第一軍第二師第五團團長文志文(115)和第六團團長張漢章(116)，雙雙在這次戰役中殉職身亡。父親所屬的第二師，奉命於十月十三日暫緩南昌攻城，從武昌增調第四軍入江西作戰。部隊分三路進攻：右翼軍於十月二十日攻佔撫州，切斷孫軍入福建的通路，從東南進逼南昌；左翼軍截斷南潯鐵路，向永修推進；北伐軍主力則由西向東攻擊孫軍，在樂化車站、馬廻嶺等重要據點，給予敵軍痛擊。孫軍不支，向鄱陽湖旁的吳城鎮潰退，企圖由水道乘船逃回老巢——南京。南昌守軍棄城潰逃，被殲滅萬餘人。十一月八日，北伐軍終於佔領南昌。

父親的第一軍第二師奉命爲追擊部隊。他指揮的第四團爲前衛攻擊部隊，取捷徑向吳城鎮追擊前進。部隊推進到漢口渡附近時，發現殘敵約四、五千人，大炮十餘門，騎兵百餘人，正由西向東潰退，並且正在漢口渡附近，用漁船三艘渡河。父親身為團參謀長和團附李延年（團長梁自厚在後方治療頭傷），認爲是大好殲敵的機會，於是各率兵力一個營（每營不足兩百人），對敗退渡河的敵人，一面攔腰側擊，一面迎頭痛擊。殘餘敵人因爲前有水阻，後有追兵，驚慌失措，混亂至極，除拼命逃散者外，都繳械投降。共計俘虜敵官兵三千餘人，步槍兩千餘枝，大炮十四門，馬三十餘匹。

父親第四團以三、四百人兵力擊潰並俘虜十倍以上的敵人，假如被敵人發現實情，起而反抗，恐怕很難應付。所以就對俘虜宣佈，每人憑每一槍機發款十元。目的在使他們的槍機和槍身分離，解除他們的戰鬥力，來防止他們反抗。好在，沒過多久天就黑了，後續部隊第六團也在深夜時趕到，父親才放下心，並對俘虜實行嚴格管制。此次戰役，父親率領北伐軍第一軍第二師第四團，打了一場漂亮的以寡敵眾的勝仗，所獲得的戰利品，因本身人數不足，只好將其暫時散置於戰場地上。第二天清晨，第六團全團將它檢收，並向上峰報備。後來上峰居然將所有繳獲的武器和戰利品，全數列爲第六團的功勞，實在不公平。

二十四、離開北伐、兵工涉險

一九二六年年底，江西北部戰事結束後，父親所屬第二師第四團駐防在九江附近的沙河。團附李延年和父親二人，都覺得這次的追擊戰役，四團戰功很大，團長的空缺一直遲遲未補，按理應當由李延年和父親二人中，升任一人。沒料到，竟然發表章烈(117)前來接任團長。父親和李延年倆都覺得心中不平而心灰意冷，兩人決定離開四團，另謀出路。當父親奉准離職時，部隊繼續向浙江前進。李延年因此無法獲准離職，部隊進入浙江後，章烈調任杭州公安局長，李才升任團長。

父親離職後，一時並無適當去處，於是就回江西南康家鄉一趟省親。又因為廣州傳說父親在南昌陣亡，恐怕留住廣州的家屬發生問題，就由江西回到廣東。父親自一九二四年秋天，黃埔軍校畢業以來，參加多次東征戰役到北伐初期開始到此，已經東征北討兩年多，戰場上的生涯，暫時告一段落。

在接下來的三年多裡（父親二十二歲到二十五歲），是父親暫時離開北伐戰場，開始迎接另一段充滿挑戰而令人難忘的人生經歷。一九二七年春天，父親二十二歲，回廣州後，剛好遇到在廣州石井造幣廠舊址內，成立了兵工試驗廠的黃埔軍校文素松老師（擔任廠長，少將軍銜）、賈伯濤同學[118]（任黨代表）、黃奮銳同學[119]（任政治部主任）。他們幾位邀請父親擔任該廠副總隊長，負責兵工管訓的任務，父親沒有多加考慮就欣然接受。

該廠自孫中山領導革命以來，一直是革命黨人和黃埔軍校東征武器彈藥的供應來源重地，有員工五百多人，又專門製造八二輕迫擊炮。八二輕迫擊炮在當時是軍中新武器，各部隊都想得到它，但是又不知如何操作和使用。所以，就由該廠創立迫擊炮訓練班，由父親兼任班主任，集結下級軍官四十人，施行訓練。父親對於迫擊炮知識，完全不瞭解，居然要他負責訓練幹部，實在是件困難的事，但又無法推辭，只好勉強接下來。

首先就是搜集歐美各國有關迫擊炮的資料，再參考本廠生產的產品結構和性能，花了半個月的夜間休息時間，父親獨自一人，閉門造車，苦心專研，大膽編出「迫擊炮操練及使用要領」小冊子，作爲訓練幹部的教材。後來，不僅軍中都採用此教材來訓練士兵，連陸軍官校訓練學生所編的迫擊炮操典草案，也都以此本操作要領爲藍本，很少修改。

這消息是四、五年後，陸軍官校上校迫擊炮教官鄧經儒[120]告訴父親的（鄧教官就是父親先前主持的迫擊炮幹部訓練班學員之一）。父親對此感覺非常欣慰，但不敢對別人說起，因爲這是外行人閉門造車的成果。父親在兵工試驗廠服務了半年，廠內的政治氣氛發生變化。新任廠長黃騷[121]，聽命於總參謀長李濟琛，有不利於北伐軍的陰謀。

父親曾運用全廠黨員大會，發動反對運動。不幸被先發制人，對方將父親及另外同事三人，扣押於廣州河南士敏土廠總司令部內，立刻手鐐腳銬，送往廣州公安局，想置父親和三位同事們於死地。幸好，李濟琛當時還沒有公開叛亂，經過總部軍衡科黃科長等，仗義執言，替父親等說項，雖然得免一死，但還是被拘禁在總部禁閉室內，不聞不問，長達半年之久。

等到後來，張發奎[122]率軍反李（濟琛）佔據總部時，父親覺得非越獄不可，才乘秩序混亂的機會，逃出總部。之後，再搭上英輪潛逃到上海。事後才知道，如果當時不逃走，也會因黃埔學生身份關係，遭張軍殺害。又幸運地逃過了另一次命運的劫數。

二十五、浦江緝私及從警涉險

一九二七年秋天（父親二十二歲），由廣州越獄脫險，潛逃到上海後，剛好遇到容海襟同學（123）接任江蘇五屬緝私局長，派父親擔任浦江遊巡隊長。該局任務，以緝私鹽及鴉片菸土爲主。管轄有緝私部隊十五個營，三個遊巡隊：一爲江海遊巡隊，一爲浦江遊巡隊，一爲內河遊巡隊。

遊巡隊任務，除了直接緝私外，還須防範緝私隊舞弊，它的性質有如軍中的憲兵。浦江遊巡隊隊部設在葉樹，擔任黃浦江上自十六鋪到吳松口一帶的巡緝任務。因爲常有舞弊走私及勾結受賄的情事，緝私幹部，常常每夜聚會在虹口酒家中，花天酒地，盡情揮霍。這樣的做法和父親的性格不合，不願和他們同流合污，所以導致人緣不佳，執行任務不順，不到三月，就辭職而去。離職時，隨身只有餘款約四百元。別人都嘲笑父親太愚笨，不懂發財之道，但父親只有一笑置之。

一九二八年初（父親二十三歲），剛剛離開江蘇緝私局的職務，投入三十二軍新編第一師充學兵隊長一職。軍長是黃埔軍校老師和東征時的老長官錢大鈞，駐軍在上海，師長是由副師長蔣超雄同學代理，駐在常州。父親對學兵隊的訓練，曾經下過一番苦功，頗有成效。不久，三十二軍改編爲第三師，毛炳文（124）任師長，新編第一師縮編爲第十四團，由蔣超雄任團長，父親任第三營營長，官階仍爲中校。

在縮編中，大多數人都降職，父親卻由隊長改任營長，大概因爲訓練學兵，成績尚算優良的結果。本團最初駐在蘇州五團營房訓練，後又移駐蚌埠新營房，時間約半年。江蘇省政府新上任民政廳長繆斌(125),請調蔣團長為銅山縣長。父親知道知己的直接長官要離職,也就辭去營長一職,另謀發展。

一九二八年夏(父親二十三歲),江蘇省政府民政廳長繆斌,派父親出任鹽城公安局長。到職後,他發現地方情形複雜,治安狀況不良,鄉間有搶匪千餘人。城內的警察大隊又和土匪暗通聲息,公安局長責任重大,工作艱巨。幸好有一個省屬警察大隊駐防在縣城,大隊長楊蔚(126),充分支持公安局,危局得以勉強穩定。沒料到改組派阻撓,興風作浪,大局相當混亂。省屬警察大隊,奉命調離本縣。縣長嚴錫九,見形勢不妙,藉故離開縣城,他的職務依法應該由公安局長代理。父親認為只有一百餘人的警力,無法執行保衛本縣的任務,也在夜間設法離開縣城。

第二天清晨,城外搶匪,在城內警察大隊的內應下,攻陷縣城。事後,聽說土匪恨父親不和他們暗中合作,一定要置父親於死地。幸好及時離開,否則,一定遭匪徒殺害。省府對鹽城的失陷,並未對父親指責,調職了事。

一九二八年秋,離開鹽城公安局長一職後,江蘇省政府調派父親為警官學校第二隊隊長。該校由保定軍校六期出身,曾擔任黃埔軍校教官的嚴爾艾(127)擔任教育長,校址設在鎮江南門外老營房。父親在校三個月,工作平淡而無可記述。後來,成立學警總隊,由蔣超雄同學任總隊長,陳德法同學(128)任總隊附,父親任第一大隊長,邵存誠同學(129)任第二大隊長。各中隊長、區隊長，多半是原來三十二軍的老幹部。全總隊共有招募來的學警一千多人，預定六個月後，派爲警察部隊班長。總隊各級幹部，都是老同事，精神團結，工作努力，訓練非常成功。各學警分發工作後，多能克盡職責，發揮受訓的功能。

一九二九年初（父親二十四歲），學警總隊結束後，蔣超雄同學調任江蘇省水警第五區區長，父親擔任該區第一大隊長，區部和第一大隊部，都設在江都縣的瓜州。主要任務，是負責南京和江陰間船舶運鴉片菸的緝私。

四川雲南所產的菸土，多由宜昌利用外國輪船，偷運到長江下游各地銷售。偷運及下貨方法，是用油布包裝菸土，上裝一個小電燈，由船商在夜間拋入江中，使它在水面下依水流方向浮流到預定地點，再由接收人按位址拾取。水上警察，必須在漢口佈置眼線，隨船監視。一旦發覺它的拋包處，便可通知緝私人員，按水流路線在菸包停止處緝取它。

只要認眞緝私，十之八九可以成功緝到。貪污舞弊者，往往受賄放私，甚至緝到菸土隱瞞不報，私售中飽，確實是貪污者發財的大好機會。父親對這項工作，不感興趣，所以無時不在另謀出路中。尤其是以返回軍中工作，作爲優先考慮。

二十六、四任團長，重病戰場

一九三〇年六月間（父親二十五歲），得到陸軍第三師師長錢大鈞老師和老長官的保舉，由蔣介石批准出任師屬補充第三團團長，官階升為上校。師部駐在武昌山東會館，補充團則駐防在武昌左營，從事新兵訓練工作，時間為四個月。第一期訓練完成，補充團人員在精神教育、生活訓練、制式教練方面，已打好優良基礎。

同年九月，錢師長正在日本參觀考察秋操期間，本師忽奉命改編為陸軍第十四師，由陳誠老師接任師長。全師多數重要幹部，以錢去陳來，心有不平，引起誤會，發生暗潮。不久風波雖然暫告平息，但團長九人中，竟然有四人發生調動。父親覺得軍人應該以服從命令為天職，長官的去留，是上峰的事，部屬不應該憑私見而有所好惡。師改編後，轄三個旅九個步兵團。父親改任獨立旅第一團團長，仍然駐防於左營，開始對部隊作第二期訓練。預定訓練時間三個月，著重於精神教育和戰鬥訓練。由於幹部的負責盡職，同心協力，訓練期滿後，本團已成為相當優良的部隊，可以派上戰場擔任作戰任務了。

一九三一年春（父親二十六歲），陳誠師長升任十八軍軍長，轄十一和十四兩師，原十四師獨立旅，改編為陸海空軍總司令部攻城旅，轄兩個步兵團，一個坑道營，由李延年同學任旅長，父親任第一團團長，高振鵬(130)任第二團團長，歸十八軍軍長指揮。此時，國共合作從一九二七年四月二十一日「清黨事件」之後，已經完全破裂。部隊改編後，開往江西，本團在贛南寧都、廣昌、宜黃、樂安一帶，和共軍有多次小規模接觸，沒有大戰。之後，本旅調到吉安、吉水地區，歸右翼指揮陳銘樞(131)指揮，在共軍根據地東固、富田、水南一帶，展開行動，但都沒有發生大規模戰鬥。等到本旅駐防吉安時，父親因另有工作安排，堅決辭去現職。離開後，本旅擴編為陸軍五十二師，李明任師長，仍然歸十八軍軍長指揮。

沒過多久，「剿共」失利，李師長陣亡。全師除原來由父親所率之團，因訓練較優，保存實力外，其他部隊，損失相當慘重。這就證明了，軍隊的戰力，必須依賴平日訓練有素為基礎。一九三二年一月(父親二十七歲)，父親離開攻城旅後，就到武昌就任八十九師、五二九團上校團長。該師由武漢要塞部隊改編而成，原來是由錢大鈞老師擔任師長，因為錢師長升任第十三軍軍長，師長由湯恩伯(132)繼任，旅長則一向由張雪中同學擔任。本師在武昌整訓後，開往湖北麻城、黃安一帶，參加河南、湖北、安徽邊區對徐向前部的戰鬥。

父親在部隊進到白馬斯河附近時，因為誤吃了有毒的桐油炸的小魚乾，立刻上吐下瀉，頭昏眼花，全身疲乏，舉步維艱，只好由擔架兵抬著行動，不敢請假治病，以免貽誤任務。經過了兩天，病情仍然沉重。湯師長前來陣地巡視時，見父親病重，下令立刻送到後方黃安野戰醫院治療。但是因爲該醫院醫藥缺乏，無法治療，又立刻轉送到宋埠後方醫院醫治。當經過黃安以東十里鋪時，因該處有守軍一營，剛好因爲換防而暫時成眞空地帶（接防部隊未到，交防部隊已走），突然遭到土匪一百多人襲擊。此時，前有河阻，旁有匪襲，父親以爲自己必死無疑。幸好護送的看護和擔架兵，乘土匪正在下山前來的機會，迅速抬著父親涉水渡河，到達河對岸後，才告脫險。

父親在宋埠醫院休息了十幾天，將病治好，除了向湯師長電告外，立即經河南南部光山趕往經扶歸隊。回隊後，團長職務，已經派副旅長陳大慶同學，正式接替。湯師長命父親前往南京軍校高級班受訓，心雖然不願，但仍然服從。後來聽說張雪中旅長，因爲父親的調訓，曾極力反對，並在電話中與湯師長大爲頂撞，而無結果。可見湯當時是刻意要除去父親團長職務的。

二十七、特別任務

一九三三年（父親二十八歲）春，由河南八十九師駐地到達南京後，前往陸軍官校報到，沒想到高教班早已開學，沒獲得教育長張治中[133]准許入學。父親在工作上形成眞空脫節狀態。當時華北長城沿線，抗日戰事激烈，北平軍分會內，亟須設立政治訓練處，來聯繫各個不同派系和背景的部隊，協同作戰。擔任政訓處處長的是劉健群先生[134]，他正在南京物色幹部，父親被劉羅致擔任宣傳大隊長。

名爲宣傳，實際上是擔任軍以上的政訓處長。當時華北作戰部隊，多數是東北軍，其次是西北軍。中央軍只有第二、二十五、八十三等三個師參加作戰。最需要設置政工人員，加強聯繫，增進關係的部隊，是東北軍。所以在南京舉行幹部講習時，是以針對東北軍爲工作對象。講習中張麗先生特別交代兩件事：一、須首先消除部隊長誤認政工人員是情報人員的疑慮。二、單獨會見高級將領時，絕對不可以將手伸到背後褲袋取物，以免對方誤會爲取槍行刺，而遭到警衛先下手的危險。

劉處長要求各個工作人員，要做到使部隊長信賴中央，聽命中央，尤其要將部隊動態，隨時報告軍分會。講習後，各大隊長先前往北平，再分別到分派的部隊報到，展開工作。一九三三年春，父親被派定爲第十一宣傳大隊長，配屬於第四軍團萬福麟(135)部。萬原先兼黑龍江省主席，退入關內後，所轄的部隊，共有十一個步兵師，一個騎兵師，兩個炮兵旅，是東北軍的主力，佈防於開灤地區。

父親首先攜帶軍委會公文，及委員長和北平軍分會主任何應欽私函各一件，前往萬軍團長的豪華住宅（北平槐樹胡同某舊王府）會見。因爲有兩封特別私函的介紹，萬本人對父親相當客氣，表面上順利接受命令，設立宣傳大隊。於是父親就立即前往開平軍團部，成立隊部，開始工作。在萬部工作期間，各高級將領，待父親如上賓，防父親如盜賊，工作推展非常困難。當軍團部及直屬部隊，決定在某一天深夜撤退出開平時，並未通知父親的宣傳大隊。等到拂曉後敵人騎兵接近開平，父親才發現情況不妙，匆促撤退，差點被敵人抓到，成爲日軍俘虜。

父親在萬部擔任政工的四個月中，對該師動態，大多做到隨時報告軍分會，並使各高級將領對中央的疑慮，減去不少。尤其是第二師師長沈克，從此暗中脫離東北軍，聽命於中央，確實是一大收穫。

當華北抗戰告一段落時，父親奉命調升江西保衛第一師師長，官階升爲少將。照例要先晉見委員長，請聽訓示後，再前往到任新職。因此，在一九三三年夏，離開北平，前往江西廬山。父親到達廬山晉見委員長時，剛好是駐防在河南商城的七十五師宋天才(136)

部，對師屬政工人員，發生極大反感的時候。政工人員也同時向中央密報，該師好像有圖謀不軌的意圖。委員長當面命令：「暫緩接任保衛師長，先到七十五師當政訓處長，消除該師對中央的懷疑，並促使該師開到江西對共軍作戰，任務達成後，再接任師長一職。」所以父親就前往河南商城，接替七十五師政訓處少將處長職務。到任後，發覺該師並沒有不軌企圖，但是對政工人員懷疑，確是事實。因爲該師長出身行伍，目不識丁，一旦發生誤會，不容易使他回心轉意，所以導致成僵局。

父親到職後，在生活上，和中上級幹部，多方面接近，打成一片，建立感情。在工作上，處處表現關心協助官兵，解決問題，有益部隊，使他們能信任政工人員。三個月後，大家相處已經很融洽，父親決定帶宋師長長途跋涉上廬山晉見委員長。晉見後，宋師長觀念態度大爲改變，曾對父親說：「現在我才知道，委員長這樣誠懇，這樣慈和，這樣愛護部下，我決定遵照指示，將本師開到江西聽命令行動。」所以，父親算是圓滿完成任務。

宋師長回到商城後，果然服從命令，立即開拔入贛。部隊經過南昌時，軍委會增加他經費，補充他武器，使宋部官兵，對中央由衷信賴、擁護。不久，宋師長攜帶金藍譜來拜訪，一定要與父親成爲異姓結拜兄弟。雖然他的年齡比父親的母親還大，仍然向老太太行跪拜大禮，一片至誠，令人感佩。任務達成後，一九三四年初（父親二十九歲），奉命離開七十五師，前往泰和就任江西保衛第一師師長。

二十八、初任師長

國共兩軍的衝突，日益加大。共軍自一九二八年由江西井岡山基地，遷移到瑞金、會昌一帶後，使國軍的「圍剿」行動更加困難。後來，軍委會改用「三分軍事，七分政治」政策，施行所謂的「穩紮穩打，廣築碉堡，緊縮包圍」的戰術，結合健全保甲，組訓民眾的政治手段，再配合成立地方自衛武力，以期奏效，才有了成立三個保衛師的計畫。

每一個師指揮四、五個縣屬自衛團，另編一個直屬團，為支援部隊。按計劃成立三個保衛師，第一師師部設於泰和，第二師師部設於宜黃，第三師師部設於寧都。各師長人選，原來是由江西省主席，兼軍委會南昌行營主任熊式輝，保舉他的舊屬人員充任。但委員長都未核准，而是以三位江西籍，黃埔一期，參加過東征、北伐的將領擔任師長。

發佈的最後人選為：父親為第一師師長、張雪中同學為第二師師長、史宏烈同學為第三師師長。因為當父親還在七十五師任政訓處長，負有特殊任務時，師長職務，暫由熊主任先派蕭治平代理。直到一九三四年四月，父親在七十五師的任務完成後，再到泰和沿溪渡，接任第一師師長的職務。

第一師轄吉安、泰和、萬安、遂川等四個自衛團，及一個直屬團，兵力約五千人。武器方面，以步槍、輕機槍爲主。人事方面，除四縣自衛團長，由縣長兼任外，其他幹部，多屬富有作戰經驗及熟悉地方情形的本地人擔任。駐防地區，跨沿贛江東西兩岸，贛江以東爲共區，贛江以西爲國軍防區。四縣縣城，除萬安在贛江東岸，其他都在西岸，但萬安縣城，有該縣自衛部隊駐守。

父親的第一師採用的是遊擊戰術，來達成保衛地方目的。經常以三百到五百人的兵力，不分晝夜，由萬安縣城出發，深入共區，遇少數，予以襲擊，遇多數，則化整爲零，各部隊自己選擇熟悉道路，返防集合。如此戰術，多半奏效，很少損失。因此，贛江西岸駐防的友軍，可以高枕無憂，養精蓄銳，有利於大規模的戰鬥。同時，因爲共軍不敢接近贛江沿岸地帶，使江上的船舶交通，能夠不受侵擾，通行無阻，收穫很大。

江西設立保衛師的計畫，原來出自熊式輝的建議。本來是計畫成立十二個師，武器由行營撥補，經費由省府負擔。這個案既奉委員長核准，熊又身兼軍政要職，大權在握，照理由經費應該不成問題。但事實上，第一期三個師成立後，經費一直都沒有著落，實在令人不明白其原因。因此，三個師長就連袂上廬山晉見委員長，希望解決困難問題。晉見時，才知道成立保衛師計畫，因省府缺乏經費，已經打消，已成立的三個師，應該立即裁撤。

委員長曾取出記事簿面諭：「各保衛師向行營所領武器，應繳回行營。」父親等自然應該遵辦。事後打聽，才知道熊主席對此事，所以出爾反爾，是因爲師長人事，未能如他的意安排吧！

熊本身不是黃埔出身，憑著自己的保定和留日的軍事教育背景，以及靈敏的政治眼光和官場的適應力，可以說一直官運亨通，扶搖直上。一九二六年國民革命軍北伐時，熊擔任獨立第一師黨代表。他在南京陸軍第四中學和保定軍校的同學，就是獨立第一師師長賴世璜。賴是保定軍校畢業，一九二七年任十四軍軍長，因爲與桂系將領白崇禧及黃埔嫡系的劉峙恩怨接仇，在同年年底因案被槍決，罪名是「克扣軍餉，畏縮不前」。

熊是賴案當年的舉報人，但是在一九二八年，熊卻向國民政府蔣介石請求對賴世璜平反，並准照追贈陸軍上將因公亡故例議撫恤。該獨立第一師，後來改編爲第十三軍，熊任軍黨代表，並兼任第一師師長。一九二八年，第五師成立，熊任師長。他以下的副師長劉士毅、胡祖玉和三位旅長：胡祖玉、周渾元、劉士毅，及到一九三三年拆分出來的第九十六師師長周渾元和副師長蕭致平(137)等，清一色都是江西人，也是熊的親信。熊利用一切機會和權利，提拔並安插自己的班底。在設立江西保衛師的人事安排上，他的態度也是如此。

父親到職擔任江西保衛第一師師長不到四個月，就奉命辦理結束。除了停止指揮各縣自衛團，和繳回行營所領的武器外，關於師部與直屬團的結束事宜，本來很簡單。因爲直屬團原來由省屬保安團撥併，歸還省保安處，就可了事。但是沒料到直屬團團長蕭敷誠（前代理師長蕭治平的姪子），不知被誰唆使，竟向父親的第一師師部，大索裁編費用。上面不發錢，下面猛要錢，眞是故意爲難，無理取鬧。父親以強硬態度令蕭隨父親前往省府索取，後來省府秘書長電話制止，才告無事。父親爲此事，非常生氣，各縣要聯合舉行的歡送會，也憤而謝絕。決定回到南昌，聽候行營安置。

二十九、主辦軍訓，兼理役政

一九三四年七月，父親年二十九歲，奉派爲軍委會南昌行營中將參議，家住南昌北壇，正是無官一身輕。當時，廣東少女楊秀瓊，人稱她是美人魚，到南昌表演游泳，一時轟動洪都南昌，掀起一片游泳的高潮。父親和張雪中、史宏烈兩位同學，三人剛剛交卸師長職務，閒暇無事，也想一起學習時髦，湊合熱鬧。每天下午，都到寮洲頭或勵志社後面江邊游泳場，學習游泳。一個月以後，游泳技巧大爲進步，身體也結實了不少。

不久，共軍在江西戰事失利，向西撤遷，退出江西（就是所謂的一九三四年十月開始爲期兩年的戰略性轉進「長征」）。南昌行營，移往武漢，父親的行營參議職務，也跟著遷往武漢行營。

一九三五年夏，父親三十歲，正奉命擔任江西省國民軍事訓練委員會主任委員一職，主管高中以上學校的軍訓，並負責黃埔學生江西調查處主任工作。另外還有一項對外不公開的重要任務，就是擔任「復興社」江西幹事會總幹事一職。在政治活動上，責任相當繁重，也遭遇當地黨政兩方面人士的側目猜忌，工作的環境相當惡劣。因此，父親對各項工作，特別謹愼努力，在學校軍訓及「復興社」務方面，進展相當迅速。

在留省黃埔同學的工作方面，父親也表現的非常團結合作，省內政治活動上，形成一股不可忽視的潛力。對這一個發展形勢，省政當局十分重視，也深表不安。父親的態度是，只要做事光明磊落，爲國爲民努力，任何人都沒有必要覺得不安或憂慮。父親主持省國民軍事訓委員會，除了對高中以上學校的學生，平日實施軍事管理與軍事訓練外，每年暑假，還對高中及大專在校二年級學生，實施集中軍訓一個月。

江西省一九三五年學生集訓，在南昌西山萬壽宮舉辦。一九三六年學生集訓，是在梅嶺新營房舉辦。兩次都是由父親以高中及大專院校集訓總隊長名義，負實際責任。學生經過集訓後，思想、精神和軍事學術，大有進步。此後，一切言行與活動，自然都聽命於軍訓會，而不重視教育廳。

省教育廳長爲此極爲不滿，曾簽報熊主席說：「學生有事不找教育廳，實在悲哀。」可想而知，當時的學生軍訓，平時訓練及集中訓練都辦得有聲有色，是當時江西知識青年津津樂道，十分嚮往的一項重要課外活動。對他們個人的人生觀和生活規律的養成，都產生了非常正面和深遠的影響。也對後來江西知識青年，踴躍從軍報國，加入抗戰愛國的行列，產生了極大的推動力量。父親對自己在這個職務上所做出的貢獻，頗感自豪。

自一九三六年（父親三十一歲）起，國民軍訓的範圍，更加擴大，除了學生軍訓外，更開始實施社會軍訓。具體辦法是，各縣市成立訓練所，由省軍訓會派人員擔任所長。每一個縣市成立一到三個壯丁隊，輪流召集壯丁一到三百人，實施兩個月軍事訓練，以爲將來兵員需要，打下基礎，也爲未來可能發生的對抗日本侵略的戰爭，充實武裝準備的力量。所有訓練的事項，都由軍訓機關，指揮監督。這個措施，推展的相當順利，而且大致都能達成預期的效果。

父親還向訓練總監部，領得三八式教育用步槍一萬二千枝，每枝配有子彈五十發，分發各縣市，少的五十枝，多的達二百枝，以供壯丁訓練之用。沒想到這個舉動，卻引起了熊主席的猜疑和誤會，認爲父親在變相建立武力，對他將有不利的行動。這完全是熊個人的猜測，不是事實。爲了消除他的猜疑，父親決定將壯丁訓練的計畫，改爲分區成立督練處，將壯丁集中訓練。原先發給各縣市的教育用槍，改爲發給自衛隊使用。同時，以經費困難爲理由，取消各縣市訓練所。壯丁訓練原來的計畫，因此無法貫徹實施，確實可惜。

儘管如此妥協，熊主席與父親之間，裂痕愈來愈深，對立愈來愈尖銳，幾乎到了水火不容的地步。這或許是因爲，父親是黃埔子弟，執行蔣委員長練兵抗日的政策，積極發展「復興社」有成，而遭到政學系出身的熊主席的嫉妒和猜疑所致。一九三六年八月，父親開始兼任江西潯饒師管區司令（直屬長官是軍政部部長何應欽），司令部設於九江，是陸軍第十一師的徵兵管區。

原先由十一師師長彭善同學[138]兼任師管區司令，彭司令調回原部隊後帶職入陸軍大學將官班受訓。師長職務由德國考察返國的黃維同學[139]接任，並推薦父親兼任師管區司令。到職後，努力推廣徵兵業務，績效相當優良。第二年初，因爲國民軍訓業務繁重，無暇兼顧，父親堅決辭去這一兼職。但辭職後，又奉命兼任省兵役副司令（省主席兼司令），所以仍然繼續兼理役政。

三十、與省主席的矛盾

一九三六年十二月，發生了震驚中外的「西安事變」。國民政府西北「剿共」副總司令張學良(140)和第十七路總指揮、西北軍領袖楊虎城(141)於十二月十二日，發動「兵諫」，將蔣介石扣留於西安，目的是逼他接受「停止剿共，改組政府，出兵抗日」。最後，蔣被迫接受停止「剿共」，一致抗日。但當事件剛開始時，消息傳來，南昌舉城驚慌，青年學生熱血沸騰，到處成群結隊，演講呼籲，要求中央出兵討伐。

當討伐令下達後，有幾個省府當局，主張「聯省自治」。熊主席當時出差在外，自蘇州拍回省府電報，也囑付「聯絡鄰省，維持治安」。他用意爲何？令人費解。但事件之後，日本軍閥也看出，在蔣領導下的中國統一抗日戰爭，遲早要到來，不得不加速對中國的武力侵略，導致抗日戰爭提早於一九三七年七月七日盧溝橋事變後全面爆發。西安事變後，父親和熊式輝之間的矛盾，日益嚴重。

父親於一九三七年初（父親三十二歲），又兼任設立於南昌近郊望城崗營房的「軍官教育團」團長。辦法是，以各縣市被裁軍訓人員爲隊職幹部，輪調保安部隊下級幹部，每期一千二百人，給予每期三個月嚴格軍官教育。此訓練績效極爲優良，受訓期滿分發工作者，表現都非常好，而且有一百多人獲得保送陸軍官校深造。軍官訓練團總共只舉辦兩期，但因為時局及經費的關係，只好結束。

「復興社」的社務繼續發展，在各個崗位的重要幹部，大多已成為「復興社」社員，確實能在動盪不安的國內形勢下，發揮一股安定團結的作用。另外，黃埔同學還辦了一份《健報》，立論正確，消息靈通，鼓勵抗戰，對於有礙革命的言行，毫不留情地給予嚴正批評和指責，可以說是一股正義之聲，對導正社會風氣，團結抗日，有積極的貢獻。

一九三七年秋（父親三十二歲），熊主席在廬山向蔣委員長控告父親「干涉司法，干涉行政」，一定要去父親而後快。父親和《健報》社長李錕[142]同學，奉召上廬山見蔣說明原委。蔣聽了詳細報告之後，當面訓示：「革命工作目的，自應達到，但方法須因時因地制宜。」再下令：「《健報》可以不要了。」下山回到南昌後，侍從參謀鄧文儀同學[143]來電話：「奉諭轉知，《健報》即日停刊，李錕即到法院投案。」父親只好遵辦，但李到法院投案後，立即獲得交保候傳，久無音信，不了了之。從此以後，父親與熊的關係稍有改善。

自從蔣指示父親在與熊主席的關係上，凡事要「因時因地制宜」，父親就改變作風，埋頭工作，不問是非，盡心盡力為省政效勞，希望改善與熊的關係。例如：國府林森[144]主席來江西巡視時，教育界人士，以不滿熊平日的所做所為，推出代表五十人，攜帶控狀，準備向林攔車告狀，熊擔心事態擴大無法收拾，托父親設法打消此事。

抗戰軍興後，江浙一帶流亡青年二千餘人，由浙贛鐵路湧到南昌，紛紛要求救濟生活，安置工作，使得省府窮於應付。父親動員有力人士，做出迅速妥善處理，將一部分流亡青年轉送到職幹第一團桂永清(145)同學處，收容受訓，另一部分遣送大後方避難，還有一部分比較優秀者，就在各社團中，設法安置工作。

另外，駐防贛縣的保安第五團和一部分地方武力，被迫將要發動叛變，熊為此非常擔心。父親為了化解這個危機，冒險前往和他們溝通說服，他們終於同意調防贛北，因而沒有造成叛變等事，使得熊主席一改以往敵對父親的態度，開始處處表示好感和配合。

校長的提醒，果然有效。但也因為父親作風改變和熊配合後，卻觸犯了「復興社」的內規。

社裏上級負責人周復(146)認為父親不該與熊妥協，竟傳父親到武漢組織內，過堂問案，頗有對父親加以處分之意。

所幸，父親答以：「一切作為，均遵照校長之命令，難道有錯？」最後終於安然過關。

三十一、蘭封參戰，苦戰失利

一九三八年五月（父親三十三歲），他去武昌出席軍訓會議。桂永清同學當時擔任十三軍（後改為二十七軍）軍長，邀父親出任四十六師副師長，必須立刻趕往河南參加對日寇土肥原的蘭封會戰。十三軍管轄四十六和九十六兩師，四十六師原來是教導總隊所改編，裝備優良，訓練有素，師長由李良榮（147）同學擔任。

父親覺得可以在優良部隊擔任軍職，又有機會參加抗日戰爭，毫不遲疑，欣然接受。他分別向「軍委會訓練總監部」及「江西省政府」，請辭國民軍訓主任一職務，同時推薦柯建安（148）同學接替遺缺。匆忙收拾行李，就趕到武漢，隨軍出發前方，參加作戰。這戰役因為指揮調度不當，加上白崇禧率六個師，但只令四十六師對強敵攻擊，以至蘭封失守。全師傷亡近半，旅團營長傷亡十三名，軍長桂永清和師長李良榮都遭到撤職查辦。另外，第八軍軍長黃杰（149）也同樣遭撤職查辦。同時，八十八師師長龍慕韓（150）同學，因在此戰役作戰不力，遭到處決。

父親雖然從頭到尾參加作戰，但因為副師長任職令，還在「軍委會」收發室，按規定應該算還沒有到職，不予處分。對父親來說，這是一次客串作戰，大吃敗仗的經驗。數千名戰友袍澤爲國犧牲，多位同學遭到懲處，令人飲恨恥辱。戰後，南昌軍訓主任職務已由柯建安同學接任。父親對此時的心境曾說：「如同啞巴吃黃蓮，有苦說不出。無可奈何，只好返回南康，暫時休養，等待機會。」

一九三八年七月，父親在蘭封戰役失利後，回到家鄉南康不久，江西省府熊主席邀請父親到南昌會談。見面後，知道十八軍軍長黃維同學，率領五個師開到南昌來防守，向熊提出兩項要求：一、必須父親擔任南昌警備司令，以免作戰時發生後顧之憂。二、構築江西南北兩面國防工事，以鞏固防務。

因爲南昌警備任務，長久以來是由賴傳英(151)擔任，省府不肯更換人。所以熊決定在省保安司令之下，除了轄保安處外，另外加設政治訓練處，和國防工事工程處，以蕭淑宇(152)爲政訓處長，以父親爲國工處長。該處成立後，父親立即按計劃構築國防工事，四個月後，所有以南昌爲中心對北面的工事，和以大庾嶺爲防線對南的工事，都已經構築完成。後來因爲十八軍移防他處，工事才告終止。

三十二、再任師長，重慶受訓

一九三八年冬天，熊主席想要以省屬十個保安團，改編為兩個陸軍師，呈獻給委員長祝壽，並保舉曾戛初和父親，分別擔任這兩個師的師長。兩個師的番號為第五、第六預備師，曾擔任第五預備師師長，父親則為第六預備師師長，前者在鄱陽編成，後者在贛城編成。撥歸預六師的保安團，為保安第五、第十兩團，加上贛南賴天球(153)、王廷驥(154)、劉卓夫(155)等三個團，總共五個團。

第五、第十兩團的團長是蕭大鈞及周忠恂(156)，他倆的為人相當幹練，部隊的素質和裝備也較優良。但是其他三團，不但實力不足，背景複雜，而且問題頗多，是不容易駕馭的部隊。他們三團主要是在一九三四年「剿共」時紅軍西撤後收編的雜牌部隊。其中有抗戰開始，中共派陳毅收編的紅軍殘餘之後，招撫而成。他們絕大部份來自贛南，都不願遠離別處，就成了半部落式的地方武裝。

一九三九年初，即使有蔣經國的督練處輔導，並給予經費支持，又以「蔣太子」身份經常對他們講話，曉以大義，共同抗日，都沒有得到太大的效果。再加上有粵北第九集團軍團總司令吳奇偉，及參謀長吳德澤（是父親同縣同鄉之熟友）幕後策動下，以團長劉卓夫爲首腦，聯合三團反對改編。

賴天球和劉卓夫是大庾（今大餘）人，王廷驥是信豐人，他們三人都是保定軍校出身，也是老資格江西籍賴世璜將軍（第五師師長）的老部下。每人各統領一個保安團：賴團駐南康，劉團駐大餘，王團駐信豐。名爲保安團，可是事實上幾乎是危害地方，欺壓百姓的土匪民團，他們不聽命於任何人，連當時的省主席熊式輝，也不放在眼裏。他們和熊同是以前賴世璜的老部下。北伐時，熊是賴師長的黨代表。後來賴因被控暗通汪精衛，被白崇禧以「克扣軍餉，畏縮不前」以軍法處決，當時通風報信告密的人，就是他的部下熊式輝。後來熊還接收了賴的部隊，成爲第五師師長。在賴、劉、王三個保安團長的眼裏，熊是個背信忘義，冷血陰狠的人，所以成立民團，與熊式輝和省保安部隊作對。

一九三九年初（父親三十四歲），預六師師部設在贛縣荷包塘魏宅。保安第五、第十兩團，已遵命開到贛縣，改編完畢。贛南的三個團，因爲劉卓夫只可以擔任團附，無法安置爲團長，非常不滿。又因爲預六師改編完成後，應該立即納入國軍第二軍建制，遠離贛南，該三團官兵心理，發生恐慌。還有另一個重要因素是，第四行政區督察專員公署（蔣經國辦公室），積欠了該三團經費，無法清還，也成爲一個糾紛問題。這時候，粵北十九集團軍，存心爭取預六師，編歸該集團，使父親處於極爲惡劣的環境下。由於以上種種原因，贛南的三個團，就藉口而遲遲不肯接受改編，幾乎釀成重大事變。父親爲了息事寧人，顧全家鄉安全起見，決定辭去師長的職務，讓位他人，來平息這場爭端。

父親辭去預六師師長一職後，奉調爲「軍政部」部附，在一九三九年底（父親此時三十四歲），到達重慶報到。一九四〇年年初，又奉派到復興關，「中央訓練團」黨政班第七期受訓，並且擔任第二中隊長，四個星期受訓期滿，以成績優良，被留團繼續擔任中隊長，直到第二年（一九四一年）夏初第十四期結業爲止。在團受訓服務期間，曾向團部提供許多教學意見，多半被採納，因此受到獎勵和優良考評，在〈「中央訓練團」黨政班受訓〉一節，已有說明，不再重複。

一九四一年夏初，在重慶「中央訓練團」黨政班十四期結業後，蔣委員長起先要父親擔任「政治大學」軍訓總教官，但父親以志在帶兵，不願意擔任。經過設法奉准改派傅亞夫同學[157]擔任該職務，但傅又因爲另有高就，無法到職。蔣責備父親，久不到差，再下條子：克日到差，否則要以抗命論罪。所幸十四期結業後，「政大」和「中訓團」都開始放暑假，員生可以休息一段時期，父親才獲得批准暫緩到差，請假回南康老家一趟。準備暑假期滿，再前往「政大」報到就職。

三十三、三任師長，加入抗戰

一九四一年的四月底五月初（夏初，父親三十六歲），父親回到南康不到三天，就奉命接替陸軍第一九四師師長，官階仍爲中將。先到江西上饒，晉見第三戰區司令長官顧祝同老師，再往金華就職。一九四師原駐防浙江寧波，師長一職由陳德法同學擔任。一九四一年間，日軍第五師團第九旅團海軍陸戰隊，配合僞軍一部，附大小兵艦二十餘艘及汽艇百餘艘，在多架飛機掩護下，於四月十六日開始炮擊鎭海。十八日，日軍在鎭海強行登陸，猛烈突進直撲寧波。但敵我雙方兵力火力相差懸殊，陳師無法固守而失陷，部隊損失相當大。

事後，第六戰區長官部報請「軍委會」處分師長，陳師長遭免職。並保舉黃埔一期同學蔣超雄接替師長，但蔣介石則在原任命狀上，將蔣超雄的名字劃掉，改派由父親接替。這或許因爲父親在「中訓團」一年多期間，擔任學員及中隊長表現優異，獲頒獎章及教育長好評，蔣最終在結業考評書上批示「仍以師長優先任用」有關。

一九四師轄五八〇、五八一、五八二等三個團。五八〇團還算完整，五八一團損失了一半，五八二團是空無兵員。全師官兵只剩兩千人，所以奉命調往衡陽整訓。父親接了部隊後，由浙江金華出發，行軍經過江西東部時，剛好遇上江西北部的「上高會戰」。該師又奉命歸九戰區司令長官薛岳(158)指揮，改開往江西北部清江（今江西樟樹市）待命。父親率領一九四師，於一九四一年五月中到達清江時，「上高會戰」已經結束，就在該地駐防，一面佈防警戒，一面加緊訓練，等待下一次的作戰任務。

「上高會戰」自一九四一年三月十五日開始，到同年四月九日結束。是第九戰區副司令長官兼第十九集團軍總司令羅卓英(159)將軍指揮，並定下決勝的戰略：「利用既設陣地，逐次抗擊，誘日軍進入上高地區予以圍殲」，以粉碎日軍企圖攻佔江西西北戰略重鎮上高，經新餘、清江，東渡贛江，騷擾樟樹、豐城，掠奪物資財富，而攻取南昌。上高的地形險要，丘陵起伏，易守難攻。國軍採用磁鐵戰術，誘敵深入，加以殲滅。

兵力部署是羅的十九集團軍加上三十集團軍，共十一個師，總兵力約十萬人。日軍以三十三和三十四師團為主力，加上獨立二十混成旅團，海陸空總兵力約六萬五千人，以十一軍團司令官園部和一郎為總指揮。這是國軍和日本侵略軍，在江西西北地方，以上高為中心，所進行的一次大規模的、聞名中外的「上高會戰」，又稱「錦江會戰」、「鄱陽掃蕩戰」。該戰役是中國人民八年抗戰中，戰績最為輝煌、並取得關鍵性勝利的著名戰役之一。

在二十五天的大兵團浴血奮戰中，官兵奮勇殺敵，在沒有海空軍支援的劣勢下，憑著大無畏的犧牲精神和落後的武器裝備，擊斃傷日軍一萬五千餘人，並虜獲大量武器、戰馬和軍用物品，重挫日軍戰略意圖，取得了輝煌戰績。父親的一九四師這次擔任預備隊，雖然沒有參加戰鬥，但也覺得無上光榮。不幸的是，國軍在這場戰役中，也付出了沉重代價，傷亡官兵達兩萬餘人。

三十四、第二次長沙會戰

一九四一年六月，歐洲戰場上蘇聯和德國戰爭爆發，日本軍國主義集團爲了早日結束中日戰爭，企圖摧毀國軍的反攻力量，以解除他南進時後顧之憂，決定加強它在中國戰場的軍事壓力。因此，日軍自八月中旬起祕密集結五個師團，三十艘以上軍艦，一百架以上飛機，部署總共約十二萬人兵力在岳陽、臨湘地區，由第十一軍司令官阿南惟幾指揮，準備再次進犯長沙。其戰略計畫是兵分二路兩個梯隊，直取長沙。直到同年九月初，第九戰區司令長官薛岳才得到情報，日軍頻繁調動，判斷他有南下企圖。

蔣介石下達戰略指導大綱，命薛岳「誘敵深入至長沙附近地區，將其包圍殲滅之。」爲了牽制日軍集中，及確保長沙，「軍委會」下令第三、五、六戰區迎戰當面敵軍。除用部分兵力在江西北部、湖北南部和湖南北部，襲擾日軍後方外，薛岳指揮並集中十二個軍和三十三個師，一部在新牆河、汨羅江、撈刀河佈防，一部在株洲地區機動，逐次抗擊日軍的進攻；作戰目標在引誘日軍在汨羅江以南、撈刀河兩岸地區將他殲滅。

日軍第六師團兩個團首先在一九四一年九月七日，分別由忠防、西塘地區出發，在飛機掩護下從東、西、北三面圍攻大雲山。國軍四、五十八軍各一部英勇抗擊，日軍不敵，敗回大雲山以西地區集結。十日後，於十八日拂曉，在楊林以西狹窄地帶，日軍主力強渡新牆河，遭中國四、五十八、二十軍阻擊。後來，日軍突破國軍防線，到二十一日全部渡過汨羅江。此時瀏陽、株洲地區第九戰區部隊依計畫逐次加入戰鬥。父親的一九四師在戰區副長官羅卓英直接指揮下，於九月十五日率領全師從原部隊駐地江西清江，開往長沙附近的永安市，行軍路程約二百五十公里，限時七天以內到達。

當時沿途大雨不停，氣候惡劣，行軍非常困難，羅副長官每晚都以電話向父親查詢行軍進度和狀況，並囑咐不可延誤到達期限。幸好，全師官兵精神振奮，士氣高昂，紀律嚴明，刻苦耐勞，克服困難，僅費時六天半，就提前到達目的地。羅深表滿意，大為嘉許。

父親率領全師到達長沙以東週邊的永安市後，奉命立即加入友軍參加對永安以北地區日軍的追擊作戰。此時，二十六軍、七十二軍、七十四軍從瀏陽方向側擊日軍；十、三十七、七十九軍及父親一九四師、暫編第二軍等一起從長沙東正面迎擊日軍，而四、二十、五十八軍則攻擊日軍後方。到一九四一年九月二十六日，雙方決戰於撈刀河南岸。當時，日軍發現已經逐漸落入我方的包圍口袋裏，所有部隊拼命全力進攻，想立刻拿下長沙。二十七日，日軍便衣隊、傘兵攻入長沙市區，但全部被我軍殲滅。此時，國軍各部對接近長沙的日軍實施圍殲。

日軍在南北夾擊下傷亡慘重，彈盡糧絕，被迫於十月一日決定向北突圍撤退。我各軍繼續追擊，日軍於十月五日渡過汨羅江，十月八日渡過新牆河，雙方形成對峙，第二次長沙戰役結束。

由於一九四師馳援作戰表現出色，九戰區長官部曾向「軍委會」建議，將父親的一九四師和第五預備師，合編爲第六十六軍，在沒有核准前，因爲羅副長官調往印度遠征軍任職，編軍一事，沒有實現。不久，一九四師奉命編入七十九軍建制，駐紮在長沙附近，補充整訓。這次長沙第二次會戰，從戰術上說，由於九戰區出現指揮失誤，下達作戰命令的無線電報多次被日軍竊收並破譯，使國軍陷入極大被動，也付出了相當大的傷亡代價。

日軍雖然最後攻入長沙，但是因為日本正積極準備發動太平洋戰爭，對中國戰場「要求速戰速決」，再加上日軍連日作戰，糧彈耗盡，後勤補給線過長，最後決定撤出長沙退回北面陣地。

但是，從戰略上來看，因為日軍並沒有擊潰九戰區主力。而在三十天的戰鬥中，自身卻付出了兩萬餘人傷亡代價，被擊落飛機三架，擊沉汽艇七艘，陣地完全恢復到原點，攻佔長沙的戰略計畫宣告失敗。

在這次會戰中，第六戰區乘他處日軍空虛，主動對宜昌的敵軍發動猛攻，日軍死傷慘重，面臨徹底覆滅危險，宜昌日本守軍十三師團長內山英太郎，已寫下遺書準備率全體軍官切腹自殺。

是阿南司令官，緊急派第十一軍主力撤出湘北援救宜昌，十三師團才逃過一劫。在宜昌戰役中，國軍殲滅日軍七千人。所以，整體來說，第二次長沙會戰的勝利是屬於國軍的。

三十五、第三次長沙會戰

一九四一年十二月七日，日軍偷襲珍珠港，太平洋戰爭爆發。日軍為牽制盟國軍隊在廣州、香港方面的作戰，並打通粵漢鐵路，解除太平洋西岸陸地和空中的威脅，由在中國戰場的第十一軍司令阿南惟幾集合十二萬兵力，於十二月二十四日發動了舉世聞名的第三次長沙會戰。湘北日軍立刻強渡新牆河南進，猛撲長沙，聲稱「要打到長沙過新年」。

面對這一形勢，第九戰區長官薛岳召開軍事會議，總結第一、二次長沙會戰及上高會戰的經驗教訓，提出「天爐戰」的戰法。就是在日軍進攻的地區內徹底破壞道路，實施空室清野，設置縱深伏擊陣地，誘敵深入，以尾擊、邀擊、側擊、夾擊，使這一地區成為一個「天然熔爐」，將日軍圍殲於戰區內。會後制訂了新的作戰計畫。總的來說，就是堅持逐次抵抗，誘敵深入。以十三個軍（約三十個師）共三十餘萬人的兵力，由第九戰區司令薛岳指揮迎戰。

會戰一開始，發動湖南民眾以「焦土抗戰」、「與日俱亡」的悲壯氣概，一夜之間便使日軍無法在戰區內獲得一粒米一根草，所有大小公路也溝壑縱橫，使日軍重武器無法運送。一九四一年十二月中旬，羅卓英將他指揮的十九集團軍司令部由上高遷到瀏陽，指揮肖之楚第二十六軍、夏楚中第七十九軍及父親的直轄第一九四師，參加第三次長沙會戰。羅將此兩軍一師佈置於瀏陽、醴陵、株洲一帶，與王陵基集團軍相配合，對長沙近郊成百里側擊之勢。

十二月三十一日除夕（父親即將過三十七歲生日），來勢洶洶的日軍越過撈刀河、瀏陽河，從東、北、南三面對長沙形成包圍。此時，中國軍隊主力已轉移到外線，並相繼進入反攻地帶。一九四二年一月一日，羅、王部靜伏不動，待敵進入長沙近郊，即全線出擊。當日，日軍開始猛攻長沙城，守衛長沙城的第十軍軍長李玉堂(160)，率領將士抱定與長沙共存亡的決心拼死抵抗，使驕橫不可一世的「皇軍精銳」在長沙城下竟無法越雷池一步。

嶽麓山上的重炮群居高臨下，一顆顆炮彈向日軍傾瀉，日軍在長沙城下遭受重創。羅卓英命令二十六軍出永安市，楊楓壩向槊梨市，七十九軍及父親的一九四師出馬經營黃花市亦攻槊梨市，急速進軍，與楊森、王陵基集團軍密切配合，形成對敵包圍圈。經過四天血戰，挫敗日軍的攻勢。隨後，羅卓英任南方追擊軍總司令，率三軍窮追猛趕，追至桃林忠場一帶，與日軍對峙。在此同時，贛北之敵也全線出動，進犯高安、修水地區，配合長沙作戰，羅卓英在瀏陽遙控指揮，粉碎了敵軍的牽制計畫。

一九四二年一月四日拂曉，我軍形成對日軍的三面合圍態勢，彈盡糧絕的日軍狼狽突圍。我軍以秋風掃落葉之勢，將敵人殺得潰不成軍。殘餘日軍最後靠施放毒氣和空軍的掩護才得以逃命。到十五日，殘敵才僥倖渡過新牆河，竄返臨湘、岳陽地區原據點。經過了二十一天的戰鬥，第三次長沙會戰終於結束。

此次戰役日軍死傷五萬七千餘人，俘虜日軍中隊長松野榮吉以下官兵一百三十九人，繳獲步騎槍一千一百餘枝、輕重機槍一百一十五挺、山炮十一門、無線電臺九架及其他軍用品；中國軍隊傷亡官兵兩萬九千名。這次的勝利得到國內外一致的讚揚與認同：一九四二年一月一日，《新華日報》發表社論，盛讚長沙保衛戰的勝利；美、蘇、英、法等國記者到長沙進行了戰地採訪，英國《泰晤士報》發表評論說：「十二月七日以來，同盟軍唯一決定性勝利係中國軍隊之長沙大捷。」

美國陸軍參謀長馬歇爾將軍來電祝賀。美軍海軍部長諾克斯發表告中國人民書，盛讚這是同盟國家的共同勝利。國民政府向薛岳頒發了最高勳章——青天白日勳章。美國總統羅斯福授予薛岳將軍獨立勳章。這是太平洋戰爭初期同盟國一連串失敗中首開勝利的記錄，大大提高了中國的國際地位，並有力地支援了南洋英美盟軍對日作戰的力量。

三十六、贛東南城、宜黃戰役

第三次長沙會戰後，父親帶領一九四師駐在長沙，經過幾個月的整訓，再度投入戰鬥。日軍不甘於在中國戰場上戰事進展的不順利，尤其是自一九三九年九月第一次長沙戰役以來，日軍沒有達成其戰略目標，付出極大的傷亡代價。

爲了扭轉局面，日軍在「第三次長沙會戰」失敗的四個月後，於一九四二年五月十五日，再一度向中國第三戰區部隊發起進攻。浙江的日軍與江西東部的日軍同時出擊，企圖打通浙贛線，摧毀衢州軍用機場，進而消滅浙贛鐵路沿線的國軍。一九四二年五月二十五日，日軍未覺察三戰區主力已轉移，仍按原計劃以四個師團的兵力向金華、蘭溪地區進攻。國軍第八十八軍全體官兵在敵人進攻的線路上，大量埋設地雷，又利用有利地形構築堅固陣地，以山炮、迫擊炮猛烈轟擊進攻之敵，迫使日軍每前進一步，都要付出慘重代價。

日軍以優勢兵力猛攻四天四夜，始終未能突破八十八軍防線。戰鬥慘烈程度到屍堆成山、血流成河的地步。陣地彈落如雨，一片火海。面對著排山倒海而來的敵軍，殺紅了眼的八十八軍軍長川將范紹增(161)在子彈打完，全軍一半傷亡的情況下，毅然端著刺刀，捆起手榴彈，與敵展開肉搏戰。全軍將士們保家衛國，血灑疆場，充分顯示了中國軍人，不懼日寇拼死命的本色。五月二十八日上午，日軍十五師團長酒井直次帶領參謀及副官騎著戰馬，親自到蘭溪前線督戰，在蘭溪北面三公里處觸到我軍埋設的地雷，酒井左腿被炸拋出半空，後不治死亡。當時，附近接連有其他敵人觸雷，隨行兵器部長、獸醫部長等人也命喪黃泉。酒井的陣亡，在日軍引起極大震撼。五月二十九日，日軍主力與我軍血戰五天五夜後終於奪取了金華與蘭溪。但這時他們發覺撲了個空，不但沒有包圍住第三戰區的主力，就是傷亡過半的第八十八軍，也不知道到哪兒去了。

浙江的日軍沿錢塘江西岸繼續西進，連陷金華、衢州、江山、玉山、廣豐。江西中部的日軍第四十師團和第三師團、第三十四師團的一部，沿浙贛線東進，六月一日，第三師團主力約六千餘人進占三江口，立即沿撫河東岸分向東鄉、臨川急進。六月二日，一部分竄入進賢縣城，另一股竄到李家渡。六月三日，日軍占據撫州城。而沿撫河西岸南犯的三十四師團金井支隊二千餘人已到達桐源圩附近。在半個月之內，撫州境內東鄉、臨川、宜黃、崇仁、金溪、南城相繼失陷。

戰爭形勢對中國軍隊十分不利，撫州半數地域都有敵軍活動，在樂安縣龔坊，發現敵軍千餘人，企圖向永豐縣竄擾；金溪縣滸灣的敵人則忙於架橋、徵集船隻，揚言大舉進犯金溪；南城縣萬年橋方面的敵人也企圖偷渡盱江，攻取金溪。當時駐紮在臨川附近的國軍，只有江西保安第四師，兵力十分薄弱。爲阻擊日軍南進，九戰區司令官薛岳令駐守湖南株州、瀏陽附近夏楚中[162]的第七十九軍，星夜馳援贛東，要求六月四日前全部到達臨川集結。再令歐震[163]的第四軍從湖南向江西移動，以策應七十九軍行動。同時，爲協同第三戰區浙江境內國軍作戰，薛岳令贛北、鄂南、湘北中國軍隊適時出擊，牽制敵軍，並令孫渡的第五十八軍從上高進駐豐城迎敵。

一九四二年五月二十五日，收到薛長官的命令，七十九軍立刻趕往贛東臨川迎敵作戰。七十九軍轄第九十八師、父親的一九四師暫編第六師。七十九軍軍長夏楚中，以趙季平[164]的暫編第六師爲第一梯隊，經醴陵、萍鄉、宜春、分宜、清江向臨川前進。以父親的一九四師、向敏思[165]的九十八師沿暫編第六師路線進發，軍部及直屬隊在一九四師後面跟進。全體官兵冒著連日豪雨，經過十天左右的急行軍，七十九軍於六月四日準時到達臨川、撫州附近後，全軍立刻策應第三戰區，與阿南第十一軍先頭部隊在臨川巷戰一夜。

第二天，日軍高橋多賀二的第三師團主力也抵達臨川，雙方激戰到午夜，日軍推進到撫州並佔領該地，進一步向南擴大戰果，企圖捕捉並包圍我軍主力。父親的一九四師奉命指揮江西保安第六團，共同防守南城。父親以本師主力兩個團（缺一營）佈防於城外西北一帶高地，以保安第六團防守城東北飛機場，其他部隊爲守城及預備隊。

一九四二年六月九日下午二時，日軍第三師團尾隨我九十八師，接近城郊，下午四時，在優勢的飛機和炮兵掩護下，向我城外西北兩面陣地猛攻，敵我雙方展開激戰，但被我軍擊退。黃昏時一部分敵人，迂迴到城南向我軍進攻，也被擊退，敵軍約五十餘人被我擊斃。但沒想到保安第六團，居然放棄防守飛機場，在深夜撤走。於是，敵人就乘虛而入由北門攻入城內，加上我師五八二團全部都是新兵，未能有效抵抗，使父親一九四師師部遭受襲擊，特務連傷亡過半，同時，城外守軍，腹背受敵，失去聯絡。不得已，父親下令城內部隊，向城東渡河轉進到洪門街。城外守軍，則由五八一團團長指揮，向敵後山區繞道轉進，該團一周後，才和師部聯繫會合。

一九四二年六月十日，南城淪陷。南城失陷後，敵人因攻城時，傷亡頗大，惱羞成怒，放火燒屋，整天多處大火不熄，燒毀民房三四萬戶，眞是慘無人道，令人髮指。十日拂曉起，九十八師及暫編第六師按軍部指示分別進入陣地展開兵力，阻敵繼續南進。當天，父親令一九四師的五八〇團第一營負責切斷南城宜黃敵人聯絡線，師主力轉往游家邊、騰橋、東館等地區構築防禦工事，以切斷敵人的運輸補給線。日軍攻陷南城後，損失很重，補給困難亟待休整。父親率一九四師於六月十二日拂曉到達游家邊、騰橋附近設下埋伏，多次阻擊敵人從陸路、水路運送補給物資，到十五日，日軍的補給已處於完全中斷狀態。

我軍繼續在南臨公路追擊敵人，到六月十七日晚，九十八師和暫編第六師利用黑暗迫近敵陣地，向敵攻擊前進，雙方激戰一整夜，我軍並無進展。父親的一九四師奉軍部命令先行佔領騰橋及游家邊，攻擊護路之敵，之後將師主力轉移於南城以北地區，攻擊南城敵人的側背。六月十八日四時左右，一九四師五八〇團一個營向騰橋的敵人作正面的攻擊前進，我軍終於佔領騰橋。

一九四師主力在十八日拂曉前乘敵不備，一舉攻佔了游家邊，切斷南城敵人的後路。六月十九日，南城日軍給養發生問題，加上後路又被切斷，城內敵軍軍心頓起恐慌，便在清晨七時開始分成兩路向臨川方向倉皇撤退。右路敵約萬餘名敵人向南臨公路上撤退，左路敵約萬餘名向宜黃方向撤退。日軍從南城撤退後，夏軍長令暫編第六師向敵人右縱隊追擊前進，令九十八師向敵人左縱隊跟蹤追擊，令父親一九四師繼續在南臨公路努力截擊敵人。暫編第六師在六月十九日晚上十時左右在游家邊以北地區跟上敵人，與敵軍掩護部隊發生戰鬥。敵人一方面掩護主力撤退，一面急忙向騰橋方向逃竄。

一九四二年六月二十一日，父親的一九四師和向敏思的九十八師集結在宜黃待命，趙季平的暫編第六師則留在騰橋附近監視東館的敵人。當天午後，東館方面敵人向撫州方向退縮。暫六師便進駐東館附近。當地民眾報告，滸灣方面敵軍有千餘名，每當午後三時到五時，便有大批日軍到撫河洗澡。二十三日晚，該師派出一個重機槍連和一個步兵加強連攜帶四挺重機槍和十五挺輕機槍，每個戰士攜帶乾糧前往滸灣撫河對岸設下埋伏。

六月二十四日下五二時，果然有百餘名日軍開始下河洗澡，不久又有不少日軍陸續趕來，到了下午四時，河裏已聚集了六、七百名的敵人。我軍埋伏部隊眼看時機已到，一聲號響，所有輕重機槍火力齊向河裏的日軍掃射。日軍遭此突襲，驚慌失措爭奔上岸，又被火力封鎖無法逃脫，霎時，敵人屍體蓋滿河面，河水盡紅。敵軍遭此挫折後，倉皇撤往撫州。

浙贛會戰從一九四二年五月十五日開始，一直持續到同年九月六日止，日軍作戰的目的是要打通浙贛線以實現拉近大陸交通線的目的，動員精銳九個師團以上的兵力十四萬人，採用鉗形攻勢，國軍則使用正規戰與遊擊戰以消疲憊日軍第六師團的竹原支隊，第四十師團的今井支隊，六十八師團的井手及平野支隊。國軍方面則是夏楚中七十九軍，含暫六師，九十八師和父親的一九四師，另外加上一百軍的第十九師。雙方經過三個多月的慘烈苦戰，互有傷亡。據日軍戰史記載，日軍死傷二萬八千九百多人，損失酒井師團長和其他幾位高級軍官，並失去戰馬二千六百多匹。

此贛東南城、宜黃戰役在一九四二年七月上旬結束。在近一個半月的戰鬥中，我軍解除了敵人佔領撫州的威脅，同時更進一步阻止日軍消滅浙贛鐵路沿線的國軍戰略企圖。父親指揮一九四師與日軍浴血奮戰，南城、宜黃兩城雖然失而復得，但是南城淪陷後，遭受日軍報復性焚燒房屋多日，城內居民財物損失巨大，父親爲此耿耿於懷，歷久不安。

三十七、升職離軍

贛東戰役後，在一九四二年十月（此時父親即將三十七歲），父親升任七十九軍中將副軍長。按當時規定，副軍長必須兼任配屬本軍的師管區司令，負責徵兵，並加訓練，以利兵員補充。七十九軍配屬的陵都師管區，司令部設於湖北公安縣屬申津渡，轄區是江陵、宜都、公安、石首等四縣。

父親升職時，力薦九十八師副師長龔傳文[166]，調升本師一九四師師長，因為龔過去在楊希閔所屬滇軍充任營長時，被我革命軍俘虜。經軍官學校訓練班受訓後，由於謝振邦[167]同學的介紹，得知龔傳文這個人驍勇善戰，所以父親力保他擔任營長（教導第三師補充第三團第一營），他由營長升到副師長期間，在帶兵作戰方面，的確有良好表現，所以父親就再一次力保他升任師長。

父親在一九四三年秋，到達湖北申津渡就任陵都師管區司令兼職，因為所轄江陵、宜都二縣，是敵人佔領地區，實際可以徵兵的，只有公安、石首二縣，頗感吃力，所以多方推動，希望能多徵兵員，達成任務。

陵都師管區各級幹部，費盡九牛二虎之力，才徵得新兵一千餘人，交由本軍派來的兩個補充團幹部，接受編練。後來因為敵軍侵犯，司令部及各補充團，先西遷到漁陽關，再遷到五峰縣。該縣地形崇山峻嶺，居民稀少，糧食奇缺，入冬以後，氣候嚴寒，冰凍封山，交通非常困難。而且東北兩方，有敵人威脅，西南兩角，又有苗民騷擾，練兵工作倍感不便。對兩個補充團，盡力加以訓練後，立刻命令開拔，回軍補充。

湖北五峰和第六戰區長官部所在地的恩施，相距不遠，也是六戰區管轄的範圍，所以必須和長官部保持經常聯繫，以便糧秣補給。因此，也常向陳誠(168)長官函陳情況。一九四四年夏，忽然接到陳長官函示，囑父親立刻向上峰申請前往桂林軍官教育團受訓，以備接受新任務（聽說內定升任某軍軍長）。於是呈報軍長核准，離開管區，經長沙、衡陽，前往廣西桂林報到。

一九四二年四月二日，「軍委會」任羅卓英為中國遠征軍第一路司令長官，歸美軍史迪威和英軍太平洋戰區司令指揮。同年十月，成立中國駐印度總指揮部，由史迪威(169)和羅卓英分任正、副指揮官。年底，羅與史迪威在軍隊掌控上發生重大意見分歧，蔣介石將羅調回國。

一九四三年五月，羅出任軍令部次長，不久再調任「軍委會」桂林幹部訓練團教育長。父親學習的將官研究班，由羅將軍親自主持。羅任十九集團軍司令時為父親老長官，並接受他指揮過幾場戰勝日軍的硬仗（如第二、第三次長沙會戰，浙贛會戰等）。在受訓的兩週期間，專門檢討研究對日軍作戰指揮，講習研究加上各個學員的親身對日作戰經驗，極爲認眞有效。兩週的專研，收穫極大。

三十八、抗戰勝利，歡聚上海

一九四四年夏（父親三十九歲），內定由七十九軍副軍長調升軍長前，奉命先到桂林軍官訓練團受訓，受訓期滿時，新任命還未發表，於是乘空檔請假回老家江西南康省親。回家後，剛好是九月初，湖南戰況漸轉激烈，衡陽淪陷，交通隔斷，父親被困於南康李村，進退維谷，相當焦急。

某日（應該是一九四四年九月七日）深夜，南康縣長高清岳，轉來蔣經國專員緊急電話說：「七十九軍王甲本[170]軍長，在衡陽附近冷水灘陣亡，『軍委會』通知（父親）火速回軍接替軍長，指揮作戰。」並約定必須在當晚拂曉前，趕到贛縣機場，搭乘蔣專員專機飛往桂林，轉前線就職。

當時贛縣淪陷，已是旦夕間事，而南康和贛縣間公路，已徹底破壞，不能通車。三十三公里的路程，幾乎不可能在二、三小時間，步行趕到與蔣會合。因此，父親繼續被困在贛南，無法歸隊，極為焦急懊惱，但又無可奈何。無論如何，以軍人的天職，絕不能坐以待斃，或被敵人俘虜。

父親不得已就在李村召集附近地方自衛隊千餘人，加以編組部署，填補章水西岸國軍防線空隙，與對岸日軍及偽軍賴紹棠部，周旋作戰。不久，賴紹棠在日軍唆使下，居然派人前來李村遊說父親說：日軍上層表示，如父親願意歸順，立刻派往總指揮一職，否則，就派大軍圍攻。父親斷然嚴詞拒絕以後，果然由日軍配合偽軍千餘人，分由南康、信豐二地，向李村圍攻。我方以裝備太差，為保存實力，以待時機起見，決定向西退到山區固守，並保衛隨行難民。之後在一九四五年七月，江西省府廖保安處長，由寧都派人告知父親，「軍委會」已有電令到第六戰區長官部，派父親籌組青年軍一個師。父親立刻前往長官部接洽，當正在上饒籌備調訓幹部時，抗戰勝利，日軍投降，編師已無必要，所以就此作罷。在此一階段，父親處境雖然非常惡劣，但他愛國抗日之心，絲毫沒有動搖。

一九四五年八月，抗戰勝利，父親由贛東經浙江到上海，本當返回七十九軍，服行副軍長原職。因三方面軍副司令官張雪中好友，薦請湯恩伯司令官，派父親為高參，擔任與徐州綏署的聯絡工作，所以就在上海待下來了。後來在徐州晉見綏署主任顧祝同時，認為適當，因爲三方面軍歸綏署指揮，綏署也正需要高級人員，加強聯絡工作。

在上海期間，因八年抗戰辛勞，難得輕鬆愉快，所以常和張雪中、陳大慶、鄭洞國諸位同學兼好友，歡聚遊樂，輕鬆消遣，度過了逍遙快樂的一年。一年後，張留在上海繼續擔任三方面軍副司令官，陳去了徐州擔任三十一集團軍總司令，鄭被派往長春任省主席，父親被調往昆明擔任十六軍官總隊長。父親的感言是：「大家經過八年的浴血抗戰，打敗了敵人，難得聚首上海，如今卻要分道揚鑣，各負重任，一場歡聚，煙消雲散。」

三十九、任職昆明，代表制憲

一九四六年七月，中央訓練團教育長黃杰，在南京約父親晤談說：「現在有雲南昆明和江西廣豐兩處的軍官總隊，情形複雜，常生事端，請選擇一處，擔任總隊長，只有選擇餘地，沒有去否的考慮。」父親當場選定昆明。第二天，就搭乘空軍專機，前往桂林。所乘飛機是C—46型運輸機，第二次世界大戰後，美軍已經報廢不用，我國則仍然珍視而繼續使用。由南京飛昆明，大約需八小時持續飛行。上午七時起飛，經過湖南上空時，機件發生故障，被迫降落芷江。幸而有驚無險，修復後，繼續飛行，在下午五時，到達昆明。從南京出發時，氣候還相當炎熱，降落昆明時，天降急雨，清涼如初秋，人的精神爲之一爽。

設在昆明的第十六軍官總隊，收容復員軍官一萬二千餘人，分編爲十五個大隊。原來由雲南警備總司令霍揆彰同學(171)兼任總隊長。父親接替後，知道總隊所屬復員軍官，不僅是最近復員人員，連民國初年唐繼堯時代，早已解甲歸田，年齡七十歲以上的幕僚，也有七百多人，收容在內。復員同時，變成動員，實在是一件怪事。同時，地方情形，也特別複雜，各個黨派及西南聯大左傾學生，到處公開活動，反對中央政府。處在如此複雜環境中，辦理復員業務，責任實在重大。爲了經常瞭解內外情況，以便妥善處理，曾選擇幹練可靠隊員二百人，編成兩個諜報隊，一隊對外工作，一隊對內工作，使總隊幹部消息靈通，在防止及處理事端上，獲益不少。

還有一件事，應該記述下來，就是當地補給司令部，送交十六軍官總隊的復員人員中有五百餘人，只有名冊，沒有其人，經費照撥，藏有弊端。因爲礙於情面，沒有揭發，後經過中央派員查實，由軍法執行總監的檢察官，就地槍決要犯三人，懸案才告解決。另外，有民主大同盟重要份子李公僕、聞亦多二人，在昆明被刺，釀成政治事件。中央派顧祝同老師前來調查，因爲軍官總隊人員眾多，份子複雜，很可能是復員軍人所做出的事。父親到職不久，情況不明，也不敢自信有無其事。幸好查明後證明是警備總部特務團人員所做，與十六總隊無關，父親才放下心來。霍總司令爲此事件受到免職處分，也算寬大處理。由於以上的原因，可以知道，當時辦理軍人復員工作，並不是件容易的事。

父親在一九三六年在江西主管國民軍訓期間，曾當選爲制憲國民大會代表。到了一九四六年冬，國民大會在南京召開。父親由昆明先飛重慶，再轉飛南京，出席大會。大會的代表有一千多人，除了共產黨代表一百餘人缺席外，其他各黨派代表，在一個多月的開會期間，出席相當踴躍，順利制定了憲法。在大會開會期間，江西省幹部訓練團教育長胡靜安(173)，不爲省主席王陵基(174)所容，急須換人。江西籍在南京開會的同學桂永清等，都一致推薦父親接替該職務，也獲得王主席的同意，並經報請委員長核可。

父親對於軍官總隊長這一職務，雖然因爲是非太多，急於求去，但脫離軍籍，訓練幹部，也並非父親所願。後來經桂永清同學相勸，中央對於各省市將逐步推行地方自治，以奠定行憲基礎，先培養地方自治幹部，爲了將來遠大前途著想，此一任務非常重要。父親瞭解新任務的用意後，才同意辦理軍職退役，接受新職，在制憲大會結束正式接到命令後，從南京直接前往江西南昌就職，沒有再返回昆明。

四十、由軍轉政，接掌民政

一九四七年一月（父親四十二歲），奉行政院令，被任命爲江西省政府委員，兼省訓練團教育長，於是由南京到南昌就任新職。省訓團設於南昌市下沙窩彈藥庫舊址。省主席兼團長，掛名但不管事，由教育長負全責。團部設訓育、督導、總務等三處，下設一學員隊，轄四個中隊，輪調各縣市一級主管及鄉鎮長，施以兩個月專業訓練。

父親到職時，全省調訓的幹部，爲數不到五分之一，所以以後需要調訓的幹部還很多，訓練的時間也很長。父親爲了增進訓練的功能，首先挑選人才，充實教師及隊職官人事，其次就是改進教育方式及教學方法。在教育方式上，以思想啓發方式，實施精神教育，以科學教育方法，實施業務研習，以軍事管理方式，實施生活訓練。

在教學方法上，爲講授與測驗並進，報告與討論並行，示範與演習並重。改進以後，氣象一新，各方面均隨時日增進而有不斷的進步。前後經過兩年，所有應該調訓的幹部，都已訓練完畢。一般基層行政幹部的工作能力，普遍增進，對地方行政效率的提高，確有相當貢獻。省府及各界人士，對省訓團都刮目相看，特加重視。此後，省主席換爲胡家鳳(175)先生，再換爲方天(176)，父親仍然擔任省訓練團教育長此一職務，直到一九四九年，因另有新任，才將此職交給楊耕經（177）先生接替。

父親返回江西任職之時，中央交付一項非正式的任務，就是在江西籌組全省性的建設促進會，將過去復興社優秀份子，納入組織，做爲骨幹。並以人民團體公開活動方式，協助政府，促進地方建設。父親在省訓團部署就緒後，就著手籌組建設促進會，各縣市原有復興社關鍵社員，聽到要重整旗鼓，都很興奮，踴躍參加組織，對恢復往日熱烈的活動，都寄予很高的期望。等到省縣兩級機構成立後，開始吸收社員，一時組織發展，相當快速。只是在業務方面，因爲經費困難，人員缺乏，而且又是公開活動的人民團體，受到很多法令的限制，所以工作推展不容易，績效也不太顯著，比起以往的復興社，實在有天壤之別。後來，國共內戰開始，時局日益緊張，各級幹部大都無暇兼顧社務，於是這一組織就逐漸消失於無形之中。

一九四九年（父親四十四歲），江西省政府及所屬各機關，由南昌撤退到贛縣，省主席方天，坐鎮吉安，指揮部隊，進行內戰。有一天，方主席回到贛縣，事先並沒有徵求意見，突然命父親兼民政廳長。父親知道他的用意，因爲父親是贛南人，地方情況熟悉，而且有幹部可以運用，當前全省只剩下半壁河山，臨危受命，義不容辭。父親只好接受，勉強盡力而爲之，在一九四九年四月份，接任民政廳長，在風雨飄搖中，支撐局面。

四十一、撤離省境，善後措施

父親接管民政以後，認爲極須要健全縣長人事，加重縣長責任，運用地方力量，配合軍事行動。父親於是在府會上提案並獲通過，由各縣臨時加設副縣長一人，一律以忠誠可靠，能力優良的在鄉軍人來擔任，輔助縣長，負責軍事，來配合軍事的需要。另外又通令各縣長，嚴守崗位，不得擅離職守。父親又命第四、八兩行政區督察專員，分別在贛湘粵及贛粵閩邊區，選擇地點，儲備糧彈，建立基地，以便隨時應變。

一九四九年秋，湖南和江西北部的共軍，繼續向南推進，華中白崇禧的部隊並未抵抗，迅速撤退到廣西。長沙的湖南省主席程潛，聽說有不穩的消息。贛南的處境，也開始危險起來。江西省政府，就由贛縣經過會昌縣的筠門嶺，做了短暫停留，見局勢已無法挽回，父親決定在胡璉(178)兵團的掩護下，撤離省境，退往廣東東部。從此，江西省政府已無寸土可以立足，成爲流亡政府。省府人員和眷屬，由陸路到達廣東梅縣後，改用船運由贛江退往潮汕。因爲沿江兩岸有土共李潔的盤局，所以由胡璉兵團在兩岸徒步行軍，擔任掩護。大部分人員物資，雖然安全通行無阻，但最後跟進的眷屬，有一部分不幸被共軍截擊，損害詳情，父親無法知道。

江西省政府和胡璉兵團，到達潮汕，羅卓英將軍，也同時銜東南長官公署陳誠的命令，到達了潮汕。所有軍政兩方高級人員，曾經開會討論重要問題：首先決定省屬保安部隊，應改編爲暫編第一軍，隸屬胡璉兵團，立即開往臺灣。第二，就是物色人員擔任潮汕警備司令，但一時並無結果。此時，江西省府也在汕頭召開了一次委員會議，主要議案有二：一是依法處理各督查專員和各縣市長的人事案，凡是有過失的，將他撤職，行蹤不明的，將他免職，還在淪陷區的，就將他停職；另一個議案就是討論，省府人員究竟應該退往臺灣，還是退往香港？

出席人員，各有不同意見，爭辯激烈，父親堅決主張退往臺灣，最後依多數意見，決定遷臺。正在此時，共軍進攻金門，戰況緊急，省屬兩個保安團，由海運迅速開往增援，在金門古寧頭獲得大捷，使得臺灣人心獲得安定，可以說功不可沒。

江西省政府決定遷臺後，所屬人員、物資、器材等，開始由汕頭向臺灣船運，父親也乘飛機抵達臺南。但是，省府一部分原來主張遷往香港的高級人員，則由汕頭前往香港，大家分道揚鑣，各奔前程。誰是誰非，誰福誰禍，當時固然難以預料，但從省府改組以來，在大局動盪不安中，推行省政，在軍情緊急當中，逐次撤退，一直都是精誠團結，意見一致。最後，竟然意見分歧，行動不一，令人不勝感慨！

Chapter 4

第四篇

退休生活

一、遷臺任職黨工民政

省府遷臺後，在臺灣臺中市設立辦事處，辦理結束事宜，由會計處長負責。在臺包括父親在內的江西省府委員，也曾開會數次，商討有關結束問題，大家都以爲須認眞辦理，貫徹負責到底的精神。結果，所有人員，給予資遣，所有八個保安團的人員裝備，大小汽車三十多輛，無線電臺十幾座，積存公款，辦公用具，和截角加封的印信等，都整理造冊，完全繳歸公有，絕無一分一物，留爲私有。

方天主席和全體省府同仁，此種公私分明，絲毫不苟的精神，確實獲得多方好評。結束辦理完後，行政院下令對省主席和委員，予以停職，這是對其他各省少有的處置，父親不禁自問：難道這是含有嘉許的意思？

一九四九年冬（父親四十四歲），在臺北市長安東路會晤蔣經國時，承他關注，要爲父親安置職位，事雖未成，盛情可感。第二年春，東南長官公署方天和李良榮兩位好友，也曾邀請父親擔任生產訓練班主任，又因此項業務歸臺灣省政府主辦，未能成功。當時，由大陸來臺各省的省主席及民政廳長，多半派爲「光復大陸設計委員會」委員，但是父親並未獲得此一職位，頗令父親不解，只有淡然處之。

父親在家閒居三年後，精神沒有寄託，生活也逐漸感到困難，就業需要，相當迫切。承詹純鑒（179）先生的介紹，於一九五四年春，到臺灣省高雄縣國民黨黨部，擔任紀律委員會常務委員。職位雖低，在職七年，獲得不少基層黨務工作經驗。尤其是以輔導黨員競選地方自治人員，問題很多，工作繁重，但都能一一達成任務。至於黨紀工作，父親覺得，因爲黨員遵守黨紀精神太差，黨對黨員違犯紀律者，處分太輕，很難做到賞罰公正，黨紀嚴明。此外，黨工人員本身，眞能守身如玉，廉潔自律者，少之又少。所以地方選舉，弊端百出，地方自治，影響特深，黨的改造，並未達到預期的成效，令父親相當感歎。

一九五五年春（父親已滿五十歲），被軍人之友總社聘請，擔任高雄縣軍人之友分社總幹事，這是一個新興社團，任務在獎勵民眾，敬軍勞軍，藉以振奮軍心，鼓舞士氣，促進軍民合作，加強團結力量。父親覺得這工作頗有價值，所以除了縣黨部的工作外，盡全力而爲之。在季節勞軍方面，每次都有豐富實物贈獻，在康樂勞軍方面，做得有聲有色，籌建軍人招待所，都比其他縣市先完成。發動捐獻軍人子女教育獎助金，每學期達百名以上，還有協助解決軍民糾紛案多件，創辦軍眷村幼稚園、診療所、托兒所等，的確發揮高度服務熱誠，達成總社期待任務。

到了一九五七年冬（父親五十二歲），因爲縣長兼分社理事長陳皆興（180），公幹在外，分社年節勞軍，經費周轉不靈，而時間又緊迫，促父親先向銀行貸款應付。陳兼任理事長表示不滿，彼此發生言語衝突，父親一氣之下，辭去總幹事兼職，專在縣黨部工作。父親在高雄縣黨部工作期間，對一般黨員的違犯案件，雖然難於徹底執行處分，但對黨工人員的違犯黨紀者，就認眞檢舉，絕不放鬆。

一九五七年夏，因縣黨部戴主任委員競選縣長，主委職務由書記代理，而書記在輔選期間，對於輔選經費，確有弊端。父親予以檢舉，反而為省黨部主委所不滿。因此，父親與書記二人，都不適合再在高雄縣黨部共事，也都須調職他處。當父親調職時，省黨部主委，以省黨部設計考核委員，和桃園縣政府民政局長二職，要父親自己選擇其一。父親以在大陸上雖曾主管過一省的民政，但未曾從事過縣市民政，乘此時增進基層行政經驗，很有必要，所以就選擇擔任民政局長一職，於一九六〇年十二月（父親將屆滿五十六歲），由黨工而轉業從事地方行政工作。

在民政局內，設有一般行政、社會行政、戶籍行政及山地行政等四課，工作人員約三十餘人，雖然是縣府首要單位，但實際上不如財政、主計、人事等單位為人所重視。父親到桃園縣上任民政局局長一職後，才知道地方情形非常複雜，派系對立更是尖銳，所以決定以超然立場，公正處事，努力工作，深得地方各界人士的推崇與合作，工作推行，順利無阻。

民政業務中，最繁重的，就是地方自治人員的選務工作。父親在桃園縣民政局長的十一年任內，共主辦過兩屆臺灣省議員和縣長選舉，四屆縣議員和鄉鎮市長、村里長選舉，一次中央公職人員包括立法委員、國大代表增補選舉。工作雖然艱巨，但都能順利達成任務。

其次是社區發展與村里衛生工作的推行及管理，前後曾建設社區三十餘處，完成改善一百二十個村里的衛生工作，成績都很優良，村里衛生工作成效特別突出。再其次就是戶口普查與統一換發國民身份證等，父親因爲主持以上各項重要業務，成績優良，曾獲得總統頒發金質獎章，和中央黨部、內政部、省黨部、省政府等各機關，頒發獎狀、榮譽狀多件，記大功二次，記功二十次，嘉獎二十一次之多。

筆者那時候，正在讀小學和初中階段，每當颱風來襲時，父親就二十四小時坐鎮在縣政府的防颱指揮中心，負責部署並指揮全縣防災和救災的工作，非常辛苦。風雨最大的時候，他總是乘坐他的公務吉普車，到各個鄉鎮察看災情。尤其是要到偏遠的山區去勘災以防土石坍塌、山洪暴發及交通中斷等嚴重災害發生，常常是要等到第二天風雨減小和災情穩定後才能回家。我們孩子們，一方面害怕在黑夜裏經歷狂風暴雨來襲的威力，吹得我們日式木造的房屋，隆隆作響，搖搖晃晃。另一方面，又非常擔心父親在風雨交加的夜晚到處勘災的危險。

父親對這個基層工作，所以特別努力的原因，是他年紀漸增，即將退休，想把握最後機會，爲國爲民竭盡棉薄之心力，多做些事而已。

二、告老退休，修身養性

臺灣公務員強迫退休年齡是六十五歲。在一九七〇年八月，父親在桃園縣民政局長職務退休之前半年，接到省政府命令兼任中台化工公司（中國石油化學公司屬下的子公司）董事一職。這是當時臺灣省主席陳大慶，爲多年老友，替父親安排的退休出路，也是唯一的最大幫助，父親由衷感激。

一九七一年二月一日，是父親退休生效之日，文職退休年資，加上在大陸江西省政府服務年資，總共約十五年，領得退休金七萬八千餘元新臺幣（折合美元不到兩千元），以當時的幣值和生活程度來看，實在不夠用來養老，更不用說養家。基本上，家中的一切開銷支出，多年來都是靠母親省吃儉用，偶而介紹土地買賣和搭互助會的額外收入來支撐的。

父親退休後專任中台化工公司董事，每月開會一次，並沒有其他事情，每月可以領取車馬費，最初是一千元新臺幣（折合二十五美元），後來增加到一千九百元（不到五十美元），可以說只是一個象徵性的報酬。父親退休時雖然年齡已滿六十五歲，但是精力並沒有衰退，工作意願也沒有減少，不過因爲公家人事制度所限，父親已經沒有機會，再爲國家社會效勞服務，在家閒散，虛度光陰，自己覺得十分可惜。

父親對美的觀念有他獨特的看法，他認爲：「世界萬物中，動物以人最靈，植物以花最美，人之愛花，亦所自然。花之種類甚多，就其美色與所吐芳香而言，可以大別爲三，即有香無色，有色無香，及色香俱全三類。」又說：「愛花者，自以色香俱全爲上品，次爲美色，再次爲芳香，余則願多聞其香，次求其美，所以最愛『王者之香』的蘭花。」

父親在江西南康老家，曾經栽培有墨蘭和素蘭一百多盆。在家的時候，一定親自細心照料，欣賞它的葉綠花香。後來因爲日軍佔據家鄉，把父親栽培的花卉蹂躪破壞無餘，令人惋惜。除了蘭花，父親最愛白玉蘭和桂花。每次遷居，只要新居有園地，一定要種植蘭花和桂花。桂花雖然無色，但花開時，清香撲鼻，其樂無窮。至於其他的花卉，不論是否具有香或色，他都喜愛，也常種植，更喜歡親自照料。他覺得愛花種花，既可以美化環境，又可以悅目養性，實在是一種高雅而有益的嗜好，值得提倡，蔚爲風氣，廣爲推行。

從一九七一年退休後，父親卸下了公務員的重擔，終於向例行忙碌的日子告別。但是仍然是每天清晨五點就醒來，就再也睡不著了。起床後，就開始到院子裏活動，舒展筋骨。分配的宿舍是日式的木造官舍，有相當大的庭院，父親每天花很多時間悉心照料院子裏的花木和果樹。在多種的花草中，他對蘭花和茶花特別欣賞偏愛。記得桃園老家大門一進門就有父親親手種植的一棵曇花，有一年終於「曇花一現」，花朵盛開，算一算足足開了近一百朵花，非常美麗奪目。父親高興的不得了，請了許多親友來觀賞，還拍下許多照片爲證，可惜這珍貴「曇花一現」的照片，在後來多次搬家中遺失了。

除了花草，父親在臺灣桃園家中還種了有多種水果，如枇杷、番石榴（臺灣叫芭樂）、木瓜、香蕉等，非常香甜可口。每當水果成熟的季節到來時，滿院的果樹結滿了果子，和枝葉隨風搖擺，非常好看。父親看著他平日施肥澆水培養的辛苦成果，時常展露他那掩不住內心喜悅的微笑，讓我們和親友們分享他的成果，他對自己的成果，總是無比驕傲自豪，吃不完的水果還分送鄰居親友分享。有一回我們的芭樂樹結滿了果子，樹枝伸出圍牆外，自然引來許多路人和頑皮孩子們的摘取偷食。結果有一個男孩爬樹摘果時不小心，從牆頭跌到我家院子地上，我們家養的一頭高大兇猛的德國狼犬，立刻朝著男孩撲上去，要不是父親及時遏止，男孩一定會被咬傷。

三、嗜菸與戒菸

父親自小就喜愛菸酒，這和他來自贛南內地山區的背景有密切關係。根據父親的記載，大約是在民國初年間（一九一七年——一九一八年），北洋軍閥部隊進駐贛南地區時，將香菸帶來的。在此之前，民間所吸食的菸，除了鴉片菸外，只有水菸、旱菸兩種。雖然兩種菸都是含有尼古丁的菸葉製成，但是水菸的煙，必須經過水菸袋的過濾，而旱菸的煙須經過長形的菸杆，所以吸入人口的尼古丁毒素，應該已經沖淡或減少，它爲害人體健康，似乎沒有香菸那麼強烈。

父親又寫道：「香菸問世初期，在我國內地風行者，爲哈德門、單刀、雙刀、品台、歡迎等品牌，均爲美國廠商出品，可知當時英美國帝國主義者，對我國之經濟侵略與毒害政策之深，既大肆推銷鴉片菸於前，又積極推銷香菸於後，令人痛恨不已。」父親自十四歲起，就開始吸食香菸，不到一年就上癮。有兩個原因：第一、是因家裏是開雜貨店的，本來就有香菸出售，取得方便，又不花錢，先是好玩，逐漸上癮。第二、他祖父母和父親都吸食鴉片，也許有嗜菸的遺傳性。

人人都說，吸菸的人，身體不容易肥胖，雖然沒有醫學根據，但似乎又有許多事實爲證。父親和其他同樣吸菸有癮的少年朋友，身體都偏瘦而不胖。凡是戒菸的人，一旦停止吸菸，身體則立刻發胖。父親堂兄郭禮儀，原來很胖，吸菸之後，立刻變瘦。至於吸食鴉片的人，不論老少，十之八九，都是身體瘦弱，而且菸癮愈大，身體愈瘦。因此可知，吸菸和身體健康，大有關係。父親並不是不知吸菸對身體不好，只是因爲年少氣盛，認爲沒什麼關係，而且覺得吸菸不費時間，有助思考，又很時髦，不必顧慮太多。後來，徹底覺悟想通了想戒，但菸癮已牢不可破，後悔莫及了。

父親一生吸菸，受菸所害，有幾件事值得一提。首先是他的牙齒被菸油熏蝕，裏面全變成黑色，牙齒也變得脆弱。從小就得了牙周病，最後必須將全部牙齒拔除，而吸菸是主要原因之一。另外，在黃埔軍校求學時，父親因違規吸菸被發現，差一點被開除。第三件事是家住桃園時，有一次在床上吸菸睡著了，不知不覺，將被子燒了一個大洞，燒菸將成明火時，才發現將它及時撲滅，差一點兒造成火災。自父親年過六十後，精力開始衰弱，常常在靜坐吸菸時，不自覺而進入夢鄉，因此而造成衣服被菸蒂燒壞的事，發生多次，相當危險。

很多人認爲要戒菸的人，只要有決心，一定可以戒掉，但父親覺得這只適用於菸癮不大的人。

以他的經驗，認爲菸癮大的人，除了決心外，還有身體上的需求問題。因爲菸癮大的人，他的行爲習慣可以用決心戒除，但對於呼吸器官的刺激需求，就不易戒除。必須另有替代方法及刺激，來平息過渡，否則可能會發生反效果，甚至發生其他疾病。

所以戒鴉片菸的人，多患痢疾，父親的老爹就是因此而喪生。父親在軍校求學時期，曾一度決心戒菸，但也是因爲導致痢疾而告中止。後來，在家住桃園時又再次下決心戒菸，歷時大約一周，基本上已經戒除。但是不料，腸胃發生變化，大有要生病的趨勢，於是又恢復吸菸，腸胃才告正常。戒菸確實是件不容易的事。

六十五歲以後，父親身體日漸瘦弱，氣管很不舒服，常有咳嗽不停現象，這跟菸癮太大，當然有關係。每次想到戒菸，總是不願也不敢再三嘗試。到了一九七五年父親七十歲時，因患直腸癌必須開刀切除，醫生囑咐一定要戒菸，才遵照醫生的指示，將吸了一輩子香菸的不良嗜好，一次戒掉。

四、嗜酒，比酒，節酒，戒酒

父親對酒的看法是：「酒之爲物，既可利人，亦可害人，利害如何？全由飲酒者有以促成之。在利人方面：惟飲酒者適量而飲，適可而止，可以助興，可以解愁，可以活血禦寒，可以消毒防病。所以古今中外，飲酒之人甚衆，飲酒之事甚多，歡樂時欲飲酒，飯前飯後飲酒者有之，早起睡前飲酒者有之，宴客待客欲以酒爲敬，過年過節以酒示慶。」又說：「因飲酒者多，賣酒者亦隨之到處林立。因賣酒者銷路廣，賺錢多，於是許多政府乃實行公釀、公賣制度，既有巨額盈利，又可增加稅收，似乎酒之爲利，不僅有益人群，且有利政府。」

「在害人方面：爲飲酒者飲過量，暴飲致醉，可以亂性，可以傷神，可以中毒致病，可以麻醉死亡。即使不病不亡，亦必因酒氣熏天，令人厭惡，失言失態，招人輕視，神智不清，誤時費事，爲非作歹，妨礙治安。因酒之爲害甚烈，乃有國家實施禁酒，但因飲酒者爲數甚多，禁酒者取締不易，殊難徹底收效。可知酒之爲物，並非完全有利亦非完全有害，究爲利多害少，抑係利少害多，其關鍵在乎飲酒者能否節制爲斷。」

江西南部居民，飲酒風氣很盛，喝的酒是當地所產的糯米所釀造，不加酒精，不著顏色，酒性不烈，喝了不容易醉。但如果喝多了，醉了而不容易醒。這酒，當地稱之為「水酒」，較濃的酒為「雙料酒」，最好的叫「酒娘」。富裕人家，自己釀造，終年自給自飲，小康之家，過年釀造，也可以自給一段時期。飲酒的人，包括男女老少，大多數人也都能飲愛飲。幾乎以酒當茶，以酒當飯，用以解渴，用以充饑。蔣經國治理新贛南時期，為了顧及人民健康，節省米糧消耗，曾經一度嚴行禁酒，最後因為贛南地區好酒風氣，由來已久，取締不易，效果不佳。

父親家人和同族之人，大多酒量既大，酒興又濃，不論大小餐會，都要備酒豪飲，爭比酒量，較量猜拳，才感到盡情歡樂的氣氛。父兄對子弟量宏拳勝者，往往引以為榮。父親在酒風如此盛行的家族中生長，模仿學習，上行下效，自小就能飲酒，因而漸漸養成好酒的習性。到了一九三〇年左右，父親當營團長駐軍江蘇、安徽北部地方時期，因為每天清晨野外操練，氣候嚴寒，操練前先喝烈酒一杯，既可以禦寒，又可以提神，久而久之，不但日常愛飲淡酒，而且在早起空腹時，愛喝烈酒。如果有人問他：「飲早酒有何好處？」父親就會回答：「早酒一盅，一天威風。」順口搪塞，不成理由。

後來，在江西南昌工作時，常感心跳過急，患了熟睡盜汗的毛病。經過有名中醫師劉文江先生的診斷，認為心臟衰弱，中氣不足，除了服藥外，勸父親常飲天津五加皮酒，以補中氣。從此，父親又開始飲用藥酒。由以上情況來看，可以知道父親的好酒，由來已久，對淡酒、烈酒、藥酒，無所不愛，而且也算有海量，三十歲以前，不愧是一個酒豪。

當酒量愈來愈大，酒癮愈來愈深時，正是父親少年得志，擔任師長的時候。因爲宴會的機會較多，在好勝好強和情不可卻的情勢下，曾有幾次過量醉酒的記錄。所幸，醉後入睡，並未失態失言。只是宿醉後醒來的滋味不好受，而且影響第二天做事的精神，事後覺得相當不值。同時，胃痛的老毛病，逐漸加重，饑餓時胃痛，進食後胃也痛，多次醫治都無效，眞是苦不堪言。研究其病源，一是在軍中長期作戰時期，飲食無常，另外，就是飲酒過量，胃酸過多造成的。爲了自己身體的健康和事業前途，父親決心節制飲酒。

從此以後，父親日常飲酒重質而不重量，宴會鬧酒敷衍而不逞強。不論何時何地飲酒，絕對適可而止，絕不過量。遇到有鬧酒的場合，不得已必須與人比較酒量時，就預先選定弱點爲目標，在不成爲「眾矢之的」原則下，在適當時機，主動迎戰。十之八九不須多飲，就可以小勝結束戰局。這一個戰術，行之多年，很少失敗，在中年節酒的過程中，實在是一個一舉兩得的良方。

還有一件和父親飲酒有關的奇事，値得一提。有人勸他以毒攻毒，將烈酒大量急飲，來治療他的胃病。父親覺得這建議既無醫學根據，也不合乎邏輯，始終不敢輕易嘗試。後來，有一次胃病情況特別嚴重，疼痛難當，父親決定不顧一切利害，冒險一試，一口氣飲下純正白乾酒四兩，醉後醒來，不但胃痛已止，而且以後的三十多年中，胃痛病從未再發，眞是一件不可思議的奇事。

父親六十五歲退休後，閒暇無事，酒興又濃，大有破壞節酒的趨勢。但是，每次酒後，常感呼吸不順，食欲不振，加上因年老皮膚乾燥，常因敏感而發癢，如果繼續飲酒過量，肯定不利自己健康，於是下決心戒酒。幾十年根深蒂固的嗜好，一旦戒除，定會不習慣，所以就以逐次減少的方法進行。沒想到，減而又增，增了又減，藕斷絲連，始終無法完全戒絕，自己反省，是因爲意志力不夠堅定，行爲不夠果斷造成。

直到一九七三年冬，父親六十八歲時，再度下決心，戒絕飲酒。從此，滴酒不沾，完全戒絕，六十多年的嗜好，終告結束。戒酒一年多後，又有醫師建議，認爲老年人每晚飲酒少許，可以促進血液循環，對身體有益。父親試飲數次，還是不習慣，最後放棄這個念頭。每晚睡覺前，有時也想到是否應該嘗試一下小飲健身，但又覺得多此一舉，始終提不起興趣。酒陪伴了父親幾乎一生，隨著他起起伏伏，最後在父親快走到人生的盡頭時，終於離他而遠去。

五、老友相聚，難忘黃埔

父親自一九七一年退休後，閒來無事，我們兒女當時又大都離家在外地就學或就業，所以父親和母親幾乎每天都有麻將牌局來打發時間，牌友多半是鄰居、同事或是來訪的親朋好友，每天家裏好不熱鬧。如果訪客是以前在大陸時期就熟識的老友或部下，父親每當和他們談到在大陸的往事或當今的局勢，就是興高采烈，滔滔不絕，一談就是大半天。父親喜歡留客人在家裏吃母親親手做的家常菜，喝點酒，日子過得挺悠閒愜意的。

自一九四九年到臺灣，父親的老友們，一個接一個，隨著年歲的增長和健康的衰退，都先後凋零去世。他曾親自參加了桂永清（一九五四年去世）、張良莘[181]、（一九六八年去世）、陳大慶（一九七三年去世）、沈發藻（一九七三年去世）和萬用霖[182]等老友們的追悼會，每次都會帶著一份無限感慨，惋惜難過的心情回家。退休後，父親更是珍惜和仍然健在的老同學、老朋友們保持聯絡，尤其是黃埔前期的那些老戰友們。記得每年過春節時，大年初一的一大早起來，父親總是帶著我，從桃園乘他的公務小轎車去臺北各家拜年。

我記憶中常去的幾家有黃埔一期同學張雪中、夏楚中、陳武[183]、董釗[184]，二期的沈發藻、劉子清等。每年的這一天他能和老同學、老朋友們見面敘舊，面對面看到彼此，知道大家都還健在安好，那是多麼令他愉快安慰的一件事。還有一次和黃埔有關的聚會，也是令父親難忘懷的，就是一九七四年六月十六日，在臺灣鳳山陸軍軍官學校，為黃埔軍校建校五十周年舉辦的校慶活動。當天的主持人是蔣經國，他當時擔任行政院長，因為蔣介石年事已高，身體健康不佳，無法出席，只發來了書面賀詞，由小蔣宣讀。

所有當時在臺健在的黃埔師長，如何應欽、顧祝同，及前期畢業校友包括父親及十多位前期同學，都以貴賓身份被邀請參加這個慶典。大家倍受禮遇，也很興奮地觀賞了軍校學生的閱兵分列式、午餐會和運動大會。當學生分列式一開始，軍樂隊奏起那五十年前熟悉的黃埔校歌——「怒潮澎湃，黨旗飛舞，這是革命的黃埔……」，父親和貴賓席上老戰友們的情緒，開始激動起來，紛紛站起身子，看著雄壯的學生隊伍，踢著整齊的正步，通過司令臺，向校閱官蔣經國敬禮時，父親和老戰友們彷彿自己也置身在學生的隊伍中，眼裏充滿了淚光，掩不住內心的激動，也感歎時光無情，青春不再。

記得五十年前的今天在黃埔，自己就是臺下學生隊伍之一，也踏著正步向當時的校閱官孫總理、蔣校長敬禮，五十年後，自己已是七十的老人，這樣的情景怎能不叫人不勝唏噓感慨？當天陸軍總司令于豪章（軍校十二期）上將，曾率領官校校長秦祖熙（軍校十一期）中將及其他數位司令列隊，一起向所有出席的一期學長，舉手敬禮，並接受前輩們的象徵性口令操練，令全體師生歡笑不已，是當天慶典的一個高潮。父親每次回憶這次經歷，都回味無窮，並以自己身爲一個黃埔軍校畢業生爲榮。

Chapter 5

第五篇

父親人生的三階段

一、求生、求學、力爭上游（一九〇五年——一九二四年）

父親出生於滿清末年，江西贛南的貧苦農村，三歲喪父，母親年齡不過二十歲，孤苦無依，被迫離家改嫁。幸好大伯母將父親接納去撫養，伯母家開油行，由堂兄禮儉經營小生意，所以可以供得起父親去讀小學和中學。到了一九二一年，父親十六歲時，因郭禮儉堂兄，覺得無法再負擔父親每學期所需的三十元大洋學費，父親才意識到是應該離開伯家母，自己出去自謀生活面對未來的時候了。於是就鼓足勇氣，離家出走，自力更生，出去打天下了。

父親回顧這段過程，是他一生中作出的，最關鍵也最正確的一個決定，從此他學到了求生存、找生活、打天下、創命運的堅韌不拔、刻苦奮鬥的意志和能力。如果沒有當時堂兄的敦促和壓力，父親的命運一定會不一樣，他後來的人生經歷和成就也可能就大不相同了。所以他對當時自己毅然決然，離家出走，開創前程的評語是：「塞翁失馬，焉知非福？」

父親離開了伯母家後，就開始了他二十五年漫長的軍旅生涯。在贛軍服役的二、三年當中，擔任士兵及下級軍官，體驗軍中生活，學習軍事技能，培養體魄和耐力，同時又努力吸收學習一般知識，等待機會力爭上游。

在這段期間，他也曾參加過幾場由孫中山領導的討伐陳炯明的戰役。但因爲當時只有十六、七歲，跟著長官進退，一切聽命行事，所以並沒有實際參與指揮戰鬥。不過還是開了不少眼界，幹了不少體力活，吃了不少行軍勞頓的苦，對後來到黃埔軍校學習，和在戰場上能有冷靜沉著、指揮若定的表現，在贛軍的歷練是關鍵的因素。

父親生平命運的第一個轉捩點就是十六歲（一九二一年）加入贛軍，之後，設法進入了贛軍軍官教育團受訓，接受了幾位師長的栽培及教誨，分別是彭程萬總司令兼團長、周朝宗兼教育長、彭公葳總隊長等。在軍官教育團，經過三個月的基礎軍官教育後，在贛軍總司令部經理處任少尉見習官時，處長黃在璣對父親相當賞識，認爲他是優秀的部屬。黃處長外出時，多囑咐父親看守辦公處，並交代應行辦理之事務，對父親是相當信任的。

一九二四年一、二月間，由贛軍保薦報考黃埔軍校前，父親曾請前贛軍軍官團彭公葳老師，補習代數、幾何、三角等數理課程，經三個月的努力，居然僥倖錄取。因此，父親對彭老師的恩情，永生難忘，因爲考進黃埔軍校，改變了他一生的命運。彭老師可以說是父親的第二個貴人，第一個是大伯母的養育之恩。

二、文武雙全，開花結果（一九二五年——一九四九年）

在這二十五年間，中國是在戰爭、動亂、內鬥和外患中度過的。具有國共雙方背景的愛國熱血青年，從全國各地，風起雲湧地來到孫中山在一九二四年創建的黃埔軍校，在「親愛精誠」的校訓下共同學習、合作、競爭。在東征北伐的各個戰役中，親如手足，前仆後繼，並肩作戰，終於在短短的四年中，獲得了國家的統一。但也因為國共雙方的意識形態和革命手段，相差太遠，雙方對自己的革命信念、救國的方法和道路，非常堅持，都不願和對方妥協，彼此又缺乏互信，所以雙方都選擇以武裝鬥爭方式來解決問題，來決定誰才能領導革命救中國。因此，在未來的四分之一的世紀中，原來情同手足的黃埔師生，竟成了勢不兩立，水火不容的仇敵。在緊接著來臨的抗日戰爭和國共內戰中，他們的敵對和鬥爭對這個苦難國家民族的命運和歷史，產生了巨大而深遠的影響。

自一九三一年「九一八事變」爆發以來，日本侵華的野心，昭然若揭。一九三七年的「七七盧溝橋事變」正式敲響了對日抗戰的鐘聲，中國遭受到前所未有的亡國滅種的危機。國共雙方不得不再一次攜手合作，共同抗日。

父親自一九二一年從軍，加入孫中山討陳（炯明）的行列，後來進入黃埔軍校洗禮，親身經歷了東征、北伐、抗日大小戰役不下數十次，尤其是參加了四年的抗日浴血戰爭，替國家民族抵禦日寇的侵略，立下了汗馬功勞，自己問心無愧。就在抗戰勝利的第二年（一九四六年），國共內戰前夕，決定退役離開軍職，轉入文職。

父親退役的主要原因是「國家經過八年浴血抗戰，犧牲了數千萬軍民的寶貴生命，全國各地被戰爭破壞殆盡，百廢待舉，老百姓需要療傷養性，國家需要恢復重建。此時應該棄武從文，在憲政體制內，替國家和家鄉做點事。」所以在一九四六年冬，結束了二十五年的軍旅生涯，從軍中退役，返回江西省政府服務。先後主持了江西省幹部訓練團和民政廳的工作，可惜在三年內戰後，共黨佔領大陸成立新政府，國民黨政府退守臺灣，兩岸相隔分治，直到今天。

父親以一個十六歲離家從軍的農村孩子，考進了黃埔軍校學習，畢業後經歷一次次的戰役，在槍林彈雨中，僥倖生存。在二十五年中，從軍職少尉升到中將，從文職緝私隊長升到省民政廳長，還當選爲全國制憲國民大會代表，不能不算是功成名就，達到了他人生事業的最高峰。除了事業有成外，在做人處世方面的成績呢？

（一）孝順母親、伯母，報答兄恩

一個人事業有成，很自然地就想到要補盡孝道，來報答父母親的養育之恩。父親三歲喪父，四歲母親被迫改嫁，父親被大伯母接去撫養，離開母親。雖然不愁吃穿，上學讀書，但幼小的心靈中，無時無刻不在思念母親。在五、六歲時，就想到自己長大以後，要做一番轟轟烈烈的大事，來光耀門庭，報答母親，和母親團圓。一九二六年，父親二十一歲，身爲營長（國民革命軍第一軍第二師第四團第一營），正好是北伐前夕，父親就想迎接母親回家，親自伺奉，以盡孝道。但因爲軍務繁忙，北伐在即，無法如願。

直到一九二八年秋，父親擔任江蘇警官學校大隊長時，生活比較安定，就請賴愷元表兄，專程將母親從江西南康老家接來江蘇鎭江同住。從此母子團圓相聚，日夜相處，了卻一樁心願，父親覺得這是一件無比快樂的事情。

不久，又因爲軍職調動，經常東奔西跑，更換駐地，無法和體弱多病的母親，相守在一起，照顧她的生活起居，父親心中很是不安。直到一九三九年（父親三十四歲，他母親五十一歲），他接任預備第六師師長時，家住南康，開始整修家鄉的故居，購置了一些田產，雇請了傭人，才開始讓母親在家鄉，過起眞正舒舒服服的日子，安享餘年。

父親常引用兩句孟子和孔子的話，來提醒自己要孝順母親，不違母命。孟子說：「不得乎親，不可以爲人，不順乎親，不可以爲子。」孔子說：「孝子之事親也，居則致其敬，養則致其樂，病則致其憂，喪則致其哀，祭則致其嚴。五者備矣，然後能事其親。」父親總是覺得自己在孝道方面，做的還不夠多，不夠好。

伯母李老夫人，對父親視如己出，自幼小到少年時期，辛勞撫養，愛護備至，父親對她也是敬愛有加，如同生母。但父親自少離家，出去闖天下，一直沒有機會報答伯母的養育之恩。直到一九三七年夏（父親三十二歲），父親任職於南昌望城崗主辦軍官教育團，不幸，伯母因病去世。得知後，他立刻籌寄鉅款，請禮儉堂兄從寬籌辦喪事，以表哀榮。出殯當天，父親以孝子心情，專車從南昌回南康奔喪，因途中公路橋樑被洪水沖斷，車輛無法通行，不得已折返南昌遙祭，不能親自給伯母祭拜送終，是父親人生中的一件遺憾大事。

父親堂兄禮儉，早年雖曾虧待父親之母（逼她改嫁），但對父親則有十二年的養育之恩，俗語說：「長兄爲父」，父親從小對他就很尊敬。到一九三四年（父親二十九歲），父親任江西保衛第一師師長，駐紮在江西泰和沿溪渡時，曾迎接禮儉堂兄到沿溪渡小住，讓他享受一下做老太爺之福。對他的子女風英、貽謀、貽謙等，都帶在身邊多時，視同己出，撫養培植。另外，父親曾將他祖父多年前賣出正位堂的田產，按時價買回，全部交歸禮儉堂兄所有，使他可以收租穀二十餘石，以供他花用。平時，也常資助他財物。當他病危彌留時，父親由軍中請假在贛城，得到堂兄病危消息，立刻趕回南康省親。看到禮儉堂兄快要斷氣，雙目不瞑，父親流著淚安慰他說：「哥，你安心去罷！你的妻兒子女，我會照顧的。」話一說完，堂兄就閉目安然去世了。

（二）大難不死

父親軍旅生涯數十年，征戰沙場無數次，槍林彈雨中，居然毫髮未傷，大難不死，眞是奇蹟。即使不在戰場上，有幾次父親也由於陰錯陽差，而死裏逃生，度過難關。以下是父親對我們常說過的幾則親身經歷的故事：

父親隨北伐軍踏上征途的第一仗：武昌攻城。經過了一個多月的長途行軍，在一九二六年九月二日到達武昌城外，父親擔任第二師第四團參謀長。敵人吳佩孚親自率軍督戰，北伐軍猛攻兩日未能攻克。當時長江江面的敵艦，和城內敵人的炮兵，聯合對徐家棚父親四團的指揮所陣地，猛烈炮擊達兩小時，四團遭到相當傷亡，父親也險些被炮火擊中。之後，四團推進到洪山附近，準備再度攻城。父親率部在第一線偵察地形和敵情時，突然被敵軍的流彈，射穿軍帽的頂端，造成一個大洞，但居然頭部沒有絲毫受傷，可以說是幸運地逃過一劫。

一九二六年九月六日，繼續參加南昌攻城戰役，孫傳芳部爲守城敵人。戰況激烈，四團屢攻不克，傷亡極大，整團兵力只剩三分之一。團長頭部負傷，團附陣亡，只剩父親一人指揮全團戰鬥，但被敵人優勢火力壓制在城牆腳下，進退維谷，動彈不得，眼看就要遭到不測。但此時天色漸暗，上峰下令撤退轉進，才得以逃過這一劫。

一九四二年一月初，父親率領一九四師參加第三次長沙會戰時，有一天行軍整天到達長沙週邊，已是傍晚時分，父親下令部隊停止前進，埋鍋造飯，休息整補後，再繼續出發前進。此時已經可以聽到遠處傳來滴答滴答日軍的機槍聲，衛士們替父親挖了個野戰壕做爲掩體，父親正要躺下時，副官開口說：「報告師長，這坑挖得不好，像口棺材的樣子！」父親聽了後心裏很不舒服，覺得這副官是個「烏鴉嘴」，就起身換到附近另外一個壕坑躺下。該副官見父親不用原來的壕坑，就自己躺進去休息。剛躺下，一顆流彈正好擊中他的頭部，鮮血直流，當場陣亡。父親告訴我們：「戰場上的邪門怪事太多，這副官倒楣，成了我的替死鬼！簡直像是天註定似的。」

（三）主持正義，顧全大局，拒財卻謝

父親在一九四三年秋，任七十九軍副軍長兼湖北陵都師管區司令職務，負責徵兵任

務。當時有一位下屬，名叫毛鵬（一九一〇年——一九九三年，湖北廣濟人。一九三三年，鄂豫皖三省團隊幹部第三期訓練班畢業。一九四三年，任陵都師管區徵募科中校科長，一九七九年從「華中師範學院大冶分院」退休）。因父親公幹出差在外，毛被代理職務的副司令撤職。父親回來查明後，不但恢復毛的原職務，後來又升調他爲補充團中校副團長。

毛在他回憶錄中這樣記載：「在國民黨舊政府從一九三二年起到一九四九年止，計十七年，我由一個普通農民，粗通古典文學，文職擢到省直機關科長，武職升至中校副團長……但最關鍵的還是『上級信任』。如郭禮伯先生是江西人，副司令撤我職，他兩度復我職位，足見其對我信任。他與我非親非故，僅僅萍水相逢，在他部下工作年餘，而偏承他另眼垂青，良不多也。」

父親凡事有禮讓的習慣，在重要會議中，常讓他人先發言，既有禮貌，又可多增聽聞，等輪到自己發言時，立論才能更正確，內容也能更充分，一舉兩得，何樂而不爲？在各種聚會場合，所排座位的名次，他不計較高低前後，常常願意謙居末座，以讓賢能，不予計較。這是他本來藏拙謙虛的個性造成，並非故意矯揉造作。一九四七年，父親任江西省訓團教育長時，新任省主席方天，一到任就約父親商量人事安排，還以民政廳長和保安副司令二職務，請父親選擇其一。

以父親的資歷雖然當之無愧，但認爲劉子清同學新任民政廳長，不宜變動，應該由胡家鳳先生繼續擔任副司令，比較合適，自己仍然願意屈居現職，以求省府委員會陣容的堅強和團結。此一見解，方主席當場採納。父親的謙讓和顧全大局，證明了後來省府團隊在兵荒馬亂中，能適應時局，推行省政，並沒有發生重大錯失，也許是府會人事健全，團結和諧造成的主要因素。父親爲人處世的美德，很少爲人所知，但他自己卻心安理得，自得其樂。

父親曾經三任師長，兩任師管區司令，兩任省府一級單位首長，和復員時期的軍官總隊長等職務，手上都掌握有經濟和人事大權，大有貪污搞錢的機會。但是，除了自己應得的薪金、特支費等正當收入外，沒有絲毫貪贓枉法的行爲。尤其是想到過去帶兵官貪污吃缺的事，比比皆是，父親不但從未吃過一名空缺，而且對於這種形同吃人，影響戰力士氣的惡行，深惡痛絕，引以爲恥。父親爲了警惕自己，在日記中寫道：「獲利惟恐不多，享受惟恐不優，因而貪污圖財者，固爲不法敗行。救人惟恐不報，助人惟恐不謝，因而收受重酬者，亦爲非廉歪舉。是故臨財不苟取，受謝不傷廉，皆爲潔己正身要道，不可不知，不可不慎。」他在「拒財卻謝」的觀念上，可以舉一個例子來分享：

一九四九年在江西擔任民政廳長時，南康縣長嚴某，因案被省府扣押於保安司令部，案情既重大，時局又緊張，大有被殺一儆百的可能。父親出於寬恕之心，爲他說情，得保一命。事後，他妻子拿了數十兩黃金，托父親姨妹（趙氏）轉送以謝父親救命之恩。父親不但堅拒不收，同時嚴詞責備姨妹說：「我在贛南服務多年，一向潔己正身，清清白白，現在就要撤離省境，妳怎麼可以陷我於不義，讓我最後留下一個污點？」姨妹聽完之後，感到愧疚，立刻將金子送還給嚴妻。

（四）婚姻　交友　兒女

父親在十三歲時（一九一八年）奉堂兄之命，依照中國農村的舊習俗，娶比他年紀大好幾歲的童養媳曾氏為妻，十五歲正式成婚。但夫妻關係只維持了兩年不到，曾氏就因病去世，沒生兒女。一九二六年北伐前夕，父親當營長時在廣州，娶比他小三歲的護士趙淑珍女士為妻，生育子女九人（五男四女）。一九三四年夏在南昌結識章亞若女士，協助章氏全家老小一、二十人於南昌淪陷日軍前（一九三九年初）遷往贛州鄉間安頓。一九三九年六月，將章介紹到蔣經國的「江西省第四行政區」行政督察專員公署上班。父親於同年秋天赴重慶「軍政部」接任新職，直到一九四一年五月「中央訓練團」黨政班受訓完畢，才回贛州與章再次見面。最後與章見面又分開是在同年七月份，父親與章前後交往約七年。一九四六年年底，在上海與母親王屏南結婚，育有五位子女（二男三女）。

父親一生有好幾段姻緣及紅粉戀情，但是他總是儘量設法善待對方，在錢財和生活上給予應有的照顧或補償，對女方的父母長輩，始終以禮相待，儘量支助。大致上，稱得上是一個有情有義的男人。父親對所有子女自認無不是疼愛有加、盡力栽培的。在生活及教育上總是給予他們最大的保障與安排。因爲自己早期常年在外忙於工作和事業，對子女的管教，就顧及不到。

一九四九年離開大陸到臺灣後，情況發生了巨大的變化。他的事業與生活，突然間全無著落，過著多年失業、貧困潦倒的日子，對家庭和子女的生活教育的照顧，自然無法和在大陸時期相比。因此，多位年長子女包括留在大陸的幾位在生活及求學上的確吃了不少苦頭。對這點，父親內心是有愧疚和無奈的。不是他不做，而是客觀環境和條件使得他無能爲力。對這點，是應該責怪大環境和命運？還是責怪他自己？父親自己的看法是他盡了力。如果子女不諒解，那只有讓時間、包容心和子女們將來豐富的人生閱歷來慢慢體諒、化解對他的誤解和怨恨。

（五）未實現的理想

父親從黃埔軍校畢業後，南征北討帶兵打仗多年，確實付出了極大的犧牲和心血，但也獲得了一定的回報：官拜中將副軍長及青年軍師長。但是在他內心深處，一直有另外一個人生事業的目標和願望，就是：「希望有一天能在中國的憲政體制下，參選第一任民選的江西省省長，將自己的經驗和能力貢獻出來，發揮在改革省政、建設地方、繁榮家鄉各方面，使地處內陸相對貧窮落後的江西，能趕上其他較爲富裕發達的沿海省份。」

我們回顧他在一九二四年到一九四九年的二十五年當中，所經歷的非軍事或非戰鬥的經驗，就不難理解爲什麼父親的抱負和理想，不僅只限於做一個帶兵征戰的武將：

軍幹部

——一九二七年（二十二歲）廣州兵工廠副總隊長兼迫擊炮幹部訓練班主任

——一九二七年（二十二歲）上海浦江遊巡緝私隊長

——一九二八年（二十三歲）江蘇鹽城公安局長

——一九二八年（二十三歲）江蘇警官學校大隊長

——一九三〇年（二十五歲）國民革命軍教導第三師團長，負責訓練

——一九三五年（三十歲）江西省國民軍訓主任委員，負責大專院校以上學生軍訓

——一九三七年（三十二歲）江西省軍官訓練團團長

——一九四〇年（三十五歲）重慶中央訓練團黨政班中隊長，負責帶訓全國高級黨政

——一九四七年（四十二歲）江西省政府委員兼省訓團教育長，負責培訓江西省縣市

級行政幹部

——一九四九年（四十四歲）江西省政府委員兼民政廳長，主管全省行政

從以上的資歷可以看出，他除了帶兵打仗以外，在軍、警、教、訓及行政各方面有長達二十年以上的廣泛、深入的經驗，擔任一個省的首長，是應該可以勝任的。但是這個以文職服務桑梓的願望，最終因爲國共內戰和國府退居臺灣而未能實現，對父親來說，當然是人生的一件憾事。

三、人生最大的轉捩點（一九四九年——一九七八年）

（一）失業　艱苦　安貧

遷居臺灣以後，對父親最大的挑戰，就是面臨一生中頭一回遇到的困境：中年失業。江西省政府在臺中辦理了清算、結束、繳庫後，所有的省府委員包括省主席和父親都告失

業了。有些人得到了上峰的安排，分派到了職務。蔣經國和一些老友如方天和李良榮等雖然都盡力替父親安排工作，但都因爲種種原因，沒有實現。

度過了近五個年頭失業的煎熬後（一九四九年——一九五四年），終於經過詹純鑒介紹，於一九五四年春，到臺灣南部的國民黨高雄縣黨部，擔任紀律委員會常務委員。這是個低層的黨工職務，收入只夠糊口。父親在職七年（一九五四年——一九六〇年冬出任桃園縣民政局長），工作繁重，問題複雜，黨員的紀律不佳，地方選舉弊端百出，地方自治推展不易。以父親的守身如玉，廉潔自愛的個性，當然不得人緣，工作很難達到預期的成效。但是，父親認爲他也獲得不少基層黨務的寶貴經驗。

父親對貧富儉奢的觀念是：「貧而節儉易，貧而安樂難，節儉可以養廉，安貧可以益壽。故當貧窮時，認節儉爲美德，並非情勢所迫，自可安天樂命，順天理以貧窮自安。」父親生平遭遇多次貧窮，最貧苦的階段，莫過於在一九四九年到達臺灣一年之後，居住高雄鳳山的初期。當時，由大陸帶來少數現金，已經用盡，生活發生困難。幸好有張雪中、萬用霖、沈發藻三位同學兼好友，自動自發每月支助臺幣八百元（張五百、萬二百、沈一百），答應爲期六個月，維持全家七口的生活開支。六個月後，經濟來源完全中斷，全靠典當度日。沒多久，從大陸帶來稍微值錢的衣物，都已典當一空。有一次，父親爲了急需繳交二哥學校的伙食費，曾忍著難爲情，親自前往當鋪典當他戴了多年的歐米加手錶，因爲他一輩子從來沒有上過當鋪。

母親爲了家庭生活所迫，曾抱病隨好友張炳禧(185)先生所帶領的軍中劇團，在基隆演戲一週，賺取收入。還有更艱苦的情況，不但多次無米可炊，連父親每天所需三元一包的新樂園牌香菸，也接應不上。另外，當時所住的免費房屋，原來是一個修理車輛的克難小工廠，屋頂以稻草鋪蓋，不能完全阻擋風雨，每逢下雨，上漏下濕，無法容身。每次遇到颱風，就必須攜帶乾糧和寢具，到鳳山陸軍官校陳雲萬（母親妹夫）大隊部避難。

在這極度貧困當中，父親並沒有怨天尤人，任然保持著應有的達觀與樂觀，安之若素。還常常邀請熱愛京劇的好友，在家聚會清唱，娛樂消遣。另一方面，父親每日讀書練字，學習英文，以求上進，從不間斷。這樣的日子，過了兩年左右，直到找到了高雄縣黨部和軍人之友社分社的工作後，才有微薄薪金收入，生活稍微好轉。但子女眾多，日漸長大，生活和教育費用的負擔，與日俱增。直到一九七一年，多數子女大專畢業，負擔才稍見輕鬆。但基本上，還沒有脫離貧窮的景況。儘管如此，父親始終保持他一貫的安貧樂命的態度，接受命運的挑戰，擔負著他的一生中最艱苦的重擔，往前邁進。

（二）忍辱　遺憾　卻謝

父親不善於政治算計，陰險鬥爭，遇到衝突或矛盾時，如果不能佔上風，只好採取忍辱相讓的策略，靜觀其變。一九六六年間，他在桃園縣政府民政局長任內，遇到國民黨縣黨部主委王國華，因他是軍校後期同學，想要以壓父親來立威，對父親極盡破壞打擊的能事，父親只好逆來順受，忍辱相讓。後來，王因為人處事，不被人接受，遭到降調處分。所以行事過分好強好勝，一定會遇到阻力。

另有一事，桃園縣政府主計室副主任嚴天爵，因爭論有關選務經費問題，在辦公室對父親無禮辱罵，甚至要動手，當場父親儘量自制忍讓，才沒有使事態擴大。事後，省政府追究此事，派員向父親調查詳情，以憑處理，但父親為了大事化小，不想有人受到處分起見，並未據實以答，且儘量予以淡化，使這次事件最後不了了之。嚴知道眞相後，反而對父親的態度完全改觀，兩人成為好友。所以父親對處理衝突的原則是：「能屈己者，人恒事之。」

父親在臺灣擔任國民黨基層黨務，和縣府民政管理工作，長達二十年，參加地方自治人員選舉提名，及主辦選舉事務工作，也很多次，大有機會乘機貪污拿錢。但自始至終，守身如玉，不敢妄取分文。只有一次，某一鄉鎮長因感謝支持提名，事後借送年節禮物中，夾帶五千元臺幣（約值一百多美元）致謝。父親剛好外出不在家，家人代收禮物，不知內有夾帶現金。母親正因無款繳交子女的學費，只好將該款用掉，等到父親發現時，已經欲退無款，只好作罷。這件事困擾了父親多年，始終耿耿於懷，總覺得是白壁微瑕，於心有愧，但又無法補救，又是人生憾事一樁。

一九六〇年代，在桃園擔任民政局長時期，局內戶政課，有十位多年臨時雇員，按法理早就應該納入編制，改爲正式職員，但經父親多方設法，久無結果，看來如果不送紅包，是辦不成這件事。父親覺得很不公平，繼續極力向各方依法力爭，最後，終於獲得核准。事後，他們十幾位雇員，集款數千元臺幣（大約值一百美元），來到家裏堅持要感謝父親，逼他收下，被父親斷然拒絕。父親還告訴他們：「這是我份內的事，能夠促成，我非常替大家高興，送禮就不對也不必了！」父親常跟我們說：「事後酬謝，與事前索賄，是五十步笑百步，都不可取，助人爲樂，只求問心無愧。」

（三）成家建家得失檢討

父親自一九二六年第二次結婚後，爲實現建家的理想，對於妻子始終本著平等精神，民主作風，尊重她的人格、地位和權益，希望能保持夫婦感情，促進夫婦和諧。婚後，因爲服務軍中，雖在外的時日多，在家的時日少，但愛家顧家，並無改變。一有機會，就請假回家省親，一有收入，就儘量寄回家用。如有積蓄，就修繕家屋，購置產業，來安定家庭生活，以免發生後顧之憂。至於家務如何進行，家用如何支配，完全信賴妻室，從不過問細節，使妻子可以全權處理家務，沒有牽制阻礙，而自己可以專心事業，發揮內外分工，互助合作的建家計畫。

父親認爲初期的建家，是具有相當的成果，生活逐漸安定，事業也順利發展，兒女們先後加入家庭成員。父親承認對於子女的撫養和教育，自己年輕時因軍務繁忙，相聚時間太少，溺愛多於嚴教，放任多於管束，使兒女在童年時，沒有獲得良好的家庭教育，求學方面，也多半不夠理想。如果子女無法在求學和做人處世方面打好根基，自然難有理想成就。所以父親檢討他最初成家建家的結論是：「初期建家，得失互見，成敗參半，此非理想不當，方法有錯，乃處境有礙，努力不夠，有以使然。」

一九四九年，國共內戰迫使全家分散避難，父親當然想也有能力將所有家庭成員帶離大陸，但是年邁母親認爲自己年事已高，家裏的產業需要有人看管照顧，加上她眷戀故鄉，不願遠離，命父親留下三個幼小孫兒孫女，陪她老人家，留守大陸家鄉。母命難違，父親只有遵從。但是，這一決定，卻造成了三位兒女一生命運的重大影響。因爲父親的身份，他們三人的身分成了他們的包袱，所以吃了不少苦頭。

一九四九年秋，全家避難時，父親和母親帶了三男一女，後來在臺灣又生了二女一男，一大家人食口繁多，家境貧困，如果不能解決生活問題，加上面臨兒女的教育問題，整個家庭就會陷入絕境。但是，父親兩袖清風，收入微薄，重建家庭，談何容易？

父親的信心是：「天下無難事，只怕有心人」。和「有志者事竟成」。重點是放在：「以教育來培養兒女，如果有優秀的兒女，即使目前雖窮，他日可富，反之，如有錢財，但無優秀兒女，目前雖富，他日仍空。但培養兒女的關鍵在於要有一得力的配偶，能吃苦耐勞，精誠合作，培育教養。」父親對母親的評語是：「在長期艱苦中，不但毫無怨言，而且以搭互助會方式，來改善經濟，應付一切開支，度過各種難關。」母親還另外兼賣保險，仲介房地產買賣來賺取一些不定的收入，彌補家用。

在教育方面，大部分兒女都先後完成了大學以上的學位。許多是在半工半讀，自力更生的艱苦過程中，完成了大學及大學以上的高等教育。各人都在社會上，成家立業，發展前途。隨著臺灣經濟的發展，每個兒女都在各行各業服務，經商留學，結婚成家，發展事業，而且都能遵循父母的家訓：「守份守際，艱苦奮鬥，力爭上游，在社會上堂堂正正地立足，不負郭家的傳統和遺風。」父親對母親的評價是：「艱苦卓絕，治家有方，賢妻良母，當無愧色。」

（四）吳伯雄踏入政壇的貴人

父親向來對年輕人和後輩的提拔栽培，是不遺餘力的。有一件不為人知的故事，值得一提。父親在一九六〇年十二月調任桃園縣民政局長時，吳鴻麟(186)選上縣長剛好半年，是父親的直屬上司。吳縣長為人本份老實，做事實事求是，和父親相處很融洽，他和父親都是客家籍。吳知道父親是黃埔一期出身，以前在大陸曾經做過省民政廳長，對父親頗為敬重。

我記得在一九六七年（當時吳縣長已經卸任三年）夏的某一天，年近七十的老縣長帶了他的兒子吳伯雄(187)到家裏來拜訪父親。我剛考上大學，正在等待秋季開學，在家裏過暑假。看到老縣長帶了一個年輕人，年紀不到三十歲，坐在客廳，母親叫我給兩位客人上茶。見年輕人恭敬地向父親問候：「郭伯伯，好！」吳老向父親介紹年輕人和來意：「郭公，小兒伯雄，今年二十八歲，大學畢業五、六年了，教了兩年書，現在在銀行做事，我想讓他從政服務地方，明年參選省議員。但他的年紀還輕而經驗不足，恐怕黨提名沒希望。是不是請郭公向中央推薦他一下，尤其是如果能幫忙引見一下經國先生，請他提拔一下這個省籍青年，不知可否？」父親答應儘量設法幫忙，但說要等適當時機。

父親首先聯絡了兩位老同學兼好友商量這件事，一是陳大慶（當時任陸軍總司令，但內定將接任臺灣省主席），另外一位是黃杰（當時的省主席，後來接任國防部長）。黃埔一期在臺同學中，他們兩位是最得蔣（當時任國防部長）賞識信任的人。父親約了他們兩位週末吃早餐的時間談此事，後來三人一起帶著吳去見了蔣。

蔣那時正採納了李煥[188]的建議在大力推動起用優秀省籍青年，擔任重要公職，也就是後來大家常說的：「吹台青」政策[189]。蔣對吳初步印象不錯，見面後對父親說：「關於提名的事，我會交代李煥（時任國民黨中央一組主任，後任省黨部主任委員）去研究，看看能不能提這個優秀的年輕人一把。」後來，中央黨部果然提名吳伯雄，爲桃園縣國民黨第四屆省議員候選人。憑著吳家雄厚的財力和在桃園地方上長期的人脈關係，吳於一九六八年六月順利當選第四屆省議員，踏上了他一帆風順的政途，一直做到國民黨主席。當選後，吳老特地帶了兒子一起到家裏來向父親致謝，父親也爲能助他一臂之力而高興。

Appendix

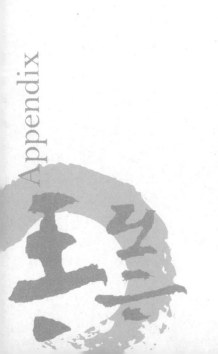

附錄

我的父親郭禮伯

內容註解

1．**沈發藻**（一九〇四年——一九七三年），江西大庾，今「大餘」人，字思魯，黃埔軍校二期畢業，陸軍中將。一九四九年任第十三兵團司令官，到臺灣後，任陸軍副總司令、戰略顧問。在臺北逝世。

2．**劉子清**（一九〇五年——二〇〇三年），江西樂平人，字定瀾，黃埔軍校二期畢業，陸軍中將。一九四七年，任江西省府委員、民政廳長、秘書長兼保安副司令，當選制憲國民大會代表。一九四九年到臺灣後，任國防部參議。在美國洛杉磯逝世。

3．**黃經樵**（一九〇三年——一九七二年），字同春，原名黃治隆，湖北大冶人，黃埔軍校畢業，陸軍中將。曾任武漢陸軍第三分校校長，後任預備第五師師長。日本投降後，任東北四省駐南京代表、第七綏靖區司令。一九四九年到臺灣。在香港逝世。

4．**陳大慶**（一九〇五年——一九七三年），江西崇義人，字養浩，黃埔軍校一期畢業，陸軍一級上將。曾任十九集團軍總司令、京滬杭警備副司令兼淞滬警備司令等職。一九四九年到臺灣後，任安全局局長、省政府主席、國防部長。在臺北逝世。

5．**張雪中**（一八九九年——一九九五年），原名達，江西樂平人，黃埔軍校第一期畢業，陸軍中將。曾任十九集團軍總司令。一九四六年獲頒青天白日勳章。一九四九年到臺灣。在臺北逝世。

6．**鄭洞國**（一九〇三年——一九九一年），湖南石門人，曾用名鄭桂庭，黃埔軍校第一期畢業，陸軍中將。曾任第八軍軍長及駐印度新一軍軍長。一九四八年十月在長春投共。一九四六年——一九四九年擔任「湖南私立九澧中學」校長。後任政協委員、常委、黃埔同學會副會長、國民黨革委會副主席。在北京逝世。

7．**彭程萬**（一八八〇年——一九七八年），江西貴溪人，字凌霄，號克亮，日本振武學校畢業。曾任江西都督、贛軍總司令、國民政府政務委員。一九四九年後，先後任江西省人大代表、省政協委員等職。在江西逝世。

8．**陳雲萬**（一九一六年——？），字盈之，南京市人，中央軍校十三期畢業，陸軍上校。曾任鳳山陸軍官校二十五期大隊長，退役後，任彰化縣政府兵役科長。在彰化病逝。

9．**史宏烈**（一九〇三年——一九七〇年），江西南昌人，字劍峰，號潛峰，黃埔軍校第一期畢業，陸軍中將。曾任中國遠征軍第一路師長、第一兵團副司令官。在臺北逝世。

10．**「勵志社」南昌分社**，舊址在今濱江賓館的一號樓，建於一九三四年，是一座中西合璧的建築；內有劇院，為當年社交、集會和娛樂場所，常舉辦戲劇演出和文藝活動，為黃埔軍人、外國駐南昌軍官及眷屬提供文化和娛樂的場所。

11．**康澤**（一九〇四年——一九六七年），字兆民，四川安嶽人，黃埔三期畢業，陸軍中將。曾留學蘇聯中山大學，「復興社」創始人之一。曾任第十五綏靖區司令官。一九四八年襄樊戰役中被俘，改造十三年後出獄，在全國政協委員會任文史專員。文革時死於秦城監獄。

12．**賀衷寒**（一九〇〇年——一九七二年），湖南岳陽人，黃埔軍校一期畢業，莫斯科中山大學及蘇聯陸軍伏龍芝軍事學院學習，被譽為黃埔三傑之一（另二位是蔣先雲與陳賡），「復興社」創始人之一。曾任軍委會政治部第一廳廳長，社會部政務次長。

一九四九年到臺灣後，任交通部長。在臺北病逝。

13．**熊式輝**（一八九三年——一九七四年），字天翼，江西安義人，保定軍校第二期、日本陸軍大學畢業。曾任十三軍副軍長兼第一師中將師長、江西省政府委員、南昌行營參謀長、江西省政府主席。在臺中病逝。

14．**曾戛初**，江西吉水人，日本士官十九期畢業，曾任預備第五師中將師長兼任鄱陽湖警備司令。一九四九年來臺灣，後又移居美國。

15．**吳奇偉**（一八九一年——一九五三年），字晴雲，別號梧生，廣東梅州人，保定軍官學校第六期畢業，陸軍中將。曾任第四軍軍長、第四戰區副司令長官兼第九集團軍總司令、湖南省主席。曾獲頒青天白日勳章。一九四九年通電與國民黨決裂，投奔中共。在北京病逝。

16．**吳德澤**（一八九三年——？），別號溥仁，江西南康人，保定軍校六期步科畢業。一九二五年任黃埔軍校上校戰術教官。一九二七年隨校遷南京，仍任中央軍校步兵科上校戰術教官。後任新兵補訓旅旅長。抗日戰爭爆發後，任暫編第一軍預備第六師中將師長、第四軍參謀長。一九四六年退役。

17．**李以劻**（一九一二年——二〇〇四年），廣東電白人，黃埔軍校高教班第二期，陸軍大學特別班第五期畢業，陸軍中將。曾任一二一軍軍長。一九四九年在福州投共，曾任全國政協文史資委會專員、全國政協委員、黃埔軍校同學會理事。在北京逝世。

18．**黃中美**（一九〇三年——？），浙江臨安人，莫斯科中山大學畢業。曾任吉林鹽務局長、贛州專署專員（蔣經國）的主任秘書，一九四九年後任上海楊思中學教師。八〇年初在上海逝世。

19・**徐君虎**（一九〇六年——一九九六年），湖南新寧人，原名徐虎，又稱徐老虎，莫斯科中山大學畢業。曾任國民黨第十三軍政治部代主任，邵陽專區保安副司令，邵陽、大庸、新寧縣縣長。曾協助蔣經國開闢過「新贛南」。一九四九年後，歷任民革中央委員、湖南省委主任委員、湖南省政協副主席全國政協委員。

20・**邱昌渭**（一八九八年——一九五六年），字毅吾，湖南芷江人，美國哥倫比亞大學博士。回國後任教於北京、清華、中山大學。一九三二年起出任南京國府情報司長、廣西省府委員兼教育廳長、民政廳長。後任立法委員，一九四九年爲代總統李宗仁任命爲總統府秘書長。任臺灣政治大學研究所主任。在臺北逝世。

21・**石祖德**（一九〇〇年——一九七二年），字蘊煒，浙江諸暨人，黃埔軍校第一期畢業，陸軍中將。曾任師長、第十六補充兵訓練處處長、軍委會警衛團團長、財政部緝私署副署長、總統侍衛長、第二十二兵團中將副司令官等職。在臺北逝世。

22・**王昇**（一九一七年——二〇〇六年），原名建楷，又名修階，江西省龍南縣人。「三青團江西支團幹部訓練班（即青幹班）」畢業。曾任國民黨江西省黨部書記長、政工幹校校長、總政戰部主任、駐巴拉圭大使。在臺北逝世。

23・**蔡成勳**（一八七一年——一九四六年），字虎臣，天津人，天津武備學堂畢業。曾任第一師師長、南方征討軍第七軍軍長、察哈爾都督、陸軍總長。一九二二年任江西督軍。一九二四年底直系失敗後，回天津寓居。

24．**陳光遠**（一八七三年——一九三九年），北洋將領、將軍府鑒威將軍。河北清武人，天津武備學堂畢業。歷任熱河巡防營統領兼赤峰鎮守使、軍事模範團團副、陸軍第十二師師長、京津警備副司令、綏遠都統、江西督軍等職。爲馮國璋直系長江三督之一。後棄軍職到天津經商。在天津逝世。

25．**周朝宗**，江蘇人，保定軍校第一期畢業，一九二二年孫中山東路討賊任粵軍第一旅主任參謀，同年任贛軍軍官教育團教育長。

26．**陳應瑞**（一八九三年——？），江西南昌人，黃埔軍校第一期副區隊長，陸軍大學戰術教官，陸軍中將。曾任第七十五師參謀長、國防部部員。一九四九年國共內戰被俘，一九六三年特赦。

27．**周漢偉**（一八九三年——？），江西贛縣人，字醒亞，黃埔軍校第七期裝械科中校科員，任台州督察專員公署視察員。

28．**王東原**（一八九九年——一九九七年），安徽全椒人，北京師範大學、保定軍校畢業，陸軍中將。曾任第七十三軍軍長、重慶中央訓練團教育長、湖北省主席、湖南省主席、總統府戰略顧問、總裁辦公室軍事組組長、駐韓國大使。在臺北逝世。

29．**羅友倫**（一九一二年——一九九四年），廣東梅縣人，黃埔軍校第七期畢業，陸軍中將。曾任鳳山陸軍軍官學校校長、陸軍總政戰部主任、駐薩爾瓦多大使、國策顧問等職。在臺北逝世。

30．**賴世璜**（一八八九年——一九二七年），字肇周，江西石城人，保定軍官學校畢業，陸軍中將。曾任第十四軍軍長。一九二七年，被白崇禧控制的南京國府軍委會軍法處（負責人馬曉軍），判處死刑，執行槍決，罪名是「克扣軍餉，畏縮不前」。

31．**謝杰**，江西人，江西陸軍學校畢業，做過賴世璜的部屬。

32．**溫大川**，江西人，爲賴世璜念私塾時的同學，做過賴世璜軍長的師長。

33．**陳炯明**（一八七八年——一九三三年），字競存，廣東海豐人，廣東法政學堂畢業。曾任粵軍總司令兼廣東省省長、陸軍總長。因反對孫中山，部將包圍總統府，欲驅逐孫。一九二五年，被革命軍兩次東征擊敗，下野後避居香港，致力組建中國致公黨，並任首任總理。在香港病逝。

34．**鮑羅廷**（Michael Borodin，一八八四年——一九五一年），俄羅斯猶太人。曾任蘇聯駐中國代表、國民黨中央政治委員會高等顧問等職。他推動了第一次國共合作，協助孫中山創辦黃埔軍校，請求蘇聯派軍事顧問團、提供款項和軍械給軍校。一九四九年因美國記者斯特朗「間諜案」受株連被捕，死於伊爾庫茨克的勞動營中。

35．**黃在璣**（一八八九年——一九二八年），別號玉衡，江西貴溪人，保定軍官學校第二期畢業，陸軍少將。曾任黃埔軍校輜重教官、第三期輜重隊長、國民革命軍東征軍總輜重團長、軍務局運輸處處長、國民政府軍委會參議。在南京逝世。

36．**李明揚**（一八九一年——一九七八年），原名敏來，字師廣，安徽蕭縣人，德國柏林大學畢業，陸軍中將。曾任贛軍第一梯團司令、第三十一軍副軍長、江蘇省府委員、第十戰區副司令長官。一九四六年赴上海經商，一九四九年在蘇北投共。後任全國政協委員、江蘇省農林廳長、政協副主席、國防委員會委員等職。在北京逝世。

37·**文素松**（一八九〇年——一九四一年），字舟虛，江西萍鄉人，保定軍校第三期畢業，陸軍少將。歷任黃埔軍校第一期戰術教官、廣州衛戍司令部參謀長、中央兵工試驗廠長、國民政府訓練總監部參事。他以碑帖、文物收藏鑒賞知名藝林，與民國金石考古、書畫篆刻界往來極多，見解不凡，著作頗多。在成都病逝。

38·**顧祝同**（一八九三年——一九八七年），字墨三，江蘇安東（今漣水）人，保定軍校第六期畢業，陸軍上將。曾任黃埔軍校教官、國民革命軍第一軍師長、第三戰區司令長官兼江蘇省主席。一九四五年後任陸軍總司令、國防部參謀總長、西南軍政長官。一九五〇年到臺灣，曾任國防部代部長、總統府戰略顧問。在臺北逝世。

39·**杜從戎**（一九〇二年——一九七九年），字步仁，原名光國，湖南臨武人，黃埔軍校第一期畢業，莫斯科中山大學、蘇聯伏龍芝陸軍大學畢業，陸軍中將。第二次東征攻惠州之役，任攻城敢死隊總隊長，負傷。曾任南京中央軍校教務部主任、第九軍政治部主任、第十一師第三十一旅長。抗日後，第一屆國大代表、總統府參軍。一九四九年到臺灣，續任國大代表、總統府參軍。在臺北病逝。

40·**蔣超雄**（一九〇五年——一九九一年），別號清我，江蘇武進人，黃埔軍校一期畢業，陸軍中將。歷任江蘇省警官學校軍訓處長、水路督練處處長。抗日後，歷任水上游擊挺進第四支隊司令、第三戰區預備第十師師長、第八軍副軍長。一九四九年向共軍投誠，曾任民革常州市主任委員、常州市政協常委。在常州逝世。

41・**江世麟**（一八九三年——一九二四年），字錫麟，浙江義烏人，黃埔軍校第一期畢業。教導二團一營三連排長，指導員，在攻打淡水之役時陣亡。

42・**胡遁**（一九〇一年——一九二六年），四川雲陽人，黃埔軍校第一期畢業。一九二五年二月攻淡水時，任教導二團第一營第三連排長，後升任北伐東路軍總指揮部少校參謀。一九二六年春在福建武平與軍閥周蔭人部作戰時陣亡。

43・**葉彧龍**（一九〇二年——一九二五年），湖南醴陵人，黃埔軍校第一期畢業。教導二團一營三連排長，一九二五年二月十五日在廣東淡水陣亡。

44・**陳述**（一九〇六年——一九二五年），浙江浦江人，黃埔軍校第一期畢業。教導二團第一營第三連副排長，在廣東淡水陣亡。

45・**李就**，廣東連縣人，黃埔軍校一期畢業。

46・**陳廉伯**（一八八四年——一九四五年），字樸庵，廣東南海人，英籍華人資本家，畢業於香港皇仁書院。一九一九年任廣東商團團長。一九二四年策劃商團軍叛亂，以推翻廣東革命政權，建立「商人政府」，失敗後逃往香港。太平洋戰爭爆發前，他上書香港總督，要求將香港「和平」轉讓給日本，被香港當局逮捕。日軍佔港後，他替日軍效勞。一九四五年春，他乘日輪去澳洲，途中被美機炸沉身亡。

47・**廖仲愷**（一八七七年——一九二五年），字仲愷，名恩煦，廣東省歸善（今惠陽市）人，香港皇仁書院，日本早稻田大學預科。擁護孫中山「聯俄、聯共、扶助農工」三大政策。曾任南北議和會議代表、國府財政部次長、代理總長。一九二三年任廣東省長、黃埔軍校黨代表。孫逝世後，廖仍堅定執行三大政策，並參加領導討伐陳炯明及平定楊、劉叛亂。一九二五年八月二十日在中央黨部門前被暗殺。

48．**王柏齡**（一八八九年——一九四二年），字茂如，江蘇江都人，日本振武學堂、陸軍士官學校十期畢業。曾任黃埔軍校教授部主任、教導第二團團長。黨軍東征陳炯明時，王於淡水城陣前逃脫，被免職，改任軍校代理教育長。北伐前，王任第一軍第一師師長，兼副軍長。北伐攻南昌時，王再次陣前逃脫，被免除職務。後再任南京中央軍校教授部主任、江蘇省建設廳長。在成都病逝。

49．**何應欽**（一八八九年——一九八七年），字敬之，貴州興義人，日本士官學校畢業，一級上將。曾任雲南講武堂教務長、廣州孫元帥府參謀、黃埔軍校總教官、教導一團團長、國民革命軍第一軍第一師師長，參加平定商團叛亂、劉楊叛亂和兩次東征陳炯明。一九二六年北伐後，歷任海陸空司令部參謀長、中央執行委員、軍政部長。抗戰後，任第四戰區司令長官、軍委會參謀長、陸軍總司令。一九四五年代表中國政府接受日本投降。一九四六年後，任國防部長、行政院長。一九四九年到臺灣，後任戰略顧問委員會主席、國民黨中央諮詢委員等職。在臺北逝世。

50．**鄧演達**（一八九五年——一九三一年），字擇生，又名策成、仲密，化名石生登，廣東惠州人，保定軍官學校畢業。第一次國共合作時，擁護孫中山三大政策。歷任黃埔軍校教育長、國民黨「二大」候補中央執行委員、國民革命軍總政治部主任。

一九三一年自歐洲回國後，企圖建立第三政治勢力，積極籌畫反蔣軍事行動，同年八月十九日被捕，被祕密殺害於南京麒麟門外沙子崗。

51 · **葉劍英**（一八九七年——一九八六年），字滄白，原名葉宜偉，廣東梅縣人，雲南講武堂畢業。歷任黃埔軍校教授部副主任、國民革命軍新編第二師師長、第四軍參謀長、工農紅軍學校校長、閩贛及福建軍區司令員。抗戰時，任八路軍參謀長、國軍第十八集團軍參謀長、解放軍總參謀長、北平市長。一九四九年後，歷任廣東軍區司令員兼政委、廣州市長、市委書記，華南軍區司令員兼政委。一九五〇年後任廣東省主席、國防委員會副主席。一九六五年後，任全國政協副主席、國防部長、全國人大委員長、中央軍委會副主席。在北京逝世。

52 · **王登雲**（——一九七七年），原名登雲，別字宗山，陝西醴泉人，北京大學法學院預科、華盛頓喬治亞城大學畢業。歷任大元帥府英文秘書、黃埔軍校蔣校長英文秘書、兼政治教官、軍校教導第一團黨代表。一九三一年後，任第三十四師師長、第三十四集團軍總司令部高參、兼陝南國民兵團團長、陝西省警察局長。抗戰後，任國民黨陝西省黨部主委、第六屆中央執行委員、第一屆國大代表。一九四九年到臺灣後，曾創辦光復中學、明新工業專科學校。在臺北病逝。

53 · **沈應時**（一八九四年——一九二六年），崇明縣人，保定學校第六期畢業。歷任學生總隊總隊長、炮科教官、軍校教導第一團第一營營長、黨軍第二團團長、國民革命軍第一師第二團團長、第二十師副師長等職。一九二六年三月十三日，時任國民革命軍總監的沈因病逝世，追贈陸軍中將軍銜。

54・**章琰**（一八九六年——一九二五年），原名姜維清，別號蘊華，河北清苑人，保定軍校第九期畢業。一九二四年春任黃埔軍校第一期政治教官。一九二五年第一次東征時，任軍校教導一團第三營黨代表。一九二五年三月十二日在棉湖戰役中犧牲。

55・**劉峙**（一八九二年——一九七一年），字經扶，江西吉安人，保定軍官學校第二期畢業，陸軍上將。歷任黃埔軍校戰術教官、第一軍團總指揮、河南省主席、豫皖綏靖主任等職。抗戰時，任第一戰區副司令長官。日軍佔領平津南犯時，劉率部抵抗，但自行退卻。一九三九年後任重慶衛戍總司令、第五戰區司令。一九四九年移居九龍，一九五三年到臺灣，翌年任總統府國策顧問。在臺中病逝。

56・**茅延禎**（一八九七年——一九二五年），字致祥，安徽潁上人，保定軍官學校畢業。一九二四年國共合作，擔任第一期學生隊第二隊隊長。一九二五年，參加淡水和棉湖之戰。後任四團二營營長，準備北伐。一九二五年奉命到北方搞策反工作，在河南鄭州吳佩孚部陳文釗師，被師部參謀孔繁熔陰謀誘殺，年僅二十八歲。

57・**王俊**（一八九四年——一九七六年），海南澄邁人，日本陸軍士官學校畢業，陸軍中將。一九二四年任黃埔軍校教官，後歷任營長、旅參謀長、團長、師長。後又入日本陸軍大學深造。一九三一年後，歷任國民黨步兵學校校長、第十二集團軍副總司令、第七戰區長官部參謀長、軍訓部次長、國民黨候補中央執行委員。一九四九年赴臺灣。在臺北病逝。

58．**蔡光舉**（一九〇三年——一九二五年），又名叔勳，貴州遵義人，黃埔軍校第一期畢業，廈門大學文科肄業。曾任四川陸軍第二混成旅司令部編修、校軍教導團第一團排長、連黨代表、營黨代表。一九二五年二月參加第一次東征，在攻打淡水城時擔任敢死隊任務，壯烈犧牲。

59．**張靜愚**（一八九四年——一九八四年），字精一，原名張保，山東高唐人，英國利物浦工學院畢業。歷任國民黨中央黨部秘書、黃埔軍校蔣校長英文秘書、軍校教導團第二團黨代表。北伐時，任孫大元帥府航空局長、北伐軍航空隊司令。一九二九年任國民革命軍總司令部航空署中將署長。北伐後，歷任中央軍官學校外語教官、河南省建設廳長。一九四〇年後任財政部稅務署長、國大代表、立法委員。一九五〇年到臺灣，任經濟部次長、臺灣鋁業公司和機械公司董事長等職。一九五三年創辦中原理工學院，後升格爲中原大學。在臺北病故。

60．**胡公冕**（一八八八年——一九七九年），原名世周，浙江永嘉人。一九二四年六月，黃埔軍校開學，任衛兵司令。一九二五年春，任教導二團一營黨代表。後任黃埔軍校政治科大隊長。北伐軍攻佔南昌後，調任團長。一九五〇年任政務院參事。一九五四年起，任國務院參事。

61．**季方**（一八九〇年——一九八七年），字正成，江蘇海門人。黃埔軍校任特別官佐，曾參加軍校東征討伐陳炯明。北伐前，任上校組織科長，先後擔任師黨代表和政治部主任等職。一九三四夏，被國民黨逮捕。不久，回蘇北，繼續從事抗日。一九四〇年，出任蘇中第四軍司令員、江蘇省第四區專員公署專員。此後，歷任蘇中行政公署主任、蘇皖邊區政府副主席等職。一九四九年後，歷任交通部副部長、江蘇省副省長、中國農工民主黨主席、名譽主席和全國政協副主席。

62·**金佛莊**（一八九七年——一九二六年），字輝卿，浙江東陽人，保定軍官學校畢業，廈門大學學習教育與文學。曾任軍校教導團第二團營長、團黨代表、少將團長等職。一九二六年「中山艦事件」後，任國民革命軍總司令部參謀處副處長、警衛團團長。北伐南昌光復後，任第一軍第一師第二團團長。一九二六年十二月九日晚離南昌，經南京下關碼頭，行蹤被孫傳芳密探捕獲，同年十二月十二日被祕密殺害。

63·**胡樹森**（一八八九年——一九三〇年），別字一東，浙江紹興人，保定軍官學校第二期畢業。一九〇八年加入同盟會，曾任建國粵軍第一軍參謀、黃埔軍校入伍生第二團團長。北伐時期，任國民革命軍總司令部編纂委員會委員、杭州警備司令部參謀長。

64·**陳繼承**（一八九三年——一九七一年），江蘇省靖江人，黃埔軍校教官。一九三三年後，任武漢警備司令、中央軍校教育長、軍委會軍訓部副部長。一九四三年因軍校學生搶槍事故被撤職。一九四五年後，歷任重慶衛戍總司令、第六戰區副司令長官、保定綏靖公署副主任、北平警備總司令、南京衛戍總司令。一九四九年，蔣介石下臺，李宗仁任代總統，將陳免職，調為戰略顧問。一九五〇年到臺灣。一九五二年退役，轉任臺灣招商局顧問及交通銀行監察。在臺北病故。

65·**蔡忠笏**（一八九二年——一九七一年），又名揮塵，號誨臣，浙江東陽人，保定軍校第三期畢業。北伐中歷任炮兵團長、炮兵指揮官、第六軍第二十師中將師長、淞滬要塞司令等職。一九三七年從上海浦東戰場，被調回炮校任研究委員，蔡辭職離去。一九三九年後任磐安縣長、第六戰區首席參謀、巴縣及萬縣要塞指揮官。一九四七年蔡帶領編餘軍官數百人到中山陵「哭靈」，控訴得不到滿意照顧。同年底，應聘上海吳淞中學，任數、理、化教師，直到一九六一年退休。

66．**李卓元**（一八九五年——？），廣東臺山人，黃埔軍校潮州分校學生隊總長兼學員大隊長、教導總隊長、陸軍總司令部中將副參謀長、中央軍校工兵主任教官、一八六師師長等職位，晚年在美國定居。

67．**胡漢民**（一八七九年——一九三六年），字展堂，原名衍鴻，廣東番禺客家人，日本法政大學法政科。曾主編《民報》，與康、梁保皇派展開論戰，對孫中山思想多所闡發。一九一一年任民國臨時大總統府秘書長。「二次革命」失敗後隨孫赴日本，繼續反袁鬥爭，協助孫討伐陳炯明。一九二四年任黃埔軍校教官。一九二五年因廖仲愷被刺案嫌疑被拘，旋赴蘇聯考察。一九二七年寧漢分裂，胡與蔣介石合作反共清黨，主持南京政府，任立法院長。一九三一年後成爲南方反蔣精神領袖，晚年標榜抗日、剿共、反蔣政治主張。一九三五年，赴歐考察，停止反蔣，被選爲國民黨中央常委會主席。胡爲民國四大書法家之一：譚延闓（楷書）、于右任（行書）、胡漢民（隸書）、吳稚暉（篆書）。在廣州病故。

68．**楊希閔**（一八八六年——一九六七年），字紹基，雲南賓川人，雲南講武堂和江西講武堂畢業。一九二四年建立黃埔軍校後，楊陰謀破壞，把持稅收，阻發經費。孫中山命楊圍剿商團，楊不遵令，反而暗中包庇掩護。孫多次命楊攻打東江陳炯明，楊拒不執行。一九二四年末，陳炯明勾結英國與陳廉伯，進攻廣州。廣州政府派黃埔校軍東征。一九二五年楊與劉震寰又發動叛亂，事敗，逃往香港。抗日後，楊遷回昆明。一九五五年後，任政協委員、國民黨革命委員會。在昆明去世。

69・**劉震寰**（一八九〇年——一九七二年），字顯臣，又名瑞廷，廣西柳江人。曾任民軍第一支隊司令、廣西第五軍統領幫統、護國討袁司令，兵敗逃往香港。一九二一年粵、桂兩軍入廣西驅逐陸榮廷後，劉任廣西陸軍第一師師長、西部討賊軍桂軍總司令，與滇軍總司令楊希閔東下，將陳炯明驅出廣州，又擊敗沈鴻英，孫中山得以重建大元帥府。一九二五年受雲南軍閥唐繼堯策動，劉與楊希閔在廣州再度叛變，失敗逃港。在香港去世。

70・**加倫**（Galen，一八八九年——一九三八年），二十世紀二〇年代蘇聯在華軍事總顧問，原名瓦西里・康斯坦丁諾維奇・布留赫爾。十月革命後，歷任遠東共和國紅軍總司令、陸軍部長、軍事委員會主席、當選爲全俄中央執行委員會委員。一九二四年，任廣東國民政府軍事總顧問。參加討伐陳炯明兩次東征以及北伐戰爭。一九二七年回國後，任烏克蘭軍區副司令、遠東特別集團軍司令、遠東方面軍司令等職。一九三五年被授予元帥軍銜。曾當選蘇聯中央執行委員會委員、蘇共中央候補委員。一九三八年十月在肅反運動中被捕，十一月被處決。五〇年代後期，得以平反昭雪。

71・**孫良**（？——一九二五年），浙江奉化人，是蔣介石的遠房表弟。一九二五年二月東征淡水之役時，孫擔任教導二團一營七連連長，因臨陣脫逃，被蔣依「革命軍連坐法」執行槍決。孫是黃埔校軍東征第一個被處決的軍官，他又是蔣的表弟，令全軍震懾。

72・**錢大鈞**（一八九三年——一九八二年），字慕尹，江蘇吳縣人，國民黨上將，日本陸軍士官學校畢業。歷任黃埔軍校兵器教官、軍校教導團營長、團長、國民革命軍第一師參謀長、第二十師師長、廣州警備司令。一九二七年後，歷任第三十二軍軍長、第三師師長等職。一九二八年後，兼任淞滬警備司令、中央軍校武漢分校教育長、教導第三師師長等職。一九三一年後，兼任武漢要塞司令、第八十九師師長、第十三軍軍長、航空委員會秘書長、運輸統制局參謀長。一九四二年後，任軍政部政務次長。抗戰後，任上海市長兼淞滬警備總司令、西南軍政長官公署副長官。一九四九年赴臺灣，任國民黨中央評議委員、總統府戰略顧問等職。在臺北病逝。

73・**許崇智**（一八八六年——一九六五年），字汝爲，廣州市人，國民革命軍陸軍上將。曾任陸軍第十四師師長、護法軍政府大元帥府參軍長。在粵軍任軍長時，曾爲蔣介石長官（參謀長）。一九二四年，任中央監察委員、建國粵軍總司令。被國民政府任命爲軍事部長兼廣東省主席。蔣介石在一九二五年，廖仲愷被刺後，逼許避居上海之後，送他到歐美考察兩年多。回國後任他爲監察院副院長，但許不接受。一九三一年，國民黨寧粵分裂，許試圖東山再起未成，返回上海。一九三九年，許遷居香港。一九四四年，許遷居澳門。抗戰勝利後，許被邀任國民政府資政，被拒絕。一九四六再遷居回香港。在香港病逝。

74．**張民達**（一八八八年——一九二五年），廣東梅縣人，馬來西亞歸國華僑，是民主主義革命時期傑出將領，追贈陸軍上將。辛亥革命前加入同盟會，在南洋聯絡華僑積極籌餉支持革命。一九二〇年後在粵軍中歷任營長、團長、旅長、師長等職，多次參加孫中山領導指揮的重大戰役，身經百戰，所向披靡。一九二五年，張從蕉嶺返汕頭商議平亂，不幸在潮州覆舟殉難。

75．**許濟**（一八八七年——一九六二年），原名許崇濟，號佛航，廣州人，出生於濟南，陸軍少將。曾任第十五團團長、粵軍第二軍第八旅旅長，多次參加東征討賊軍。一九二五年東征討伐陳炯明時，許旅與軍校教導團一起共同作戰，多次立功。東征結束，許升爲第四師師長，回師廣州平定楊希閔、劉震寰叛軍。蔣介石在廖仲愷被刺後，逼粵軍總司令許崇智避居上海，並派兵包圍許濟師，繳械遣散，許遂隱居杭州。退役前，任職軍事委員會少將參議。一九三二年後，許濟困粵曾希望招集舊部支援十九路在滬抗日，但因故未果。在家中病逝。

76．**莫雄**（一八九一年——一九八〇年），字志昂，又名莫寅，祖藉廣東英德。曾任粵軍旅長。第一次東征後，升任粵軍十一師中將師長。一九三三年後，任稅警總團團長、贛北第四行政專署專員兼保安司令。莫曾把蔣絕密「鐵桶合圍計畫」交給中共中央，促成倉促突圍轉移（長征）的決定。後被蔣以「守城不力」、「通共嫌疑」把他押於南京軍事處監獄。一九三八年莫任廣東遊擊司令兼南雄縣長時，釋放了監獄裏幾百名中共黨員、紅軍戰士。抗戰後，先後任縣長、專員韶關行政督察專員兼「清剿」司令，祕密支援遊擊隊，營救被捕共產黨員。一九四九年，莫雄潛逃香港。後當選爲廣東省政協、全國政協委員。在廣州去世。

77・**劉堯宸**（一八九四年——一九二六年），福建霞浦人，保定軍校第七期畢業，追贈陸軍中將。曾任粵軍第六團團副、衛隊司令部參謀長等職。一九二二年初，隨粵軍參加孫中山北伐，回師廣州平陳炯明叛亂。一九二四年，任黃埔軍校教官及校軍教導第二團第二營營長。一九二五年，參加第二次東征、平定劉楊叛亂後，升第一軍第二師第四團團長。同年十月十三日，攻打陳炯明老巢惠州時，劉指揮全團官兵攻城，部隊傷亡很大，劉親率奮勇隊攻城，不幸壯烈犧牲。

78・**林虎**（一八八七年——一九六〇年），字隱青，原名蔭清，廣西陸川人，江西武備學堂肄業。曾任南京臨時政府陸軍部警衛團長、江西陸軍部第一師第一旅旅長、護國軍第六軍軍長、廣東陸軍第二軍軍長、廣東護法軍政府陸軍部次長、粵桂邊防軍總司令等職。一九二二年冬，與陳炯明推行聯省自治。一九二五年三月，在廣東興寧被廣東革命政府東征軍打敗。一九三八年——一九四五年任四屆國民參政會參政員。一九四六年，當選制憲國民大會代表。一九四七年任立法委員。一九四九年後，歷任廣西省政協副主席、廣西壯族自治區政協副主席、全國政協常務委員。在廣西病逝。

79 · **「白馬會盟」**：一九二二年十二月二十六、二十七日，楊希閔、劉震寰、沈鴻英等滇和桂軍將領爲響應孫中山號召，東下討伐陳炯明叛軍，於廣西藤縣大湟江的白馬廟，舉行了一次軍事會議，史稱「白馬會盟」。劉震寰主持會議，觀點是：「我支持討陳炯明有三個理由。一、陳炯明狼子野心。二、坐擁廣東，想吞食廣西和雲南。三、前幾年，陳炯明打著『粵人治粵』的旗號將我們驅趕出廣東，殺廣西士兵，正所謂有仇不報非君子。」其他人都同意劉震寰的話。

80 · **段祺瑞**（一八六五年——一九三六年），字芝泉，原名啓瑞，晚號正道老人，安徽合肥人，天津武備學堂一期炮兵科畢業。一九一三年段代理國務總理，一九一六年任政事堂國務卿，一九一六年、一九一七年、一九一八年三次出任國務院總理，一九二四年至一九二六年任中華民國臨時執政。一九二六年，北京「三·一八」慘案導致了段祺瑞執政府的垮臺，南京政府蔣介石親筆信函請段「南下頤養」，「俾得隨時就商國事」。段先抵南京拜會蔣，隨即定居上海。在上海病逝。

81 · **唐繼堯**（一八八三年——一九二七年），字蓂賡，雲南會澤人，東京振武學校及日本士官學校畢業。一九一二年，任雲南都督、雲南民政長。一九一五年他與蔡鍔、李烈鈞等發動護國運動，打響了護國討袁第一槍。戰爭結束後，任雲南督軍兼省長。之後，參加了孫中山發動的護法、靖國運動。一九一六年後，唐被推爲護國軍中央機構軍務院撫軍長、護法軍總裁、滇川黔鄂豫陝湘閩八省靖國聯軍總司令。一九二七年遭胡若愚、龍雲、張汝驥、李選廷四鎮守使兵諫去職後，病逝雲南。

82・**郭濟川**（一九〇〇年——？），又名渠川，江西泰和人，黃埔軍校第一期畢業。畢業後參加第一次東征，任教導第二團排長。一九二五年四月二十九日與見習官李士官在梅縣攜槍械潛逃，後被緝捕，不久獲赦罪退伍。

83・**惠東升**（一八八九年——一九三五年），河北臨清人，清河陸軍預備學校、日本陸軍步兵學校第七期炮科畢業，陸軍中將。歷任北京政府陸軍第一師隊官、連長、營參謀官。一九二三年，任軍政部陸軍講武學校教官。一九二四年任黃埔軍校第一期少校區隊長、中校隊長兼戰術教官。北伐時，任第一軍第二師第六團上校團長。一九二八年任陸海空軍總司令部少將高參。一九三三年任陸軍第二師副師長。一九三五年一月病逝。

84・**錢如一**（一八九一年——？），江蘇吳江人，保定軍校第三期畢業。黃埔第二期少校戰術教官年。一九二五年「「楊劉」」之亂平定後，任黨軍第一旅第六團第三營營長。

85・**汪精衛**（一八八三年——一九四四年），本名汪兆銘，筆名精衛，祖籍江西婺源，出生廣東三水（現屬佛山市），早年留學日本。一九二五年三月孫中山病危，汪曾代為起草遺囑。孫病逝後，被舉為國民政府主席兼軍委會主席。一九三〇年汪聯合馮玉祥、閻錫山、李宗仁共同反蔣，失敗後，潛逃香港。次年，汪再聯合各派反蔣勢力，在廣東另立國民政府。九一八事變後，蔣、汪再次合作。抗戰爆發，被舉爲國防最高會議副主席、國民黨副總裁、國民參政會議長。後潛逃越南，發表「豔電」，公開投降日本。一九三九年，赴日，與日進行賣國交易。回國後在上海召開偽國民黨第六次代表大會，宣佈「反共睦鄰」政策。十二月，與日簽訂〈日華新關係調整綱要〉，以出賣國家領土主權，換取日對其偽政權的支持。一九四〇年三月，偽國民政府在南京成立，汪任「行政院長」兼「國府主席」，淪爲漢奸。他病死於日本名古屋。

86・**李濟深**（**一八八五年——一九五九年**），字任潮，廣西蒼梧人，保定軍校畢業。一九二六年北伐時，任國民革命軍總參謀長，並代行總司令職權，兼任廣東省主席、黃埔軍校副校長、第四軍軍長等職，總攬廣東黨政軍大權。一九二七年後，李擔任國民政府委員、國民政府軍委會參謀總長、廣東省主席。自一九二九年到一九四七，李因三次反蔣，被解除職務，三次被國民黨中央「永遠開除黨籍」並遭到「全國通緝」。一九四九年，李當選爲人民政府副主席和政協副主席。一九五四年，當選爲全國人大常委會副委員長、民革中央主席。在北京病逝。

87・**譚曙卿**（**一八八四年——一九三八年**），湖南湘潭人，陸軍中將。早年入粵軍，歷任營、團、旅長等。一九二五年後，歷任建國粵軍第四師第七旅旅長、國民革命軍第一軍第三師師長、新編第一軍軍長、福建省代理省主席、獨立第四旅旅長兼隴海鐵路警備司令等。一九二八年後，因病辭職。後歷任海陸空軍總司令部顧問、軍事參議院參議、南昌行營及武漢行營參議等。一九三八年春，派往西北襄理軍務。因病去世。

88・**衛立煌**（一八九七年——一九六〇年），字俊如，安徽省合肥人，陸軍大學將官特別班進修，陸軍二級上將。北伐時，任第一軍第十四師師長、南京衛戍副司令。一九三〇年任第十四軍軍長。抗戰後，任第十四集團軍總司令。一九三八年後，歷任第二戰區副司令、第一戰區司令長官、兼河南省主席、兼冀察戰區總司令。一九四三年後任中國遠征軍司令、同盟國中國戰區中國陸軍副總司令。一九四八年在擔任東北「剿總」總司令時，因消極執行「反攻」命令，被蔣撤職軟禁於南京。一九四九年獲釋後去香港。一九五五年後，任國防委員會副主席，政協常委，人大代表，民革中央委員會常委等職。在北京病逝。

89・**譚延闓**（一八八〇年——一九三〇年），字組庵，湖南長沙人，是近代君主立憲派領導人。清光緒進士，授翰林院編修。一九〇七年組織「湖南憲政公會」，積極推行立憲。後曾任湖南諮議局議長、湖南督軍兼省長等職。一九二七年後，曾任南京國民政府主席、行政院院長。工書，擘窠榜書、蠅關小楷艾極精妙。從錢灃、何紹基、翁同龢上溯，顏眞卿〈麻姑仙壇記〉。行書兼採米芾法。在南京病逝。

90・**張靜江**（一八七六年——一九五〇年），名人傑、增澄，浙江吳興（今湖州）人。早年曾資助孫中山革命運動。袁世凱死後，回國開辦上海證劵交易所，與蔣介石交往密切，爲「國民黨四大元老」之一。孫逝世後，張一直支持蔣。張由上海到廣州，被推爲國民黨中央政治會議主席，一九二六年又代理國民政府主席。一九二七年後任浙江省主席，負責「清黨」工作。後任國民政府建設委員長。張始終遵循孫中山「實業救國」的遺訓，大力投入建設事業，也是蔣的盟兄。後因與蔣親信陳果夫、黃郛等人衝突，一九三〇年被免職。抗戰爆發後，避居漢口，後經香港赴瑞士、美國，寓居紐約。在巴黎病逝。

91 · **熊克武**（**一八八五年——一九七〇年**），字錦帆，四川樂山人，曾留學日本。任蜀軍第一師師長。「二次革命」爆發，熊被推爲討袁總司令。一九二五年孫中山病逝北京，代大元帥胡漢民命熊回廣東休整，待機再北伐。蔣介石爲奪其部，扣捕熊克武、余際唐等人於虎門炮臺。蔣後釋放熊，熊仍任國民黨中央委員。抗戰開始後，熊在重慶任國民黨國防委員。一九三九年遷居成都，與朱叔癡、劉文輝、鄧錫侯等商議，共同策劃反蔣。一九四九年熊在成都組成「川康渝民眾自衛委員會」，熊任主任委員，繼續反蔣活動。一九四九年後，熊歷任西南軍政委員會副主席、全國政協委員、人大常委、民革中央副主席等職務。在北京病逝。

92 · **楊坤如**（**一八八四年——一九三六年**），字達波，廣東博羅縣汝湖（今屬惠州）人。綠林出身，曾任廣東警備遊擊第一路少將司令。一九二一年任第五師師長。一九二二年，奉陳炯明密令，在廣州公開叛亂。一九二三年被滇、桂軍擊敗，逃往惠州。後被北京政府任爲廣東陸軍第九師師長，再任陳炯明部第六軍軍長，與革命政府對抗，大肆壓榨惠州百姓。一九二五年廣州軍政府東征，連破林虎、洪兆麟、楊等部後，楊逃往香港九龍。同年國民革命軍第二次東征，包圍惠州城，在十月十四日攻克號稱「南中國第一天險」的惠州城。之後楊再度潛往香港。在香港病逝。

93．**王懋功**（一八九一年——一九六一年），字東成，江蘇銅山人，陸軍中將，保定軍校第二期、蘇聯伏龍芝軍事學院畢業。一九二四年後，歷任孫中山廣州大本營參軍、軍校潮汕分校行營主任、第一軍第二師師長、廣州衛戍司令。一九二六年被撤職，奉派入蘇聯伏龍芝軍事學院學習。一九三〇年回國參與反蔣活動。後任汪精衛侍從武官、軍事顧問、國民黨第四屆中央候補委員、山西省府委員、平綏鐵路管理局局長等職。抗戰爆發後，任國民政府軍委會軍法執行總監部副監、第十戰區副司令長官。一九四五年後任江蘇省主席、兼江蘇保安司令、國民黨中央執行委員。一九四九年到臺灣，任總統府戰略顧問、國策顧問。在臺北病逝。

94．**吳鐵城**（一八八八年——一九五三年），原籍廣東香山（今中山市），出生在江西九江，畢業於九江同文書院，日本明治大學法律科。一九二三年後，歷任討伐陳炯明東路討賊軍第一路軍司令、廣州市公安局局長、第六軍十七師師長兼廣州衛戍司令、廣東省府委員兼建設廳廳長。一九二九年——一九四七年後，歷任國民黨中央執委、立法委員、警察總監、僑務委員會委員、上海市長兼淞滬警備司令、廣東省主席、國民黨中央海外部長、國民黨中央秘書長、國府立法院副院長、行政院副院長兼外交部部長。一九四九年到臺灣，任總統府資政。在臺北病逝。

95．**陳明仁**（一九〇三年——一九七四年），湖南醴陵人，黃埔軍校第一期畢業。參加過討伐陳炯明的第一、二次東征。後歷任國民黨陸軍第八十師副師長、師長、預備師師長、軍長、東北第五綏靖區司令、第七兵團司令，華中「剿總」副總司令兼湖南省主席。一九四九年在長沙投共後，編入解放軍，任湖南軍區副司令員、第四野戰軍二十一兵團司令員、第五十五軍軍長、湖南省臨時政府主席。一九五五年被授予解放軍上將。後任國防委員、全國人大代表、全國政協代表及常務委員。

96 · **李之龍**（一八九七年——一九二八年），湖北沔陽人。煙臺海軍學校學習，後因發動校工、水兵罷工罷航，被海軍學校開除。一九二一年加入共產黨。一九二四年任蘇聯顧問鮑羅廷英文翻譯。黃埔軍校第一期畢業後，參加第一次東征，平定劉、楊叛亂。一九二五年後，任海軍局政治部少將主任、代理海軍局長兼中山艦艦長，晉升為海軍中將，為當時海軍學校副校長歐陽格的眼中釘。在「中山艦事件」中，歐陽將李逮捕。後來，蔣介石將歐陽免職並拘留，同時宣佈李無罪釋放。但李已失去海軍局一切職務，也脫離共產黨。北伐前夕，李在北伐軍總政治部負責宣傳工作，撰文發表《「三二〇」事件眞相》，攻擊蔣。一九二七年由武漢潛到廣州，以港商身份從事海軍兵運工作，身份暴露，被迫東渡日本。一九二八年，李從日本經香港潛返廣州，被國民黨特務逮捕，處決於廣州紅花崗。

97 · **歐陽鍾**，為當時海軍軍官學校副校長歐陽格的侄子。歐陽格曾經是「豫章」艦艦長，在一九二二年七月十日孫中山受陳炯明叛變受困於「永豐」艦時，歐陽曾立功解圍。他屬於黃埔軍校「孫文學會」的成員，和李之龍是死對頭。

98 · **季山嘉**，一九二五年十一月，代替有病回國治療的加倫出任華南軍事顧問團團長。

季山嘉的作風、性格和鮑羅廷、加倫明顯不同。他上任之後，致力於軍隊的集中管理。但是，他急於求成、方式直接粗暴，引起國民黨人和軍官的反感。他主持的軍事改革，自然與蔣介石發生尖銳的矛盾和很多國民黨人的不滿。

99 · **歐陽格**（一八九五年——一九四一年），江西宜黃人，國民黨海軍將領，煙臺海軍學校畢業。一九二一年任廣東海軍「豫章」艦艦長、一九二二年陳炯明叛變時護衛孫中山有功，升爲艦隊司令。後歷任廣東國民政府海軍局代局長、電雷學校教育長、國民黨第五屆中央監察委員等。抗戰爆發時任江陰江防司令；一九三八年因馬當失守而被扣押；一九四一年八月被槍決。

100 · **陳肇英**（一八八八年——一九七七年），字雄夫，浙江省浦江人，炮兵將校專科學校畢業。一九一八年，與蔣介石結爲拜把兄弟後，任護法政府參謀。陳炯明叛變，上永豐艦晉見孫中山，任討逆軍第一路司令。一九二六年，任虎門要塞司令，參與策劃中山艦事件，逮捕艦長、中共黨員李之龍。一九三四年——一九四二年間，歷任閩浙監察使、國民黨福建省黨部主委。曾集資籌建普義中學（後稱中山中學）。一九四四年後，任國民黨江西省黨部主委、皖贛監察使、監察委員。一九四九年去臺灣，任國民黨中央紀律委員、中央評議委員等。在臺北病逝。

101 · **宋文彬**（一九〇二年——二〇〇二年），河北遵化人，曾入北京大學旁聽，黃埔軍校第一期畢業。一九二三年加入國民黨。曾參加第一、二次東征和北伐戰爭，曾任國民革命軍第二十師團長。一九二六年夏在南昌戰役負重傷。後任國民革命軍軍參謀處長、總隊長、幹訓團副教育長等職。一九四七年任北平警備司令部少將高參。一九四九年一月參加北平和平解放。

102 · **李福林**（一八七四年——一九五二年），字登同，廣州市海珠區大塘鄉（原番禺縣）人。一九〇七年，李在新加坡認識孫中山，並加入同盟會。一九一二年，他投靠陳炯明，袁世凱稱帝後，授予李陸軍中將。一九一六年，他又投靠桂系。一九一七年孫任命李爲大元帥府親軍總司令。一九二二年北伐，李率部參加討逆。一九二四年大元帥府任命李爲東莞、番禺、順德三屬剿匪司令。後又參與黃埔學生軍平定廣東商團叛亂。北伐時任國民革命軍第五軍軍長。一九四一年後，蔣介石任他爲「中央軍事委員會顧問」、「軍事委員會駐粵軍事特派員」。一九四九年，李全家遷往香港。在香港病逝。

103 · **程潛**（一八八二年——一九六八年），字頌雲，湖南醴陵人，清末秀才，同盟會員，日本陸軍士官學校第六期畢業，陸軍一級上將。曾任湘軍都督府參謀長、非常大總統府陸軍總長，廣東大本營軍政部部長。一九四九年在長沙投共，同年九月出席政協第一屆全體會議。後任中央人民政府委員、全國人大常委副委員長、國防委員會副主席、湖南省省長、中國國民黨革命委員會副主席。在北京病逝。

104 · **李宗仁**（一八九一年——一九六九年），廣西臨桂人，字德鄰，黃埔軍校南寧分校總負責人，國民黨高級將領，軍事家，抗日名將，曾任中華民國副總統、代總統。一九六五年（七十四歲）從美國返回中國大陸。在北京逝世。

105 · **唐生智**（一八八九年——一九七〇年），字孟瀟，湖南東安人，中華民國將領，保定陸軍軍官學校畢業，歷經中華民國建國到國共內戰開始時期，擔任國民黨不同的重要職務，軍銜到上將。一九四九年在湖南投共，後曾任全國人大常務委員，政協常務委員，國防委員會委員，湖南省副主席、副省長、政協副主席，中南軍政委員會委員，中南行政委員會委員，中國國民黨革命委員會中央常務委員等職。在長沙病逝。

106 · **趙定昌**（一九〇四年——一九九八年），號踵武，雲南鳳慶人，陸軍中將，黃埔軍校第一期畢業。一九二八年任第一軍二師三團團長，一九三六年任第三十三師師長，一九三七年參加淞滬會戰後，歷任第八軍副軍長兼預備十一師師長、軍委會中將參議。抗戰勝利後脫離軍職，定居緬甸，一九四八年秋應中共邀請回國，參與解放雲南策反工作。後任雲南省人民政府參事，雲南省政協委員。在昆明病逝。

107 · **陳琪**（一八九七年——一九七一年），浙江諸暨人，別號凹居，黃埔軍校一期畢業。一九四一年任八〇師師長守備福州，戰後被撤職。後任第一〇〇軍中將軍長。在山東濟南病逝。

108 · **李延年**（一九〇四年——一九七四年），字吉甫，山東廣饒人，黃埔軍校第一期畢業。一九二七年，任國民革命軍第一軍第二師五團團長。一九三一——一九三四年，李任第九師師長，參加了數次（剿共）戰役。抗日戰爭爆發後，李先後任第二軍軍長、第十一軍團長、第三十八集團軍副總司令、第二十四集團軍總司令等職。抗戰勝利後，李先後任第十一戰區副司令長官、國民黨中央監察委員、徐州「剿總」副司令兼第二兵團司令官、京滬杭衛戍司令部副總司令兼南京江防司令等職。一九四九年李到臺灣，被國民黨以「擅自撤退罪」判刑十年。在臺北病逝。

109 **・陳可鈺**（**一八八二年——一九四四年**），廣東省清遠（今清遠縣石潭鎮）人，廣東弁學堂畢業。加入同盟會後，參加了辛亥革命及「二次革命」。一九二〇年任粵軍第一師參謀長、大元帥府參軍、國民革命軍第四軍副軍長，參加了統一廣東及北伐戰爭。一九二七年曾任廣州國民黨臨時軍事委員會總參謀長。後痛心於國民黨新軍閥混戰，加上痼疾纏身，遂不問軍政事務，避居廣州，後病逝原籍。

110 **・吳佩孚**（**一八七四年——一九三九年**），字子玉，山東蓬萊人。一八九八年投淮軍。一九〇六年任北洋陸軍曹錕部管帶。後升任旅長。護國討袁運動興起，隨營入川鎮壓蔡鍔領導的雲南護國軍。一九一七年任討逆軍西路先鋒，參加討伐張勳復辟。同年孫中山組成護法軍政府。一九一九年馮國璋病死，曹錕、吳佩孚繼承了直系軍閥首領的地位。一九三九年吳佩孚患牙病高燒不退，十二月四日，日本牙醫受命於土肥原謀殺吳佩孚，吳在牙醫刀下當場身亡。國民政府追贈為陸軍一級上將。

111 **・馮玉祥**（**一八八二年——一九四八年**），字煥章，原名基善，安徽巢湖人。北洋軍閥時期，曾任陸軍第十六混成旅旅長，第十一師師長。張勳復辟時率部入京討伐，一九二四年十月發動北京政變，通電主和，改所部為國民軍，任總司令兼第一軍軍長，並電請孫中山北上主持大計。一九二五年任西北邊防督辦，多次赴蘇考察。

一九二八年聯合閻錫山和李宗仁發動反蔣中原大戰。一九三三年任抗日同盟軍總司令，多次擊敗日軍。一九四六年出國考察，一九四八年歸國途中因輪船失火而遇難。

112 · **孫傳芳**（一八八五年——一九三五年），字馨遠，山東曆城人。日本陸軍士官學校畢業後加入同盟會。一九二三年任福建軍務督理。一九二四年奉曹錕之命出兵佔據浙江。一九二五年在南京成立浙、閩、蘇、皖、贛五省聯軍，自任聯軍總司令，成爲直系後期最有實力的軍閥。一九二六年北伐軍進入江西，孫主力被殲後赴天津投靠張作霖，被任爲五省聯軍總司令。一九二七年與蔣、桂軍在南京龍潭激戰五天後失敗。一九二八年春，被張作霖命與蔣介石、馮玉祥部作戰，失敗後逃回濟南。此後孫赴瀋陽投靠張學良，後在天津被爲父報仇的施劍翹女士刺死。

113 · **梁自厚**，江蘇泰和人，一九二七年任江蘇崇明縣長，一九三二年任河南鄭州縣長。

114 · **熊綬雲**（一八九八年——一九二六年），原名建略，別號道南，江西南昌人，黃埔軍校第一期畢業。歷任黃埔軍校第二期工兵科區隊長，東征軍左翼第一縱隊排、連長，國民革命軍第一軍第二師第四團少校營長、中校團附。一九二六年秋在南昌戰役中陣亡。

115 · **文志文**（一九〇二年——一九二六年），湖南益陽人，黃埔軍校第一期畢業，北伐時任第一軍第二師第五團團長。文在一九二六年十月十一日的南昌攻城戰鬥中陣亡。

116 · **張漢章**，江西樂平人，黃埔軍校第一期畢業，北伐時任第一軍第二師第六團團長。

張在一九二六年十月十一日的南昌攻城戰鬥中陣亡。

117 · **章烈**（一八八九年——一九四五年），字一定，乳名小慶，今浙江省富陽人。保定軍校第三期畢業後，任黃埔軍校第一、二期步科考官，曾率學生軍討伐陳炯明。一九二六年國民革命軍北伐攻南昌後，章烈接任第二師第四團團長，章攻下杭州後，任浙江省杭州公安局長，後改任江蘇武進縣縣長，轉河南輝縣縣長。抗日戰爭時期，任蔣介石西安行轅高級參謀，一九三六年任陝西省第四區後轉第十區行政督察專員兼保安司令。一九四一年十月六日乞休，養病西安，四年後不治而死。

118 · **賈伯濤**（一九〇二年——一九七八年），原籍湖北大冶，生於江蘇揚州，黃埔軍校第一期畢業，南京陸軍大學將官班第三期畢業。北伐時期，任東路軍總指揮部上校參謀，中央軍校上校主任教官，軍訓部少將組長。抗日戰爭後，歷任軍委會西戰幹團副教育長、閩浙贛三省邊區綏靖指揮官。一九四六年起任武漢行營政務處中將處長，華中「剿總」政務委員會辦公廳秘書長。一九四九年在香港投共。

119 · **黃奮銳**（一九〇四年——？），字天谷，廣西惠陽人，黃埔軍校第一期畢業，曾任軍委會委員長侍從室第三部，少將副主任。

120 · **鄧經儒**（一九〇二年——一九七二年），字緯群，廣東電白人，黃埔軍校第一期畢業，廬山軍官訓練團高級班畢業。曾參加東征和北伐戰爭。一九三一年任京滬警備總司令部警備旅代理旅長。抗日戰爭爆發後，歷任陸軍新編第十師師長、第九十一軍副軍長、軍委會軍政部第二十一補充訓練處處長、第三集團軍總部參謀處長。一九四七年任訓練總監部中將委員。一九四九年到臺灣，當選「國大代表」。在臺北逝世。

121 **・黃騷**（一八八七年——一九四二年），字深微，廣東中山人。幼年赴美檀香山半工半讀，後入紐約聖勞倫斯大學及哈佛大學研究院，獲碩士學位。在美入同盟會。一九二一年被孫中山任命為總統府技正，不久奉命到澳門創辦火藥局。陳炯明叛亂平定後，出任大本營財政部顧問、廣東省財政廳顧問及廣東造幣廠廠長。一九二四——一九三〇年任廣東兵工廠少將廠長。抗日戰爭爆發後，出遊國外，撰文揭露汪精衛賣國陰謀。在廣西柳州病逝。

122 **・張發奎**（一八九六年——一九八〇年），字向華，廣東始興人，國民黨軍陸軍二級上將。抗日戰爭期間，先後任集團軍總司令、兵團總司令、戰區司令長官、方面軍司令官等職，率部參加過淞滬、武漢、昆侖關等戰役。抗戰勝利後，任廣州行營（後改行轅）主任，一九四七年改任總統府戰略顧問委員會委員。一九四九年三月任陸軍總司令，七月辭職，去香港定居。

123 **・容海襟**（一九〇四年——一九八五年），廣東中山人，為孫科外甥，黃埔軍校第一期畢業。畢業後隨軍參加北伐戰爭，曾任代理團長，北伐後轉業鐵道警政事宜。一九二七年秋，任蘇五屬緝私局長，一九四九年冬赴澳門經商，曾任救災總會澳門分會幹事等職。在澳門因病逝世。

124 **・毛炳文**（一八九一年——一九七〇年），湖南湘鄉（今屬漣源境內）人，保定陸軍軍官學校三期畢業。一九二七年——一九三二年間，歷任國民革命軍第四十軍第三師師長、副軍長、第三師師長、第八師師長，一九三二年起任國民革命軍陸軍第三十七軍軍長，第十一軍團軍團長，西北「剿匪」軍第三縱隊司令，一九四九年到臺灣，續任國大代表，兼任光復大陸設計委員。在臺北病逝。

125 · **繆斌**（一九〇二年——一九四六年），字弼丞，號丕成，江蘇無錫人，綽號「小道士」。一九二一年考入南洋公學（現上海交大）電氣科，之後加入國民黨。歷任北伐時第一軍副黨代表、江蘇省政府委員兼民政廳長等職務。抗日戰爭爆發後，他賣身投靠日本人，當起「華北新民會」副會長。汪精衛政府成立後，又出任立法院副院長。爲了給自己留退路，他一方面爲日本人賣力，一方面又與重慶方面的要人何應欽、戴笠搭上關係，腳踩兩隻船，以觀事態發展。一九四六年二月，繆斌被解往蘇州江蘇省高等法院。自以爲有功於國民黨，被派到日本謀和更是功不可沒。國民黨政府絕不會懲處他。一九四六年五月，江蘇高等法院以通謀敵國、圖謀反抗本國的罪名判處繆斌死刑執行槍決。

126 · **楊蔚**（一九〇五年——？），字庭芳，河南商城人，黃埔軍校第四期畢業。原江蘇省保安第一團團長，戴笠派楊蔚擔任「忠義救國軍」副總指揮楊蔚。抗戰時任四十七師師長。

127 · **嚴爾艾**（一八九四年——一九五九年），字蘭蓀，雲南玉溪人，保定軍校第六期畢業。一九二四年擔任黃埔軍校炮科教官。一九二六年北伐時，任國民革命軍第一軍（軍長何應欽）第二師（師長劉峙）第五團（團長蔣鼎文）第二營營長。在武昌戰役中任代理第五團團長，頭部負傷。後擔任第二師副師長、參謀長。一九二八年，任第一集團軍中將參謀長。北伐後任江蘇警官學校教育長，中央軍校研究班少將副主任等職。抗日戰爭開始，任十一預備師參謀長（師長趙定昌）。抗戰軍時期任第六戰區榮譽軍人管理處萬縣處長至一九四六年退役。一九四九年後，留在大陸。病逝於南京。

128 · **陳德法**（一九〇〇年——一九七五年），字民具，浙江諸暨人，黃埔軍校一期畢業。一九四一年，日軍犯浙閩沿海，陳率一九四師抗擊。苦戰一月餘，寧波失守，遭免職，由郭禮伯接任該師師長。一九三八年後歷任第三戰區司令長官部高參、第二軍副軍長、新疆迪化（今烏魯木齊）警備司令、整編第七十八師副師長。一九四九年投共後，任解放軍第九軍副軍長，新疆生產建設兵團副參謀長。在烏魯木齊逝世。

129 · **邵存誠**，江蘇宜興人，黃埔軍校二期畢業，曾任炮兵第三團團長及蔣介石侍從室組長，在西安事變中被扣，後被釋放。

130 · **高振鵬**（一九〇二年——？），湖南長沙人，黃埔軍校一期畢業。

131 · **陳銘樞**（一八八九年——一九六五年），字真如，廣東合浦（今屬廣西浦北）人。一九〇六年加入同盟會。保定軍校畢業。一九二六年北伐，陳部向長沙挺進，攻克武漢。次年升任軍長，兼武漢衛戍司令。一九二七年後，歷任廣東省主席、「剿赤」右翼軍總司令、京滬衛戍司令長官、代理行政院長、交通部部長。一九三三年開始從事反蔣活動。一九三四年初，事變失敗，再次赴歐洲。不久回香港，與李濟深、蔣光鼐、蔡廷鍇等在港組織中華民族革命大同盟，陳任副主席（主席爲李濟深）。一九四五年，三民主義同志聯合會（簡稱民聯）在重慶上清寺特園成立，陳銘樞被選爲常務總幹事之一。一九四六年後，陳密切與中共地下組織保持聯繫，策反國民黨政府人士。一九四九年後，陳參加全國政協，歷任中央委員、中南行政委員會副主席、國務院交通部長等職。一九五七年被劃爲右派分子，一九八〇年六月改正。

132 **・湯恩伯（一九〇〇年——一九五四年）**，字恩伯，名克勤，浙江武義人，日本陸軍士官學校畢業。曾任陸軍軍官學校軍事教官、學生總隊大隊長。一九三一年起，任第二師師長、第十三軍軍長等職。戰爆發後，歷任第二十軍團軍團長、第三十一集團軍總司令。台兒莊會戰中湯功不可沒。一九四四年在豫中會戰所部潰敗，受撤職留任處分。一九四五年日本投降後，歷任南京衛戍總司令、徐州綏靖公署第一兵團司令、首都衛戍司令、陸軍副總司令。一九四九年到臺灣，任戰略顧問等職。病逝後被追晉陸軍上將。

133 **・張治中（一八九〇年——一九六九年）**，字文白，原名本堯，安徽巢縣（今巢湖市居巢區）人，保定陸軍軍官學校第三期畢業。一九二四年後，任黃埔軍校學生總隊長、軍官團團長。一九二六年參加北伐，一九二八年後，歷任中央軍校教育長、第五軍軍長、第四路軍總指揮、第九集團軍總司令、湖南省主席。一九四五年，任國民黨軍事委員會政治部部長。一九四五年，張代表國民黨去延安迎接毛澤東到重慶談判，張爲國民黨談判首席代表。一九四九年張治中發表了「對時局的聲明」，宣佈脫離國民黨，投向共黨。之後，任西北軍政委員會副主席、全國人大常委副委員長、國防委員會副主席、全國政協委員等職。在北京病逝。

134 **・劉健群**（一九〇二年——一九七二年），字席儒，原名懷珍，貴州遵義人。一九三〇年，他參加「復興社」。加人「復興社」後，蔣介石對他很賞識，即任命劉爲軍委會（總）政訓處處長。一九三三年，劉到北平組織復興社，一九三四年，劉調任南京復興社書記。一九三五年，劉擔任復興社的書記長。一九三八年，國民黨復興社頭目康澤、劉健群在兩黨關係委員會上公然鼓吹「一個黨、一個領袖、一個主義」，攻擊八路軍在華北是「遊而不擊」。一九四八年當選立法院副院長，一度代理院長職務。一九五〇年升任立法院院長。曾任國民黨中央評議委員。在臺北逝世。

135 **・萬福麟**（一八八〇年——一九五一年），字壽山，祖籍直隸寧河，生於吉林農安（今長嶺縣）。一九二〇年起，萬歷任五十七旅旅長兼任滿（滿洲里）海（海拉爾）警備司令、安泰鎮守使（晉升少將）、東北陸軍第十五混成旅旅長、東北陸軍第十七師師長兼騎兵副軍長、第八軍軍長。一九二八年後，任東北邊防軍副總司令兼黑龍江省主席。任主席職期間，政績無多。但多少辦了一些照顧貧困人民、整頓中小學和纂修「黑龍江志稿」的好事。一九三二年，任第四軍軍長。次年初，指揮東北軍五個旅、三個炮兵團抵抗日軍進逼熱河，失利。後因參加對抗日同盟軍的圍攻，受何應欽的賞識，並委任萬爲軍委會北平分會副主任。後又任冀察政務委員會委員，晉升陸軍二級上將。抗戰爆發後，任第一集團軍副總司令兼第五十三軍軍長，後參加豫北、豫東戰役、武漢會戰，其部傷亡慘重。萬調赴重慶任軍委會委員。一九四九年赴臺灣，任國民黨政治諮詢委員。在臺中病逝。

136 · **宋天才**（一八八〇年——一九五一年），字首三，河南嵩人。行伍出身，一九二〇年投入鎭嵩軍，一九二七年任國民革命軍第八旅旅長，一九三〇年任反蔣聯軍第四方面軍第六路軍三十六師師長，參加中原大戰，失敗後投蔣，任第二十路軍第三十二軍軍長，不久部隊縮編任第二十路軍七十五師中將師長，一九三一年兼任南陽警備司令，抗戰爆發後兼任漳廈警備司令，一九三八年十一月因作戰失利辭職，任軍事委員會中將參議，旋返鄉居住，後任嵩縣參議會議長，一九四七年九月在嵩縣組織武裝與解放軍作戰，失敗後逃往南京，一九五〇年十一月二十日在上海被捕獲，一九五一年七月二十二日在嵩縣被處決。

137 · **蕭致平**，江西人。爲熊式輝第五師之老幹部之一。一九三三年任該師旅長，一九三四年任三十六軍第九十六師長，爲蔣介石五次圍剿共軍部隊之一。

138 · **彭善**（一九〇一年——二〇〇〇年），字楚珩，湖北黃陂人，黃埔軍校第一期、陸軍大學將官講習班第二期畢業。一九三一年——一九三六年間，歷任第十四師四十二旅八十四團團長、第四十一旅副旅長、第五十二師一五五旅旅長、第九十八師二九二旅旅長、第九十八師副師長、第十一師副師長、師長。一九三九年後歷任第十八軍軍長、湖北軍管區參謀長、鄂中挺進軍總指揮、湖北第四區行政督察專員兼保安司令。一九四三年起歷任第十集團軍副總司令兼第六戰區挺進軍總指揮、武漢警備副總司令。一九四八年任中央訓練團副教育長。一九五〇年任國防部中將參議。退役後任「光復大陸設計委員會」委員。一度移居美國。在臺北病逝。彭治軍素以嚴厲，驍勇見稱，人稱「拼命三郎」。

139 **・黃維**（一九〇四年——一九八九年），字培我，江西貴溪人，黃埔軍校第一期畢業。一九二七年起歷任第九軍團長、第十一師團長、十八軍第十一師第三十二旅旅長、第十一師師長。抗日戰爭時期，任國軍六十七師師長，參加上海一線的抗日激戰。一九三八年起任十八軍軍長、第五十四軍軍長、昆明防守司令、軍委會高級參謀、軍委會幹部訓練團副教育長、青年軍軍編練總監部東南分部主任。一九四五年任青年軍第三十一軍軍長。一九四六年任聯勤副總司令。一九四八年任新制軍官學校校長兼陸軍第三訓練處處長，後任第十二兵團司令官。一九四九年在淮海戰役（徐蚌會戰）中，因下屬中共間諜一一〇師師長廖運周在安徽省宿縣率部投共，使黃突圍計畫失敗被俘，並送至功德林戰犯管理所接受改造。後移到秦城監獄。一九七五年釋放後，曾擔任政協委員。在北京去世。

140 **・張學良**（一九〇一年——二〇〇一年），字漢卿，遼寧台安人。東三省陸軍講武堂第一期炮兵科就讀，任營長，從此開始了戎馬生涯。一九二五年授陸軍中將銜，一九二七年授陸軍上將銜。一九二〇年——一九二七年期間奉父張作霖命參加了多場軍閥混戰。一九二八年東北易幟後，出任東北邊防軍司令長官，從此開始了他的政治生涯。一九三〇年武裝調停中原大戰後，任中華民國陸海空軍副司令、國民政府委員。他在主政東北期間，大力倡導「東北新建設」。整軍經武，振興實業，修築鐵路，建築港口，提倡教育，推廣體育，發展科技，開墾農業，諸多方面，立下大功。「九・一八」事變，奉蔣介石之命，對日不抵抗，東三省迅即失守。但他的主導思想是「全國抗戰論」。領導東北軍進行了十一次重要抗日戰役。一九三一年任北平綏靖公署主任，後任代理軍委會北平分會委員長。一九三三年三月通電下野，出洋考察。一九三五年任軍委會武昌行營主任、「西北剿匪副總司令」。一九三六年與李克農、周恩來會談，走上聯共抗日的新道路。一九三六年十二月十二日，與楊虎城一道，對蔣介石實行兵諫，這就是震驚中外的西安事變，制止了國內戰爭，促成了第二次國共兩黨聯合抗日局面的初步形成。一九三六年十二月二十五日，張親自送蔣回南京。蔣從此將張長期幽禁。一九九一年，張攜夫人趙一荻赴美國探親觀光，結束了長達半個多世紀的幽禁。在美國夏威夷逝世，結束他對中國近代史影響深遠的傳奇一生。

141 · **楊虎城**（一八九三年——一九四九年），陝西蒲城人。參加過辛亥革命和護國戰爭。一九二四年加入國民黨。一九二七年被任命爲國民革命軍聯軍第十路軍總司令，一九三〇年任第十七路軍軍長，陝西省主席和西安綏靖公署主任。抗日戰爭前，蔣介石提倡「攘外必先安內」的政策，堅持「圍剿」紅軍。張學良爲首的東北軍和楊虎城爲首的第十七路軍，接受共產黨抗日民族統一戰線政策，要求蔣停止內戰，聯共抗日。蔣拒絕張、楊的要求，反而親臨西安逼張、楊進攻紅軍。張、楊遂於一九三六年十二月十二日清晨，毅然採取兵諫行動，在西安華清池扣留了蔣及陳誠等來陝的幾十名軍政要員。這就是聞名中外的西安事變。事變發生以後，蔣接受了停止內戰，一致抗日主張。二十五日，蔣由張親自護送回南京。西安事變和平解決。從此，十年內戰基本結束，爲國共兩黨第二次合作創造了條件。楊虎城在西安事變後被蔣介石逼令辭職「出洋考察」，後回國被囚禁，一九四九年慘遭殺害。

142 **·李錕**（一九〇四年——？），江西興國人，黃埔軍校二期畢業，一九三七年任軍委會南昌行營參謀。

143 **·鄧文儀**（一九〇六年——一九九八年），字雪冰，湖南醴陵人，黃埔軍校第一期畢業，蘇聯莫斯科中山大學學習。一九二七年回國後，歷任黃埔軍校政治部副主任、代理主任及國民黨軍隊師、軍政治部主任等職。一九三〇年至一九三四年任蔣介石侍從秘書。一九三一年冬成爲復興社十三太保之一。一九三五年後，歷任駐蘇聯大使館首席武官、任成都陸軍官校政治部主任兼委員長、成都行轅政治部主任。抗戰期間，任軍委會戰時工作訓練團政治部主任、政治總教官，中央軍校成都分校政治部中將主任，第三戰區政治部主任等職。一九四四年任青年軍政治部設計指導委員會主任委。一九四五年任軍事委員會政治部第一廳廳長。一九四六年後，歷任國防部新聞局局長、政工局長、新聞發言人，並當選爲國民黨中央委員、中央常委。一九四九年去臺灣，當選國民黨中央委員、中央常務委員。一九九〇年，鄧第一次祕密來到北京，並受到在莫斯科中山大學同學鄧小平以及原黃埔軍校同學徐向前在人民大會堂內歷史性的首次接見。一九九一年，江澤民接見了再次回大陸的鄧及其所率的「黃埔四海同心會謁陵訪問團」。在臺北去世。

144 · **林森**（一八六八年——一九四三年），字子超，原名林天波，號長仁，自號青芝老人，別署白洞山人、虎洞老樵、嘯余廬主人，福建閩侯縣人。一八八一年進鶴嶺英華書院。一八八三年考入臺灣中西學堂電科。一九〇五年加入中國同盟會。一九〇七年先後入美國密西根大學、耶魯大學文科研究院學習。一九一四年在東京加入中華革命黨。國民政府臨時參議院院長，中國國民黨右派（西山會議派）主要成員，國民政府主席，國民黨中央政治委員會代理主席。

145 · **桂永清**（一九〇〇年——一九五四年），別字率眞，江西貴溪人，黃埔軍校第一期、德國步兵專門學校畢業。曾參加第一、二次東征和北伐戰爭。於第一次東征興寧戰役戰時任連長，擅自沒收敵軍財物，郵寄回江西，事後被判死刑。後因學生聯呈國民黨中央，長官及老師念其在東征戰役有功，從寬處治，免他死罪，令其戴罪立功。一九二七年起任獨立第五十八團團長、國民革命軍總司令部警衛一團團長、第十一師三十一旅旅長。一九三五年後，歷任師長、南京警備司令。抗日戰爭爆發後，歷任第四十六師師長、第二十七軍軍長、軍委會戰時幹部訓練總團教育長。一九三八年因蘭封戰役失利被撤軍長職。一九四〇年任駐德國武官。一九四四年調任駐德國軍事代表團團長。當選國民黨第六屆中央執行委員。抗戰勝利後回國，出任海軍副總司令，代總司令、總司令、兼任國防科學委員會委員、海軍官校教育長。創辦青島海軍訓練團，任海軍軍官訓練團團長。一九四九年指揮戰艦二十七艘和其他船隻計十五萬噸撤至臺灣。一九四八年——一九五八年任海軍總司令、總統府參軍長、國民黨中央評議委員、國防部參謀總長。在臺北病逝。

146 **・周復**（一九〇一年——一九四三年），江西臨川人，黃埔軍校三期畢業，「復興社」成立時五個籌備負責人之一，其他四個人爲賀衷寒、酆悌、滕傑、康澤，一九三七年任第一戰區政治部中將主任，一九四三年在山東安丘同峰鄉與日軍作戰時陣亡。

147 **・李良榮**（一九〇六年——一九六七年），別號良安，福建同安人。黃埔軍校第一期畢業。父從商農，家境清貧。曾任本縣城鎮隆昌貨棧店員、簿記。北伐時，在南昌戰役負傷後返鄉，傷癒後任晉江宣傳員養成所所長、泉永民團營長。一九三一年起任四十九師營長、第三十六師補充團團長、第一〇六旅旅長、教導總隊華僑大隊大隊長。一九三六年任航空委員會特務團團長。抗日戰爭爆發後，任第二十七軍四十六師副師長、師長、軍委會委員長侍從室參謀、軍政部第十三新兵補訓處處長、八〇師師長兼福州警備司令、第二十八軍軍長。一九四六年後，歷任第一兵團第二綏靖區司令、第二十三軍軍長、徐州「剿總」第九綏靖區司令官。一九四八年任國防部第二編練司令部司令官、福建省主席、第二十二兵團司令官兼廈門警備司令。一九四九年率軍三萬人退踞大、小金門島，與胡璉指揮金門島反登陸戰役獲勝利。一九五〇年到臺灣，任「光復大陸設計研究委員會」委員，臺灣省第三屆議會議員。一九五七年遷居馬來西亞吉隆坡，曾與友人經營工礦及水泥公司。在馬來西亞車禍遇難。

148 · **柯建安**（一八九九年——？），江西武寧人，黃埔軍校三期畢業，曾任內政部警視廳少將廳長。

149 · **黃杰**（一九〇二年——一九九五年），字達雲，湖南長沙人，黃埔軍校第一期畢後在廬山軍官訓練團、陸軍大學將官班、中央訓練團黨政班及國防大學聯戰系接受訓練。一九三〇年中原大戰，成功的保護堅持在柳河車站指揮的蔣介石，有救駕之功。一九三二年升任陸軍第二師師長，參加了著名的長城抗戰，被授予青天白日勳章。抗日戰爭爆發後，任陸軍第八軍軍長兼稅警總團長，率部參加淞滬會戰、徐州會戰。在蘭封會戰中違令撤退，被撤職查辦。一九三九年後，歷任成都軍校教育處處長、桂林軍校第六分校主任、第十一集團軍副總司令兼第六軍軍長、第十一集團軍總司令。指揮部隊渡過怒江，克復龍陵、芒市、遮放、畹町四大據點，並於一九四五年越過中緬邊境，與駐印軍及盟軍勝利會師，取得滇西反攻防的重大勝利，打通國際交通線滇緬公路的任務。一九四五年，出任第一方面軍副司令官兼中印公路東段警備副司令，指揮對日反攻作戰。抗日勝利後，出任國民黨中央訓練團教育長兼軍官訓練團教育長。從一九四八年起身兼長沙綏靖公署中將副主任、第三訓練處處長、國防部次長、陸軍第五編練司令官等職務。一九四九年任湖南省主席兼第一兵團司令官和湖南綏靖總司令。廣西戰役後期，他違背白崇禧撤向雷州半島的指令，獨斷撤向越南，雖繳械被拘留於富國島，但替國民黨保存了三萬軍隊，直到一九五三年方帶此部隊至臺灣。同年八月，出任臺灣衛戍司令。一九五四年後，歷任陸軍總司令兼臺灣防衛總司令、總統府參軍長、臺灣警備總司令、任職臺灣省主席六年多，頗多建樹。一九六九年後，歷任國防部長、總統府戰略顧問、連任國民黨中央常委。在臺北病逝。

150 · **龍慕韓**（一八九八年——一九三八年），字漢臣，安徽懷寧人。黃埔軍校第一期畢業。在學期間任第一隊第六分隊長。畢業後歷任入伍生隊區隊長、連長、軍校教授部上尉技術教官、少校副隊長。一九二八年任南京中央軍校第二總隊步科第四隊中校隊長。一九三二年起任第五軍第八十八師上校團長、少將旅長。抗日戰爭爆發後，任第八十五軍第八十八師中將師長。一九三八年五月因在蘭封戰役作戰指揮不力，被蔣介石下令軍法處決。

151 · **賴傳英**（一八九五年——一九五八年），江西南康人，保定軍校三期步科畢業，一九三八年任南昌警備司令。

152 · **蕭淑宇**（？——一九四一年），國民黨軍少將，江西永新人。早年留學法國。後加入汪精衛的改組派。抗日戰爭期間，曾任國民黨江西省保安司令部政訓處少將處長。後投靠汪偽政權。一九四一年冬，在赴南昌任汪偽江西省省長的途中，被江西省主席熊式輝派人槍殺。

153 · **賴天球**，江西大餘人，早年參加辛亥革命，保定陸軍軍官學校畢業。曾任孫中山貼身護衛、南贛遊擊司令官、韶贛遊擊司令官。後來因內部派系爭權，蔣介石誤殺了賴的原頂頭上司賴世橫將軍（江西石城人），而離開國府黨。就在贛州本地組織了保安團，任南康縣保安團團長、定南縣縣長。一九四九年，其外甥沈發藻將軍曾派專機勸他去臺灣，被他婉拒，覺得自己與周恩來有師生關係，自己又沒有作過傷害中共的事情，應該不會有什麼事。沒想到解放軍剛解放大餘，第一個就拿他開刀，解放新城當天，就在現新城橋頭牛光壩把他他當作土匪就地槍決。事後，周恩來的特赦令免賴天球一死的電報到達贛州時，已為時太晚。

154 · **王廷驥**，江西信豐人，保定陸軍軍官學校畢業。曾是江西賴世璜將軍的舊部，一九三八年任江西保安團團長，駐防信豐。一九五〇年，王被信豐縣公安機關逮捕處決。

155 · **劉卓夫**，江西大餘人，保定陸軍軍官學校畢業，曾任職於十九集團軍團長。一九三八年任江西保安團團長，駐防於大餘一帶。

156 · **周忠恂**，一九三三年，任江西永新縣縣長。一九三五年，任江西第七行政區（南城）保安副司令，率十七、十八兩保安團，進駐光澤地區與共軍作戰。一九三八年，任江西保安第十團團長，一九四七年任預備第六師副師長。一九五〇年，以反革命分子罪名被中共槍決。

157 · **傅亞夫**（一九〇八年——一九九五年），又名傅邦聞、傅棟發，江西新餘人，黃埔軍校第六期畢業，陸軍大學十一期畢業。歷任團旅長，青年遠征軍高級參謀，六十六軍新編二十八師副旅長、師長，曾在劉峙部下任高級參謀及重慶衛戍司令部參謀處處長。一九四六年後任國民政府參軍處軍務局參謀及總統府第三局副局長。一九四九年到臺灣，一九六二年任臺灣總統府第二局中將局長，一九六四年任總統府戰略顧問，一九六七年退役。在臺北病逝。

158 **・薛岳**（一八九六年——一九九八年），字伯陵，廣東韶關人抗日名將，原名薛仰岳，保定陸軍軍官學校第六期畢業。一九二二年陳炯明叛亂期間，曾助宋慶齡脫險。北伐初期任第一師師長。一九二七年蔣介石清黨，薛改投李濟深第四軍，指揮鎮壓南昌暴動後南下潮汕的共軍。之後，多次參與第四軍的反蔣戰爭。一九三三年，被蔣徵召，擔任第五軍軍長參加對中央蘇區的第五次圍剿。一九三四年，升任第六路軍總指揮，先後攻佔贛南韶源、上岡、壽華山、興國、古龍岡，給紅軍造成很大損失，又進佔石城，直逼瑞金。在連戰失利及大兵壓境的不利形勢下，紅軍被迫作戰略轉移，開始了二萬五千里「長征」。薛指揮第六路軍和第八縱隊跟蹤追擊，在湘江戰役中，薛部重創紅軍第五軍團，俘三十四師師長陳樹湘等。之後，紅軍被迫入貴州，在進佔遵義時，薛部繼續追擊，中共召開了著名的「遵義會議」，進行了四渡赤水戰役，利用國民政府和地方軍閥的矛盾，渡過金沙江，擺脫薛的追擊。這次戰役被中共廣為宣傳為「毛主席的神來之筆」，但實際上是被薛及川滇軍閥擊敗。紅軍渡過金沙江後，蔣立即組織薛和川康軍閥所部二十萬人進行大渡河會戰。但在戰役尚未部署就緒之際，紅軍就已突破了西康省主席劉文輝的防線，全部渡過了大渡河。一九三五年，蔣在成都召開軍事會議。會前，薛及蔣高級幕僚認為：紅軍下一戰略目標是北出甘肅，向西北發展。於是，蔣決定將薛部北調甘陝，原第三路軍胡宗南部歸薛指揮。果然，共軍紅一、三軍團突破臘子口，進入甘肅，於當年十月抵達陝北，與紅十五軍團會師。此時，蔣軍精銳皆集於西北，紅軍三個軍團加起來才萬餘人，實力懸殊，處境危險。但這時，蔣犯了致命錯誤，命薛東開湖北圍剿賀龍，將西北剿共軍事交給張學良，使共軍轉危爲安。不久張與共軍妥協，一年後釀成了「西安事變」。同年十二月，薛又投入戰鬥，攻克滎經、天全、始陽，重創紅四方面軍，迫其退入藏區，重陷絕境。到此，薛軍對共軍追剿宣告結束。從一九三三年至一九三六年三年多的時間裏，薛率部行程兩萬餘里，擊潰紅軍兩大主力。並在追擊紅軍過程中，搞垮了貴州軍閥王家烈，動搖了西康省主席劉文輝的統治，穩住了雲南省主席龍雲，爲蔣統一西南立下了汗馬功勞，也爲西南抗日打下了良好基礎。爲此，一九三七年，國府任命薛爲滇黔綏署主任兼貴州省主席。抗戰時期，歷任第十九集團軍總司、第三戰區前敵總指揮、第一戰區第一兵團總司令、第九戰區司令長官、湖南省主席，八年抗戰中，指揮了著名的淞滬會戰、徐州會戰、蘭封會戰、萬家嶺大捷、南昌會戰、上高會戰、第一、第二、第三次長沙大捷、浙贛會戰、常德會戰、長衡會戰及湘粵贛會戰，重創日軍無數，對盟軍太平洋戰事提供了穩定局勢的貢獻，立下了赫赫戰功，被盟軍稱爲「中國抗日第一戰將」。一九四九年到臺灣後，薛被任爲總統府一級上將戰略顧問、行政院政務委員、光復大陸設計會主任委員。在臺北去逝。

159 ・**羅卓英**（一八九六年——一九六一年），字尤青，廣東大埔人，國民政府軍陸軍二級上將。保定軍校第八期炮兵科畢業，與陳誠同爲炮兵科同期同學，並繼陳之後爲第十八軍第二任軍長。與周至柔則是同期步科同學，同是土木系的重要將領。羅早年參加東征與北伐等役，由下級軍官升至國軍第十一師師長及第十八軍軍長，並積極參與江西共軍的「圍剿」。抗日戰爭期間參加保衛上海、南京、武漢諸役。歷任第十九集團軍總司令、第九戰區副司令長官、遠征軍司令長官、軍令部次長，兼軍委會訓練總監。抗戰勝利後，曾任廣東省主席、東北行轅副主任。一九四九年，任東南軍政長官公署副長官。金門戰役勝利後，抵臺灣。並任總統府戰略顧問、國防研究院副主任、駐薩爾瓦多大使等職。在臺北病逝。

160 ・**李玉堂**（一八九九年——一九五一年），字瑤階，山東廣饒人。黃埔軍校第一期畢業，一九三一年，任三師師長。抗日戰爭爆發後，參加淞滬會戰、徐州會戰，任第八軍軍長。後改爲第十軍，駐守長沙。一九三九年，第二次長沙會戰失利，撤職留用處分。一九四一年十月，在聞名中外的第三次長沙會戰大捷中立功。之後，升爲第二十七集團軍副總司令，一九四五年，升任總司令，同年被選爲國民黨中央執行委員會候補委員。一九四六年，任第十綏靖區司令官。一九四九年，任海南防衛副總司令、第一路軍司令官兼三十二軍軍長。一九五〇年，共產黨通過李妻陳伯蘭策反李。李願接受投共。在等候指示時，解放軍已佔領海南島，李即隨國民黨軍隊撤往臺灣。後因事機洩漏，一九五一年被國民黨當局處決於臺北碧潭。

161 **・范紹增**（一八九四年——一九七七年），號海廷，綽號「范哈兒」，四川大竹人，爲「袍哥會」成員。抗戰爆發，請纓殺敵，任第十一兵團副司令，一九三八年任八十八軍軍長，浙贛會戰中，英勇殺敵，在一九四二年五月二十八日，將日軍十五師團長酒井直次炸死，爲「在職師團長陣亡，自日陸軍創建以來第一個」。一九四九年後，任河南省人民代表和政協委員等職。在世時，曾擁有妻妾達四十人。

162 **・夏楚中**（一九〇四年——一九八八年），又名楚鍾，別號貫難，湖南益陽人。黃埔軍校第一期、陸軍大學特別班第一期、中央訓練團第十二期畢業。參加兩次東征和北伐戰爭。歷任校排長、連、營長、中央教導第三師第九團團長、第十四師四十旅旅長、第九十八師師長、「追剿」軍第二路九十二師師長。抗日戰爭爆發後，任第七〇軍軍長、第三戰區第三十二集團軍第七十九軍軍長、第十二集團軍副總司令、第十集團軍副總司令、陸軍第四方面軍副司令官。曾參加滬會戰、南昌會戰、三次長沙會戰和浙贛會戰。一九四五年起任第二十九集團軍總司令、整編第二十一軍軍長，整編第五軍軍長，第二綏靖區副司令官。一九四九年到臺灣，任臺灣東部防衛司令、國防部中將高參。一九六三年退役，遞補爲國大代表。在臺北逝世。

163 **・歐震**（一八九九年——一九六九年），字雨辰，廣東曲江人。粵軍講武堂畢業。原葉挺獨立團營長，南昌起義時任第二十四師七十一團團長，後隨起義隊伍南下，陣前倒戈國民黨，使南下潮汕的南昌起義部隊遭重創。在第五次圍剿中隨薛岳一路追剿紅軍，任第九〇師師長，後任第二十七集團軍副總司令，第十集團軍總司令、陸軍總司令部徐州司令部第三兵團司令官，參加孟良崮戰役，後任第四編練司令部司令官，廣東綏靖公署副主任兼代理廣東保安司令，海南防衛副總司令，一九四九年來臺。在臺北去世，追晉陸軍二級上將。

164 · **趙季平**，黃埔軍校第四期畢業。一九三八年，任一二八師參謀長。一九三九年，任暫六師副師長。一九四二年，任暫六師師長，一九四八年任第十三兵團副司令官。

165 · **向敏思**（一九〇七年——一九七四年），字利鋒，湖南永順人。黃埔軍校第四期步科畢業。抗戰爆發後，歷任第九集團軍九十八師九四旅五八八團團長、第七十九軍七十六師二二六旅副旅長兼四五一團團長、第十八軍十四師四十二旅旅長、第九戰區第一遊擊挺進縱隊司令、潭株警備司令部參謀長、第七十九軍九十八師副師長兼政治部主任、第七十九軍九十八師師長、樂山警備司令，一九四六年後，歷任第七十九軍副軍長、第一一〇軍軍長、第十五兵團副司令官。一九四九年，在四川郫縣率部投共。後任山東省政協副秘書長、農林廳副廳長，參事室副主任。在濟南病逝。

166 · **龔傳文**（一八九七年——一九八八年），號順天，雲南鳳慶人。雲南講武堂第十六期、中央軍校高教班第三期畢業。抗戰爆發後，任國民革命軍第九十八師二九四旅副旅長，參加淞滬會戰。一九三八年後歷任第七十九軍九十八師二九四旅旅長、暫編第六軍暫編六師副師長、湘鄂贛邊區第六遊擊挺進縱隊司令、第七十九軍一九四師師長。一九四三年後，參加鄂西會戰、常德會戰、長衡會戰、桂柳會戰。抗戰勝利後兼代內江警備司令部司令。一九四九年任第七十九軍軍長，兼任川湘鄂邊區綏靖公署第三綏靖分區司令，在四川什邡投共，編入解放軍第三野戰軍二十二軍序列。後任雲南省人民政府參事，雲南省政協常委，民革中央團結委員。在昆明病逝。

167 ·**謝振邦**（一九〇〇年——一九四〇年），別號欽之，江西南昌人，黃埔軍校第二期畢業。一九四〇年對日作戰時陣亡，追贈少將。

168 ·**陳誠**（一八九八年——一九六五年），字辭修，浙江青田人，保定陸軍軍官學校八期炮科畢業。一九二四年入黃埔軍校當炮兵教官。北伐時任總司令部參謀、團長、第二十一師師長。中原大戰時因功升任十八軍軍長。一九三五年第五次圍剿紅軍時，任總指揮，攻陷廣昌、瑞金等重鎮。之後，進剿陝西紅軍根據地。西安事變時，陳與蔣介石同時被扣，表現出對蔣的極大忠誠。事變後負責改編張學良、楊虎城部隊。抗戰時，任第三戰區前敵指揮、武漢衛戍總司令、第六、九戰區司令官等職，參與過淞滬會戰、武漢會戰等大戰役。一九四六年任參謀總長兼海軍總司令，一九四七年升任一級上將、兼任東北行轅主任，負責東北軍事政治。陳撤換了甫在四平街擊退林彪共軍，獲頒青天白日勳章的陳明仁，這對日後陳的投共，不無牽引作用。一九四八年導致新五軍被殲被免職。一九四九年任臺灣省主席兼警備司令，兼任東南軍政長官公署長官。到臺灣後，陳主張「人民至上，民生第一」，實行土地改革、三七五減租、改革幣制，發行新臺幣，之後又實行耕者有其田，提出「以農業培植工業，以工業發展農業」。曾任中國國民黨副總裁。撤臺初期的海軍總司令桂永清、空軍總司令王叔銘，以及參謀總長周至柔都是陳的人馬，只有陸軍總司令孫立人是「外人」。陳在臺灣的政績主要屬於經濟跟民政。此時期相對於蔣，陳的聲譽乃是來自民政與經濟，跟在大陸時期可謂大相逕庭。一九五〇年——一九六五年間，陳以副總統兼任行政院長，更被蔣提名爲國民黨副總裁。因肝癌在臺北去世。

169 **．約瑟夫．史迪威**（Joseph Stilwell，一八八三年——一九四六年），美國佛羅里達州巴拉特卡市人。一九〇四年西點軍校畢業，參加過第一次世界大戰，擔任過美國駐華大使館武官。一九二六年——一九二九年出任美軍駐天津的第十五步兵團營長、代理參謀長，晉升中校。當時馬歇爾任該團副團長、代理團長，兩人在此結識。史迪威曾多次來華，會講中文。第二次世界大戰珍珠港事件之後，美國參戰，史迪威於一九四二年晉升中將，並被派到中國，先後擔任中國戰區參謀長、中緬印戰區美軍總司令、東南亞盟軍司令部副司令、中國駐印軍司令、分配美國援華物資負責人等職務，不久又晉升爲四星上將。在華任職期間，他充分認識到無論從政治、經濟，還是軍事方面來看，都很難依靠國民黨去戰勝日本侵略者。同時，他認爲中國共產黨代表中國的新興力量，對共產黨給予同情。爲了更好地瞭解共黨實際控制的地區，史迪威極力主張派美軍觀察組赴延安訪問。在他的推動下，一九四四年七月，第一批美軍觀察組終於抵達延安。後來的事態表明，此舉具有重大的歷史意義。由於史迪威將軍在政治上同情中國共產黨，支持中國的民主和進步事業，因而受到蔣介石的冷遇。同年十月十八日，史迪威將軍被羅斯福總統召回美國。一九四六年病逝。一九四五年一月中印公路通車。爲紀念史迪威將軍的卓越貢獻，和在他領導下的盟軍以及中國軍隊對緬甸戰役發揮的巨大作用，這條公路被命名爲「史迪威公路」。爲紀念史迪威將軍，一九九二年二月十四日，重慶市政府批准成立重慶史迪威研究中心。二〇〇三年三月十九日，紀念史迪威將軍誕辰一百二十周年暨重慶史迪威博物館開館儀式在重慶外事大樓隆重舉行。

170 · **王甲本（一九〇〇年——一九四四年）**，雲南富源人，雲南陸軍講武堂畢業。在軍旅生涯中，足智多謀，身先士卒，身經百戰，臨危不懼，屢立戰功。王堪稱廉潔模範，犧牲時除了三塊大洋，僅有三百餘冊書籍。他治軍極嚴，自己不抽大菸，也不准部下抽。他愛兵如子，每次發軍餉都要親自監督。他用人唯賢，不徇私情，大膽提拔一批有能力、有專長的年輕軍官，使之很快成爲軍中骨幹。他常用抗日救國的道理教育全體官兵，鼓勵士兵狠狠打擊日本侵略者。一九三七年，松滬會戰爆發。王率部迎戰，擔任阻擊任務。他多次親臨陣地指揮，敵機轟炸，身受彈片刺傷多處亦無懼色，全師官兵倍受感動。第一次長沙會戰中，王率部反攻，不使敵人有喘息之機，足跡遍及湘鄂贛三省，殲敵二千餘人。第二次長沙會戰期間，他在指揮所，親自巡視陣地，作出正確兵力調整。他親率部隊出擊日軍。第三次長沙會戰中，擔任週邊守備指揮官，敢打敢拼，指揮第七十九軍九十八師在霞凝巷、撈刀河、汨羅江等主要陣地擊斃日軍千餘人。戰後被譽爲「硬戰將軍」。一九四四年，日軍發動豫、湘、桂戰役。王率軍駐防常德、湘潭一帶。他率部與部分滇軍、川軍共五萬餘人，頑強迎擊日軍，半個月內殲敵萬餘人，中外震動。九月六日，王帶領軍部直屬部隊進駐東安縣。次日，日軍千餘人化裝爲便衣隊，迂迴進攻第七十九軍軍部。王當機立斷，決定軍部立即向西轉移。當率部行至山口鋪附近時，遭遇日軍主力。王率部與數十倍的敵人展開血戰，他鼓勵士兵們沉著射擊，寧死不當俘虜。寡不敵眾，且士兵僅有手槍等短程武器，所率警衛排全部壯烈殉國。當日軍逼近王時，他拼死戰鬥，用手槍擊斃幾名日軍，赤手空拳與敵肉搏，最後被敵人刺中腹部，壯烈犧牲，時年四十三歲。是抗戰中犧牲的九位軍級高級將領中，唯一拼刺刀犧牲的軍長。作家賀新誠感慨道：「一個將軍在危急時刻，能捨棄自己的身份，把自己視爲『敢死之卒』，這才是眞正的無畏！」（撰稿：唐東生）

171

・霍揆彰（一九〇一年——一九五三年），別號嵩山，湖南酃縣人，黃埔軍校第一期畢業。參加東征和北伐，歷任排連營團和旅長。一九三三年任第十四師師長。抗戰爆發，任五十四軍軍長。一九四二年任二十集團軍總司令。一九四四年編入滇西遠征軍序列。一九四四年，滇西大反攻開始，擔任右翼攻擊集團，北從栗柴壩、南至惠仁橋，強渡怒江天險，仰攻高黎貢山，奪佔南、北齋公房，激戰騰沖城，並於一九四四年收復騰沖，全殲守敵。因戰攻卓著，獲盟軍（美國）嘉猶勳章。一九四五年兼任青年軍副總監、第三方面軍副司令官，後入陸軍大學。畢業後任青年軍第六軍軍長、雲南警備總司令，因聞一多、李公樸被殺案而去職。一九四八年十一月任第十六綏靖區司令官。一九四九年任第十一兵團司令官、湘贛鄂邊區綏靖總司令。同年秋赴臺。因腦溢血病逝。

172 · **熊劍飛**（江西南昌人），抗戰時期是前江西省主席熊式輝的侄子，曾任第三戰區情報總站少將主任。其女兒熊翰品嫁丘明山，據說丘爲蔣經國之另一私生子。

173 · **胡靜安**（一九〇三年——一九七八年），江西宜春人，黃埔軍校第二期與德國陸軍參謀班畢業，曾任蔣介石侍從參謀。一九四六年任「軍委會」中將高參，一九四六年任江西省訓練團教育長，當選爲國大代表，一九五三年在上海被捕，押於濟南華東戰犯管訓處。一九七五年獲特赦，後任上海市政協秘書處專員。患肺癌病逝於上海。

174 · **王陵基**（一八八三年——一九六七年），字方舟，四川樂山人。四川武備堂及日本士官學校畢業。抗戰時任第九戰區副司令長官兼第三十集團軍總司令，一九四八年又分任江西、四川省政府主席兼省保安司令。一九五〇年化裝潛逃時在四川江安被俘，先後在重慶戰犯管理所、北京戰犯管理所改造，是級別最高的國民革命軍被押戰犯。一九六四年獲得特赦。因病在北京去世。

175 · **胡家鳳**（一八八六年——一九六二年），江西南昌人。一九一二年畢業於北京法政專門學校，曾任教育部主事，江西省教育廳廳長，中國大學、華北大學等校教授。一九三〇年後，歷任青島市政府秘書長、國防最高委員會第一處處長、江西省政府委員兼秘書長、軍委會委員長、東北行轅秘書長、江西省政府主席。一九四九年五月赴香港。一九五〇年秋赴臺灣。在臺北病逝。

176 **・方天**（一九〇二年——一九九一年），字天逸，江西贛縣人，黃埔軍校第二期畢業，曾任十八軍軍長、國防部廳長、參謀次長，後任江西省主席。一九四九年到臺灣後，歷任國家安全會議國防計畫局副局長及國大代表。在臺北病逝。

177 **・楊耕經**（一九〇九年——？），湖南鄉店人，國立武漢大學畢業。抗戰時參加中央訓練團黨政訓練班第一期受訓。歷任《武漢日報》編輯、《大道日報》社長、武漢新聞處處長、陸軍一八五師政訓處處長、政治部上校主任、九十四軍政治部少將主任、江西省遂川、吉安等縣縣長、江西全省保安司令部公辦室主任、江西省訓練團教育長。一九四九年到臺灣後，歷任裕台企業公司協理、永利證券公司董事長、臺北證券商業同業公會理事長、建康旅遊事業公事總經理、副董事長，並在世界新聞專科、醒吾商業專科等學校兼任副教授。

178 **・胡璉**（一九〇七年——一九七七年），字伯玉，原名從祿，又名俊儒，陝西華縣人。黃埔軍校第四期畢業（與林彪同期）。歷任軍職，累升至軍長、兵團司令、軍團司令。在陳誠的土木系部隊中歷任連長、營長、團長，抗戰後歷任旅長、副師長、師長，一九四三年升任嫡系王牌部隊十八軍軍長，後又升任第十二集團軍副司令。國共內戰時期任整編第十一師師長和十八軍軍長、第十二兵團副司令，在淮海戰役中逃出重圍。胡是一員猛將，在抗日及國共內戰期間，很少吃敗仗，人稱「不敗將軍」。一九四九年來臺，爲首任金門防衛司令部司令官，兼福建省主席，升任「陸軍副總司令」。一九六四年出使南越，歷時八年。回臺後受聘「總統府戰略顧問」，晉級陸軍一級上將。國民黨七至十一屆中央委員。一九七四年申請附讀臺灣大學歷史研究所治宋史及近現代史，著有《泛述古寧頭之戰》、《金門憶舊》等。在臺北病逝。

179 · **詹純鑑**（一九一五年——一九七八年），安徽婺源人，國立農業大學畢業，比利時農學研究院農學工程師。歷任大陸各大學教職，江西省政府墾務處長，青年軍二〇八師政治部主任，三青團江西支團部幹事長，國民黨江西黨部主委，第一屆立法委員。赴臺後，歷任臺灣省黨部書記、裕台公司董事長、國民黨中央委員。在臺北逝世。

180 · **陳皆興**（一八九九年——？），臺灣高雄人，自幼學習漢學，為旗津吟詩社中堅。一九二八年遷往鳳山，並創設鳳山製冰會社。歷任鎮民代表會主席、高雄縣議員、臺灣省議員。一九五七年當選高雄縣縣長。

181 · **張良莘**（一九〇一年——一九六八年），號健南，江西遂川人，黃埔軍校第一期畢業。一九三八年任第一軍代理副軍長，第八戰區日俘管理處中將處長。

182 · **萬用霖**（一九〇三年——？），別號雨人，江西新建人，黃埔軍校第二期畢業，一九四八年任空軍地面警備司令。

183 · **陳武**（一九〇六年——一九八三年），字翊中，國民黨高級將領，海南瓊山人，黃埔軍校一期畢業。曾歷任各級軍職。一九二八年冬赴日本留學，入陸軍步兵學校、自動車學校。返國後於一九三三年參加古北口長城抗戰。一九三八年率陸軍第八十三師參加太行山、中條山會戰後，升為第九十七軍軍長，第五兵團副司令官兼第九十軍軍長，授陸軍中將。一九四九年來臺。歷任「國防部」參議、高級參謀等職。一九八三年六月病逝。

184 · **董釗**（一九〇一年——一九七七年），別字介生，陝西長安人，黃埔軍校第一期畢業，中央訓練團黨政班結業，陸軍大學將官班甲級第一期畢業。一九二四年春由于右任舉薦投考黃埔軍校。同年九月隨孫中山擔任警衛工作。後赴北方加入國民二軍（胡景翼部），歷任連、營長、軍事委員會政治訓練處參謀、第四十八師黨務特派員、第二十八師上校參謀長。抗日戰爭爆發後，任第二十八師師長、西安警備司令、第十六軍軍長兼二十八師師長。一九四一年起歷任第三十四集團軍副總司令、晉陝綏邊區副總司令、第三十八集團軍總司令、整編第一軍軍長、西安綏靖公署右翼兵團指揮官。一九四八年任第十八綏靖區司令官，陝西省政府主席兼省保安司令，陝西省反共救國軍綏靖總司令，國民黨陝西省黨部主任委員，西安綏靖公署副主任。一九四九年赴臺灣。任光復大陸設計研究委員會委員。在臺北逝世。著有《董釗自傳》、《董介生先生行述》等。

185 · **張炳禧**（一九一〇年——），南京人，曾任臺灣鳳山陸軍軍官學校上校教官，陸光藝工隊隊長，喜愛京劇表演。

186 · **吳鴻麟**（一八九八年——一九九五年），出生臺灣桃園，祖籍福建永定，客家籍。日本九州大學醫學博士，行醫多年，一九六〇年——一九六四年任桃園縣長，並擁有多家家族企業。

187 · **吳伯雄**（一九三九年——至今），出生臺灣桃園，祖籍福建永定，客家籍，前桃園縣縣長吳鴻麟之子。臺灣成功大學工商管理系畢業，曾任南亞工專學校副教授。一九六八年七月，二十九歲的吳在家人的鼓勵下，憑藉吳家雄厚的家族實力，順利當選第四屆省議員，正式進入政壇，成爲當時最年輕的省議員。歷任臺灣內政部長、總統府秘書長、行政院政務委員、桃園縣第七屆縣長。二〇〇八年以國民黨主席身份，訪問大陸行「融冰之旅」，並與胡錦濤主席會面談兩岸合作，二〇〇九年卸任國民黨主席，現任榮譽主席。

188 · **李煥**（一九一七年——至今），字錫俊，湖北漢口人。先後畢業於政治大學、中央幹部學校研究部、美國哥倫比亞大學教育研究所，曾經擔任臺灣行政院院長、總統府資政、教育部部長、中山大學校長，國民黨秘書長等職。一九五二年籌建「救國團」，歷任主任秘書、副主任、主任等職。後歷任國民黨中央組工會主任、革命實踐研究院主任、行政院青輔會主任委員等職。

189 · **「吹台青」政策**：取自一著名臺灣流行歌曲歌星「崔台菁」名字的諧音，蔣經國從七十年代起在臺灣推行的「本土化」政策。蔣自掌握實權後，倡言拔擢所謂「青年才俊」，而這些被臺灣民眾俗稱爲「吹台青」（會吹牛的臺灣青年）的青年才俊，主要是由國民黨所逐漸培養起來的本省籍青年黨工。在一九七二年國民黨一次提名十二名黨工幹部競選縣市長，結果全部都獲得成功，取代了舊有的地方派系，這使得國民黨大受鼓舞。不料在此後的幾年中，國民黨這一替代政策進行得卻不順利。

到八十年代後，黨外勢力日益活躍，最後以蔣在執政的最後階段開放黨禁、推行民主化轉型而告終。

190 · **陳光中**（一八九七年——一九四九年），字桂山，中將，號德隆，湖南邵陽人。早年在湘西爲匪，後被湘軍收編。一九二一年「贛軍軍官教育團」畢業。一九二三年任贛軍第一混成旅總部第一團第一連連長，邀父親擔任司務長。一九二六年任國民革命軍第八軍一師一團三營營長，參加北伐，一九二八年任湘東剿共司令，後任獨立第五師第二訓練處處長，一九二九年任獨立第七旅旅長兼清剿縱隊司令，一九三〇年任新編第三十二師師長，參加中原大戰，一九三一年任第六十三師師長，一九三七年六月任中將，抗戰爆發後參加淞滬會戰，一九三八年二月因作戰不力被免職囚禁，獲釋後回鄉閒居，一九四九年八月任湖南省隆回縣縣長，並任中國人民反共自衛軍司令，十二月六日在湖南隆回被俘，十二月二十五日在湖南邵陽被處決。

191 · **胡素**（一八九九年——一九七八年），字白凡，別號魁梧，國民黨陸軍中將，江西清江人。一九二一年「贛軍軍官教育團」畢業，黃埔軍校第一期及陸軍大學畢業。參加了東征與北伐戰爭，後留學日本早稻田大學。回國後，歷任處長、團長、旅長等。抗戰時期，歷任中央陸軍軍官學校教育處副處長、第二十五補充兵訓練處處長、國民黨軍第二十一師政訓處處長、南昌行營少將高參、第九十三師參謀長、新編第三十師師長等。抗戰勝利後，任青年遠征軍第二〇五師師長、青年軍第九軍中將副軍長、江西省保安副司令、南昌警備司令、第十二兵團副司令官等。一九四九年赴臺灣，崇信佛教，力行佛事。一九七八年九月十九日在臺北病逝。

192 **・馬連良**（一九〇一年——一九六六年），是與梅蘭芳齊名的二十世紀最具影響力的京劇大師，著名的「四大須生」之首，他開創的馬派藝術影響深遠，甚至超越了京劇的界限，是我國京劇里程碑式的代表人物。九歲入北京喜連成科班學戲，十歲登臺演出。與余叔岩、高慶奎、言菊朋並稱「四大須生」；後三人去世，又與譚富英、奚嘯伯、楊寶森並稱「後四大須生」。兼蓄各派藝術之長，改革傳統老生唱腔，三十年代將月琴移到樂隊前排，與京胡協奏，加強唱腔力度，逐步創立起柔潤、瀟灑的「馬派」藝術，繼程長庚、譚鑫培之後，把老生表演藝術提到新高度。一九四九年後任北京京劇團團長等職。主演過「借東風」、「群英會」、「甘露寺」、「四進士」等。「文化大革命」開始，因「海瑞罷官」劇被迫害致死。

《我的父親郭禮伯》參考資料來源

參考書籍：

1・《郭禮伯回憶錄》一九七五手稿
2・《黃埔軍校之創建暨東征北伐之回憶》（杜從戎）一九七五年版
3・《棉湖戰役之觀感》（杜從戎）一九七五年
4・〈我在黃埔軍校學習的回憶〉（蔣超雄）——《廣東文史資料》第三十七輯（黃埔軍校回憶錄專輯）一九八二年
5・〈成敗之鑒：兩度相隨蔣經國的經過及見聞紀實〉（李以劻）——《傳記文學雜誌》第四〇〇—四〇二號（一九九五年）
6・《蔣經國與章亞若》（周玉蔻）一九九〇年

參考網址：

1・鵬程先生回憶錄〈涅槃篇〉鵬程：涅槃、劫難、勞動、晚霞、唱和、年譜、追思、後記——百年祭父……如郭禮伯先生是江西人，副司令撤我職，他兩度複我職位，足見其對我信任。他與我非親非故，僅僅萍水相逢，在他部下工作年余，而偏承他另眼垂青，良不多也。……

來源網站：會熵華中茅蕪吧。網址：maowu8.com/show.aspx?cid=90&id=272—Cached

2．**丁三：藍衣社碎片**——原《中國日報》總經理顧希平、藍衣社江西分社書記郭禮伯等康澤嫡系，更佔據了要津。一個裝備精良的警衛隊成爲康澤的私人衛隊。此外，總隊以下，以「三三制」的黨衛隊……

來源網站：漢語江湖。網址：http：//www.worldofchinese.com/bbs/viewthread.php?tid=5635

3．**中國現代軍事史主要戰役表（陸軍）美軍顧問團史政處**——臺灣「露天拍賣」商品編號：11070118031542。

來源：臺灣「露天拍賣」網頁快照。網址：http：//goods.ruten.com.tw/item/show?11070118031542

4．**兩次東征**——……敵軍砲火猛烈，敢死隊隊長葉或龍身先士卒，第一個爬上城牆，但身中七彈，當場壯烈成仁。同時間，於東北與西北兩面進攻的部隊，也攻破城牆，敵軍遂狼狽地棄城東逃平山。……

來源網站：臺灣「國軍歷史文物館」。網址：http：//museum.mnd.gov.tw/Publish.aspx?cnid=1440&p=12070

5．**贛東會戰**。**來源網站**：撫州檔案網。網址：www.fzdaw.cn/showrjdl.asp?news_id=58

6・廣州市黃埔軍校研究基地　www.gzass.gd.cn
7・百度百科　baike.baidu.com
8・互動百科　www.hudong.com
9・維琪百科　zh.wikipedia.org
10・東方收藏論壇　bbs.dfsc.com.cn/archiver

國史館數位典藏資料庫：

◎**蔣中正總統文物典藏號002080115013004內容描述**：陸軍教導第三師司令部電蔣中正請以張本清等五人遴選充任補充團團長。人名：何應欽吳繼光周振強張良莘方天梁愷郭禮伯錢大鈞。地名資訊：南京。主題：人事—人事調派。縮影號：170-1599。光碟片編號：TIFF檔（08A-00561）、JPEG檔（08A-02203）……

來源網站：國史館數位典藏資料庫。網址：http：//dft.drnh.gov.tw/textdb/drnhBrowse/query.php?__qry=adv&_session=gqu0l2ORlYyLl651

◎**蔣中正總統文物典藏號002080200012052內容描述**：郭禮伯等函蔣中正報告黃埔同學會三點意見

時間起：1926-12-19。地名資訊：廣州。縮影號：171-1886。光碟片編號：TIFF檔（08B-00574）、JPEG檔（08B-02257）……

來源網站：國史館數位典藏資料庫。網址：http：//dft.drnh.gov.tw/textdb/drnhBrowse/query.php?__qry=adv&_session=MJAtgFMJYu7Niq243

（按國史館郭禮伯原件手抄打字版本）

1・何處來及何人來：學生郭禮伯等二十四人

文別：函

文到日期附：十五年十二月十九日

摘由：爲報告應注意之三點(1)調第二師政治部主任楊麟石當侍從秘書以便利傳達流通消息(2)爲介紹團長人才譚輔烈等營長申茂生等(3)同學會組織各處分會小組使精神團結信紙印有：中山紀念箋（上海大東書精製）革命尚未成功同志仍須努力。

2・校長：我們前天做了一個報告，推舉兩位同學，向校長陳述一切；蒙校長容納我們的意見，並誠懇的答復，我們認爲非常滿意，不過現在感覺現時環境的惡劣，前途的危險；我們同學，若不嚴密地團結起來，做一個革命的中堅，恐怕革命前途，不容易達到成功目的。因此我們認爲報告中各問題，有力求實現之必要，我們現在再增加一點意見，向校長貢獻一下：

（1）從前黨軍及第一軍，部隊內容，都有一種新鮮的表現，所有軍隊中的惡習慣，能夠革除至盡；重要原因，就是下情能夠上達。一般很忠實的同學，發覺了什麼事情，無論其個人或團體事情，必有切實批評，直接報告校長。那時校長侍從人員，及部內的傳達機關，同學中最占多數；所以下面的報告，往往能夠達到，應興應革，隨時可以解決。現在就不然，校長身邊的侍從人員及傳達機關，無一同學；下面有什麼意見陳述，沒有方法能夠上達；就是生出許多懷疑，校長也不能夠知道。若不設法補救，影響很大。因此我們決定：請求校長調第二師政治部主任楊麟當侍從秘書，另調周惠元（去年曾充第六團及補充團黨代表）充第二師政治部主任；將來如此做去，或者可以恢復從前黨軍的模樣。

（2）同學之中帶兵的人很少；有許多忠實同學，經過多次戰事，富有經驗，現還在參謀處副官處服務甚至賦閑都有。校長若給他們以團營長職務，必能勝任。現在我們暫把平日所知道的，向校長介紹一下：團長人才：譚輔烈，夏楚中，李樹森，杜心樹，營長人才：申茂生，陳大慶，王錫鈞，劉佳炎，謝遠，王振，吳繼光，梁漢明，賀崇悌，李士奇，吳慶軒，蘇文欽，李伯顏。

（3）同學會遠在廣州，各省及各軍各師，都沒有分會及小組的組織，散漫到了極點。此後應將總會遷移與總司令部同在一處，責成總會將各省各軍的分會支會小組，組織成立。並且調查統計兩項，最關緊要，應由校長指派得力人員到總會去，辦理調查統計事項。一方面責成總回督促各分會支會小組，作公開調查；一方面另由校長指派人員，向各省各部隊作秘密的調查；關於社會政治軍事黨務（注意投機分子急反動派）種種消息，都要注意。如此辦法，或者同學精神能夠團結起來，不致如從前的散漫，並且還可以矯正那些墮落分子。

以上三條，我們認爲是現今的切要問題，所以再三研究，貢獻校長，如何之處，希爲鑒察

學生

郭禮伯、張世希、楊麟、黃辰陽、尹榮光、潘佑強、伍瑾璋、劉宗漢、劉焦元、陳吉力、劉梓馨、譚輔烈、夏楚中、周建陶、陳大慶、蘇文欽、申茂生、梁漢明、朱繼松、謝遠潘、汝翼史、鴻熹柏、嶽酆梯

全呈

十二月四日

◎**蔣中正總統文物典藏號002080115013004內容描述**：陸軍教導第三師司令部電蔣中正請以張本清等五人遴選充任補充團團長。人名：何應欽吳繼光周振強張良莘方天梁愷郭禮伯錢大鈞。地名資訊：南京。主題：人事－人事調派。縮影號：170-1599。光碟片編號：TIFF檔（08A-00561）、JPEG檔（08A-02203）……
來源網站：國史館數位典藏資料庫。網址：http：//dft.drnh.gov.tw/textdb/drnhBrowse/query.php?__qry=adv&_session=MJAtgFMJYu7Niq243

（按國史館原件手抄打字版本）

來電紙

號次97

機急南京總司令蔣鈞鑒養（二十二日）酉電奉悉約密竊查職八月文末電呈補充第二三兩團團長請以張本清郭禮伯梁愷方天吳繼光五人中遴選充任奉鈞座元（十三日）參電開准以張本清郭禮伯充任任狀隨發等因旋以第四團團長周振強剿匪不力奉何主任諭速電鈞座另委職以補充團成立需時而第四團亟須委人於八月漾（二十三日）電請以張本清調任奉鈞座有（二十五日）電照準張奉委至今努力整頓成績卓著故

敢電保惟查前第五團團長趙能定因花園失利拘押判罪後遺缺職於九月銑（十六）日電保張良莘接充奉鈞座參電命不必再行引用至

錢大鈞 感 十九年十月二十七日

蔣：張本清前為擅自離職故業除也不宜即用今既努力准為代理團長至旅長一職當另簡任可也。

附錄

國家圖書館出版品預行編目資料

我的父親郭禮伯／郭貽熹著. ---二版.--臺中市:
白象文化事業有限公司，2022.11
面； 公分.——（People；27）
ISBN 978-626-7189-63-4（平裝）
1.CST: 郭禮伯 2.CST: 臺灣傳記 3.CST: 回憶錄
783.3886　　111016817

People（27）

我的父親郭禮伯（二版）

作　　者　郭貽熹
校　　對　郭貽熹
發 行 人　張輝潭
出版發行　白象文化事業有限公司
412 台中市大里區科技路 1 號 8 樓之 2（台中軟體園區）
出版專線：（04）2496-5995　傳真：（04）2496-9901
401 台中市東區和平街 228 巷 44 號（經銷部）
購書專線：（04）2220-8589　傳真：（04）2220-8505
專案主編　黃麗穎
出版編印　林榮威、陳逸儒、黃麗穎、水邊、陳媁婷、李婕
設計創意　張禮南、何佳諠
經紀企劃　張輝潭、徐錦淳、廖書湘
經銷推廣　李莉吟、莊博亞、劉育姍、林政泓
行銷宣傳　黃姿虹、沈若瑜
營運管理　林金郎、曾千熏
印　　刷　基盛印刷工場
二版一刷　2022 年 11 月
定　　價　380 元